KB155788

정서행동장애 학생 심리치료 및 상담

최면상담과 NLP 중심으로

이진식

박영story

머리말

오늘날 정서·행동장애를 이해하고 설명하는 모델들은 너무나 불완전하다. 기존의 이론들로 수많은 정서·행동장애의 원인을 설명하는 데에는 명확히 한계가 존재하고 그럼으로써 여전히 원인을 알 수 없다고 하는 경우가 대부분이다. 또한 기존 이론들에 기초한 해결 방법으로는 아무리 오랜 중재와 치료를 받아도 예후가 좋지 않은 경우가 많고 단지 현상을 다소 완화시키는 데에 그친다.

그동안 상담 및 특수교육계에서는 정서·행동장애의 원인이 대부분 밝혀지지 않았다고 하고, 중재방법도 크게 행동, 정신, 환경에만 초점을 맞추어 진행하다 보니 완치되는 경우가 별로 없고 효과 또한 장기간 지속되지 못하는 경우가 많다. 이는 현상에 대한 보다 근본적인 원인을 찾고 이를 해결하려는 노력이 부족했기 때문이다.

예를 들어, 거의 비슷한 증상으로 우울증 진단을 받은 학생이 두 명 있다고 해 보자. 똑같이 약물치료를 했는데 한 명은 다행히 나았고, 한 명은 차도가 없어서 약물의 처방을 바꾸었다. 그래도 나아지지 않자 이 학생에게는 또 다른 약물 처방과 함께 인지적 재구조화, 환경의 수정, 자기관리 기술 등의 인지행동중재를 지속적으로 실시하였다. 그랬는데도 조금 나아지는 데 그치고 여전히 우울 증상이 계속된다면 이는 '우울증'이라는 진단이 잘못된 것이다. 처음에 약물치료와 함께 기존 이론에 기초한 교육적 중재방법으로 효과가 있다면 이는 진단이 맞게 된 것이지만, 아무리 오랜 치료를 받아도 다양한 방법을 써 보아도 증상이 개선되지 않는다면 이는 진단이 잘못된 것이다. 진단이 잘못되었는데도 이를 인정하지 않고 기존의 치료(중재) 방법을 계속 고수한다면 이는 증상의 악화만 살짝 완화시킬 뿐, 절대 근원적인 해결책이 될 수 없다.

본 책은 한계에 부딪힌 기존의 정서·행동장애를 설명하는 모델에 영(靈)적인 모델을 추가하여 접근하여야 하는 이유와 필요성에 대해 자세히 논의하였다. 그리고 여러 문헌에서의 구체적인 임상 사례를 통해, 오늘날 원인을 알 수 없다고 되어 있는 수많은 정서·행동장애가 빙의나 다중인격, 전생의 문제 등 영적인 문제로 인해 발생할 수 있음을 밝히고자 하였다. 그럼으로써 특수교육계와 상담학계에서 그동안 도외시되었던 영(靈)적 접근의 필요성과 함께, 정서·행동장애를 가진 학생들에게 최면상담 및 NLP(신경언어프로그래밍)가 적극 활용될 필요가 있음을 밝히고자 하였다. 이는 영적인 접근을 고려할 때 정서·행동장애 학생의 내재된 문제점을 깊이 파헤쳐 보다 근본적으로 문제를 해결할 수 있는 가장 효과적인 방법이 최면과 NLP이기 때문이다.

오늘날 WHO 등 세계적 기구와 공식적인 의학기관에서는 이미 영성 관련 주제의 중요성을 인식하고 이를 각각 건강의 개념과 정신 질환의 진단 기준에 포함시키고 있다. 이는 영적인 문제와 여러 영적인 현상으로 인해 정서·행동장애가 유발되고 건강이 영향을 받을 수 있음을 이미 인정하고 있다는 뜻이다.

하지만 현대의 특수교육, 주류 상담학계가 견지하고 있는 태도의 가장 큰 한계는 인간을 여전히 유물론적이고 생물학적인 존재로만 인식하려고 한다는 점이다. 인간이 영적인 존재라는 사실을 인정하지 않는 한 현재처럼 많은 것이 밝혀지지 않았다고만 할 뿐 더 이상의 도약적인 발전은 기대하기 힘들다. 이미 수많은 임상 사례와 연구 결과들이 존재함에도 영적인 현상들을 애써 무시하고 기존의 이론과 모델로만 정서·행동장애를 설명하려 한다면 더 이상의 발전은 없고 여전히 한계에 봉착할 수밖에 없다.

독일의 물리학자 막스 플랑크는 이런 말을 하였다. "새로운 과학적 진리는 반대자들을 설득하거나 감화(이해)시키지 않는다. 그보다는 반대자들이 다 죽고 나서 새로운 진리에 익숙한 새로운 세대가 나타날 때에야 비로소 승리한다." 이 말은 한 세대가 지나야만, 비로소 새로운 이론들이 오래된 이론을 대체할 기회를 얻는다는 뜻이다. 이 때문에 과학계에는 다음과 같은 농담이 회자된다. "과학은 장례식을 통해 발전한다."라고. 특수교육과 상담학 분야에서도 영적 모델에 기초한 새로운 접근이 학문의 새로운 경향성으로 자리 잡으려면 아직은 최소 한 세대가 더 지나야 할지도 모른다.

1900년대 이후 급속히 발전하고 있는 현대 물리학의 여러 분야와 통합 학문의 경향성은 사람들의 고정관념과 상식을 깨는 새로운 사실들을 많이 밝혀내고 있지만, 이 발견들이 아직은 특수교육이나 상담학에 적용되지 못하고 있다. 특수교육과 상담학계에서는 정서·행동장애 학생의 정서적 안정과 행복 그리고 신체의 건강을 위해 물리학뿐 아니라 여러 분야의 새로운 발견들을 정서·행동장애 학생의 상담에 적극적으로 도입하고 활용하여야 한다.

본 책의 특징 중 하나는 통합 학문의 경향성과 현대 물리학의 하나의 큰 기둥인 양자론적 관점에서 최면상담과 NLP 치료 원리를 소개함으로써 이들 기법의 과학적 이해를 돕고 당위성을 밝히고자 한 점이다. 이 책을 통해 독자들은 다양한 학문에서의 새로운 발견들과 양자론의 여러 원리들이 어떻게 최면 상담과 NLP에 적용되는지 알 수 있을 것이다.

또한 본 책의 자세한 사례와 문헌 고증을 통해, 다양한 영적인 현상으로 정서·행동장애가 발생할 수 있음을 알 수 있고, 최면 및 NLP를 활용한 상담 과정을 통해 장애가 치유되는 현상을 자세히 살펴봄으로써 최면 및 NLP 상담의 효과 또한 알 수 있을 것이다. 이는 상담 및 특수교육계에서 정서·행동장애를 가진 학생들에게 최면 및 NLP를 활용한 상담이 적극 도입되고 활용될 필요가 있음을 뜻한다.

최면 상담과 NLP는 인간의 잠재의식을 탐구하고 영적인 문제를 직접적으로 다룸으로써 보다 근본적으로 문제를 해결할 수 있는 과학적 기법이자 하나의 치료 수단이다. 따라서 불안장애, 우울장애 등 정서·행동장애를 겪는 학생들에게 이들 기법이 하나의 치료 수단으로 적극 소개되고 적용되어야 한다.

목 차

01
정서 · 행동장애의 기본적 이해

07
새로운 관점(영적 모델)에 기초한 정서·행동장애인의 심리치료 및 상담 사례

정서 · 행동장애의 기본적 이해

1. 정서 · 행동장애의 정의

　정서 · 행동장애는 '정서 및 행동장애' 또는 '정서행동장애'로 불리기도 한다. 과거에는 정서장애와 행동장애라는 용어가 별도로 사용되기도 하였지만 최근에는 두 개념을 합쳐서 정서 · 행동장애가 일반적으로 사용되고 있다.

　정서 · 행동장애는 1950년대까지는 주로 '사회부적응아'라고 불렸으나 1960년대에 처음 정서장애라는 용어가 사용되기 시작했다. 주로 심리학자들 중심으로 많이 사용되었으나, 정서장애라는 용어가 갖는 의미의 부적절함으로 인해 많은 비판을 받아왔다. 그래서 1970년대에 행동장애로 변경하려는 움직임이 일어났고 1985년 이후에는 행동장애라는 용어로 바뀌었다. 이는 객관적으로 관찰할 수 있는 아동의 일탈된 행동 문제에 초점을 맞추고, 정서장애라는 용어보다 아동에게 주어지는 장애 낙인이 덜하다는 장점이 있기 때문이다.

　정서장애는 주로 정신의학자와 상담전문가들이, 행동장애는 주로 교육 전문가들이 사용해 왔다. 정신과 심리에서 장애가 기인한다고 보는 정신건강 전문의와 심리학자들은 '정서'라는 용어를 오랫동안 선호한 반면, 교육자들은 관찰 및 측정이 쉽지 않고 추상적 표현인 '정서장애'보다는 관찰 가능하고 구체적으로 묘사가 가능한 '행동장애'라는 표현을 선호했던 것이다.

그러다 1980년대 말 여러 관련 단체에서 정서 및 행동장애라는 용어를 쓸 것을 제안하였고, 현재까지 많은 학자들이 이 용어를 선호하고 있다. 그 이유는 정서적 문제가 행동에 영향을 미치고 행동은 다시 정서에 영향을 미치는 등 정서와 행동이 밀접하게 관련되어 있고, 정서 및 행동장애를 가진 학생들은 정신의학자와 교육자, 심리학자 모두의 지원이 필요한 대상이기 때문이다. 우리나라도 1977년 특수교육법 제정 이후로 '정서장애'라는 용어를 법적으로 사용하여 오다가, 2007년에 제정된 장애인 등에 대한 특수교육법부터는 '정서·행동장애'라는 명칭을 사용하고 있다.

정서·행동장애의 범위의 정의는 학자/기관에 따라 수십 가지에 달할 정도로 굉장히 광범위한데, 먼저 장애인 등에 대한 특수교육법에서는 다음 다섯 가지 유형의 정서·행동장애 학생을 규정하고 있다.

장애인 등에 대한 특수교육법상 정서·행동장애의 정의

장기간에 걸쳐 다음 각 목의 어느 하나에 해당하여, 특별한 교육적 조치가 필요한 사람
가. 지적·감각적·건강상의 이유로 설명할 수 없는 학습상의 어려움을 지닌 사람
나. 또래나 교사와의 대인관계에 어려움이 있어 학습에 어려움을 겪는 사람
다. 일반적인 상황에서 부적절한 행동이나 감정을 나타내어 학습에 어려움이 있는 사람
라. 전반적인 불행감이나 우울증을 나타내어 학습에 어려움이 있는 사람
마. 학교나 개인 문제에 관련된 신체적인 통증이나 공포를 나타내어 학습에 어려움이 있는 사람

이 같은 정의는 '장기간, 특별한, 일반적인, 전반적인'과 같은 모호한 표현이 들어가 있고, 정서·행동문제의 '정도(severity)'에 대한 언급이 빠져 있다는 점에서 한계가 있다. 향후 있을 개정에서는 심도 있는 연구와

논의를 통해 정의가 보완될 것이라 생각된다.

한편 한국특수교육학회는 그동안 학회 차원에서 정서·행동장애의 정의를 내리지 않다가 2008년에 최초로 학회 차원에서 장애의 정의를 내렸다. 학회가 내린 정서·행동장애는 "정서 및 행동이 또래집단의 규준 혹은 기대수준을 심하게 벗어나 일반적인 환경 하에서 사회적 관계, 감정조절, 활동수준, 주의집중력 등의 곤란으로 자신 및 타인의 기능을 방해하며 학업, 대인관계, 일상생활에 부정적인 영향을 미치는 상태"라고 정의하였다.

위의 학회 정의는 가장 근래에 국내 연구진들의 합의에 의해 내려진 정의로 최근 학계의 동향을 적극적으로 반영하고 있다. 이 정의는 규준 또는 기대수준에서의 심각한 일탈을 제시한 점이나 구체적인 곤란함을 언급한 점 그리고 학업, 대인관계, 일상생활 등의 영역을 구체적으로 제시한 점이 특징이다.

2. 정서 · 행동장애의 분류

정서·행동장애를 분류할 때에는 크게 양적 분류와 질적 분류로 나눌 수 있다. 질적 분류는 정신과 의사들이 주로 사용하는 정신의학적 분류로, 미국 정신의학회의 DSM(정신장애 진단 및 통계편람)이나 WHO의 ICD(국제질병분류체계)에 의한 분류가 이에 해당한다. 정서·행동장애의 질적 분류(정신의학적 분류)는 한 명, 한 명 질적으로 관찰하여 임상 분류하는 것이 목적이므로 정신과 의사들이 처음 학생들을 진단·평가할 때 유용하다. 미국 정신의학회에서 발간하는 DSM은 현재 5판까지 나왔는데 DSM-5(2013년)에 의한 의학적 분류는 다음과 같다.

표 DSM-5에 의한 정신의학적 분류

불안장애	분리불안장애(학교 공포증) / 사회불안장애(선택적 함묵증, 함구증) / 특정 공포증 / 공황발작 & 공황장애(광장 공포증) / 범불안장애(일반화된 불안장애)
외상 후 스트레스 장애	외상 후 스트레스 장애 / 반응성 애착장애
강박장애	
섭식장애와 배설장애	이식증 / 반추장애 / 거식증 / 폭식증 / 유뇨증 / 유분증
우울장애	파괴적 기분조절 장애 / 주요 우울장애 / 지속성 우울장애
양극성장애	제1형 양극성 / 제2형 양극성 / 순환감정장애
틱 장애	일과성 틱 장애 / 만성 음성 or 운동 틱 / 뚜렛장애
품행장애	
적대적 반항장애	
주의력결핍 과잉행동장애	

그에 반해 양적 분류는 교육적 분류로, 쉽게 말해 행동 특성을 중심으로 경험적으로 분류하는 방법이다. 양적 분류는 학생이 보이는 행동 특성에 따라 분류하므로 교실 상황에서 교육할 때 유용한 방법이다. 교육 현장에서는 정신과적 분류에 따라 일일이 분류하고 중재하기보다는 학생이 보이는 행동 특성, 즉 내면적으로 어려움을 겪는 행동을 보이느냐 아니면 겉으로 드러나는 폭력성/주의결핍 등의 외현적 행동을 보이느냐에 따라 분류하고 중재하는 것이 훨씬 더 효율적이기 때문이다.

양적(교육적) 분류에 의하면 정서·행동장애는 크게 내면화장애와 외현화장애로 나눌 수 있으며 내면화장애에는 불안장애와 우울장애, 양극성장애가 있고, 외현화장애에는 ADHD, 품행장애, 반항성장애가 있다. 일반적으로 정서·행동장애라고 하면 정서에 문제가 있거나 행동에 장애가 있다고 생각하여 용어상 거부감이 들 수 있지만, 내면화장애와 외현화장애로 분류하여 특수교육대상자를 선정하고 중재한다면 대상자 입장에서도 훨씬 부드럽게 받아들일 수 있을 것이라 생각된다.

양적 분류의 대표적인 것은 Quay(1979)의 분류로 Quay는 정서·행동장애를 일찍이 다음과 같이 6가지 범주로 분류하였다.

표 Quay의 정서 · 행동장애 분류 – 양적 분류

하위유형	특성
품행장애	대부분의 아동들보다 정도가 심한 공격적 행동을 표출한다. 또래에게 인기가 없고 죄책감 없이 고의적으로 괴롭힌다. 신체적 또는 언어적 공격성으로 특징지어진다.
사회화된 공격성	정상 아동들보다 심한 공격적 행동을 보이나 품행장애 아동들과는 다르게 또래들에게 인기가 있다. 행동 증상에는 나쁜 집단에 대한 충성, 함께 물건 훔치기, 지하조직 단원으로 활동, 밤늦게 배회함, 무단결석, 가출 등이 있다.
주의력결함/ 미성숙	충동을 통제하지 못하고 좌절에 대한 인내심이 부족하다. 사고 과정과 기억에서도 문제를 경험한다.
불안/위축	환상에 빠져들고 사회적으로 고립되며, 우울과 공포를 느끼고 정상 활동 참여를 잘 하지 못한다. 신체적 질환을 호소하기도 하고, 종종 사회기술에 결함을 보인다.
정신이상적 행동	아동기 자폐증 및 정신분열증을 포함한다.
과잉행동	과잉행동, 주의력결핍 장애, 과잉행동을 동반한 주의력결핍 장애를 포함한다. 주의가 산만하고 충동적이며 성급하고 파괴적인 행동으로 특징지어진다.

이처럼 정서 · 행동문제를 행동 특성에 따라 범주화하는 접근은 교실에서 어려움을 보이는 학생들을 분류하는 데 유용한 틀을 제공한다. 한편 우리나라에서는 한국특수교육학회에서 정서 · 행동장애를 다음과 같이 분류하였다.

표 한국특수교육학회의 정서 · 행동장애 분류 – 양적 분류

내면화장애	① 불안장애: 범불안장애, 공포증, 강박장애, 신경성 거식증, 신경성 폭식증, 외상 후 스트레스장애, 선택적 함묵증 등 ② 기분장애: 우울장애, 양극성 장애
외현화장애	주의력결핍 과잉행동장애(ADHD), 품행장애(CD), 반항성장애(ODD)
기타 장애	정신분열증, 뚜렛장애 등

기타 장애의 정신분열증은 오늘날 조현병이라 불린다. '정신분열'이라는 용어의 부정적 뉘앙스 때문이다. 한국특수교육학회에서는 조현병도 정서·행동장애 중 하나로 분류해 놓았지만, 현행 장애인 등에 대한 특수교육법상으로 이들은 특수교육대상자로 선정되지는 않는다. 조현병은 전문적인 진료를 필요로 하는 정신과적 질환으로 분류되어 '정신장애' 진단을 받는데, 이것은 정서·행동장애의 영역을 벗어나는 것이라 보기 때문이다. 때문에 정신장애 진단을 받는 학생들이 있어도 이들은 보건복지부 차원의 지원만 받을 뿐 교육부 차원의 지원 서비스는 받지 못하는 경우가 대부분이다. 하지만 조현병 역시 다양한 임상 양상을 보이며 학습에 어려움을 초래하는 만큼 앞으로는 규정 개정을 통해 조현병을 앓고 있는 학생들 역시 특수교육대상자로 선정되어 특수교육 관련 서비스를 받을 수 있게 해야 한다고 생각한다.

학교에서는 보통 내면화장애를 가진 학생들보다는 외현화장애를 가진 학생들에게 많은 관심을 쏟고, 외현화장애를 가진 학생들의 행동 교정을 위해 많은 노력을 기울인다. 상대적으로 내면화장애를 가진 학생들은 관심을 덜 받고 심지어 외면받는 경우도 많다. 공격적인 행동이나 주의 산만, 주의결핍 등은 쉽게 눈에 띄므로 교사들이 저절로 주의를 기울이는 반면에, 정서적으로 어려움을 겪는 학생들은 단지 우울해 보일 뿐 겉으로 보이는 문제 행동이 거의 없으므로 교사들의 관심을 끌지 못하는 경우가 많다.

이것은 우울증이나 불안, 위축, 강박, 열등감 등으로 대표되는 내면화장애를 가진 학생들은 단지 겉으로 드러나는 문제 행동이 거의 없다는 이유로 관심을 덜 받게 되고, 폭력성이나 공격적인 행동, 주의가 산만한 행동을 보이는 학생들에게 관심이 집중되기 때문이다. 또한 한 교실에서 수십 명의 학생들이 교육받고 담임교사의 업무가 과중한 상황에서 당장 수업 분위기를 바로 잡고 원활한 교육 진행을 위해서는 겉으로 드러나는 문제 행동을 보이는 학생들의 중재가 우선되어야 한다고 생각하기 때문이다.

하지만 오늘날 청소년의 자살률이 증가하고 이러한 극단적인 선택을 하는 경우는 우울증이나 불안장애 등의 내면화된 장애에 의해 발생하는 경우가 훨씬 많으므로 주의 사각지대에 있기 쉬운 정서적으로 어려움을 겪는 학생들이 사실은 더 많은 관심의 대상이 되어야 한다. 학교 현장의 현실적인 어려움과 이들에 대한 지원 체계 부족으로 관심을 덜 받고 있는 실정이지만, 갈수록 각박해지고 이기적인 사회 문화 속에서 이들의 극단적 선택을 막고 원만한 학교 생활을 위해서는 정서적으로 어려움을 겪는 학생들, 즉 내면화장애를 가진 학생들에게 앞으로 더 많은 관심과 지원이 이루어져야 할 것이다.

3. 정서 · 행동장애의 세부 유형

정서 · 행동장애는 나타나는 특성에 따라 크게 내면화장애와 외현화장애로 나눌 수 있고, 이를 미국 정신의학회의 DSM처럼 임상적으로 검사하여 세분화하여 분류할 수 있다. 여기서는 양적 분류에 DSM 최신판인 5판(DSM−5)의 분류를 접목하여 정서 · 행동장애의 하위 유형에 대해 설명하도록 하겠다. 정서 · 행동장애의 하위 유형을 진단 기준과 더불어 자세히 설명하는 것은 지면상 한계가 있고 본 책의 논의와도 벗어나게 되므로 여기서는 유형별 주요 특성에 대해 간략히 설명하도록 하겠다.

1) 내면화장애

내면화장애는 우울장애, 불안장애, 외상 후 스트레스 장애(PTSD), 양극성장애로 크게 나눌 수 있다.

가. 우울장애

DSM−5에 의하면 우울장애는 파괴적 기분조절 장애, 주요 우울장애, 지속성 우울장애로 나눌 수 있다. 우울장애는 의욕 저하와 우울감을 주요 증상으로 하여 다양한 인지 및 정신 · 신체적 증상을 일으켜 일상 기능의 저하를 가져오는 질환이다. 우울감과 삶에 대한 흥미 및 관심 상실이 우울증의 핵심 증상이다.

거의 대부분의 우울증 환자는 무기력감, 삶에 대한 에너지 상실을 호소하는데 대부분의 일을 끝까지 마치는데 어려움을 호소하고 학업 및 직장에서 정상적인 업무에 장애를 느끼고 새로운 과업을 실행할 동기를 갖지 못하고 있다.

우울장애의 가장 심각한 증상은 자살 사고로, 우울증 환자의 2/3가 자살을 생각하고 10~15%가 실제로 자살을 한다. 일부 우울증 환자는 자신이 우울증인 것을 알지 못하고 일상 생활에서 상당히 위축되어 기능이 떨어질 때까지도 자신의 기분 문제에 대해 호소하지 않는다.

나. 불안장애

DSM-5에 의하면 불안장애는 분리불안장애, 범불안장애, 공황장애, 특정 공포증, 사회적 불안장애로 나눌 수 있다.

표 **불안장애의 유형**

분리불안장애	부모나 특정 애착대상 또는 집으로부터의 분리에 대해 나이에 적절하지 않게 지속적으로 과도하게 불안해하는 것
범불안장애 (일반화된 불안장애)	특정 대상이나 상황에 관계없이 거의 모든 것에 대해서 지나친 걱정과 불안을 나타냄
공황장애	· 공황발작: 갑작스럽게 시작되어 수 분 이내에 급속하게 최고조에 달하는 극심한 불안과 공포 경험 · 공황장애: 뜻하지 않은 공황발작이 반복적으로 발생한 후 한 달 이상 지속되는 것
특정공포증	특정 상황이나 대상에 대해 만성적으로 심한 두려움을 갖고 있어 주요 생활기능에 결함을 초래
사회적 불안장애	사회적 상황에서 자신이 당황스럽고 수치스럽게 행동할 것에 대한 강한 두려움을 갖고 있음. 말을 해야 하는 특정한 사회적 상황에서는 말을 하지 않는 선택적 함구증도 여기에 포함됨

다. 외상 후 스트레스 장애(PTSD)

외상(trauma)은 일반적으로 거의 모든 사람에게 심리적 고통을 줄 수 있는 뜻밖의 사건을 말한다. PTSD는 일상의 인간 경험 범위 밖에 있는 압도적인 외상적 사건을 목격하거나 경험하였을 때 보이는 지속적인 불안을 뜻한다. 아동기에는 이러한 반응이 혼란된 행동으로 표출될 수 있고, 한 달이상의 외상적 사건의 재경험, 외상과 관련된 자극에 대한 지속적인 회피 그리고 각성된 흥분의 지속 등 세 가지 증상을 경험한다.

라. 양극성장애

과거에는 조울증이라 불렸다. 제1형과 제2형 양극성장애가 있다.

표 양극성장애의 유형

제1형 양극성장애 (조증)	기분이 비정상적으로 고양되는 조증 상태를 특징적으로 나타내는 장애. 한 번 이상의 조증 삽화가 있고, 보통 우울증 삽화가 동반
제2형 양극성장애 (경도조증)	1형 양극성장애와 매우 유사하지만 조증 상태가 상대적으로 미약한 경도조증 상태를 보임. 1회 이상의 주요우울 삽화와 1회 이상의 경도조증 삽화가 있는 것이 특징

2) 외현화장애

외현화장애는 주의력결핍 과잉행동장애(ADHD), 품행장애, 적대적 반항장애, 틱장애로 크게 나눌 수 있다.

가. 주의력결핍 과잉행동장애(ADHD)

ADHD란 주의산만, 과잉행동, 충동성을 주 증상으로 보이는 정신 질환이며 대개 초기 아동기에 발병하여 만성적인 경과를 밟는 특징을 지닌다. 남아가 여아에 비해 대략 6:1 정도로 남아의 비율이 높게 나타난다. DSM-5의 진단 유형을 보면 ADHD는 부주의(주의력결핍) 우세형, 과잉행동 및 충동성 우세형, 복합형으로 나눌 수 있다.

주의산만 (inattention)	주의력을 지속하는 데 어려움을 느끼고 무시해야 하는 자극에 의해서도 주의가 산만해진다. 학령 전 아동들의 경우 비교적 주의집중력이 덜 요구되기 때문에 주의산만을 인식하지 못하고, 단순히 과잉행동이나 요구가 많은 것으로 간과되기 쉽다.
과잉행동 (hyperactivity)	안절부절 못하는, 불필요한 움직임 등을 보인다. 모터가 달린 것처럼 움직이거나, 학교에서 자리를 벗어나 돌아다니기도 하고, 팔다리를 가만히 두지 않고 흔들어 대기도 한다. 이런 과잉행동은 나이가 들면서 좋아지기는 하지만 다른 핵심 증상은 남아 있는 경우가 많다.
충동성 (impulsivity)	지시를 끝까지 기다리지 않고 빠르게 반응한다. 그래서 결과적으로 잘 다치거나 물건을 잘 망가뜨리고, 게임에서 차례를 기다리는 도중에 문제를 일으키는 것을 볼 수 있다.

나. 품행장애

품행장애는 최소한 6개월 동안 사회적 규범이나 연령에 적합한 규준에 위배되는 활동 또는 타인의 권리를 침해하는 행동을 반복적이며 지속적으로 보이는 것을 말한다. 품행 장애는 사람과 동물에 대한 공격성, 재산 파괴, 사기 또는 절도, 심각한 규칙 위반 등을 특징으로 한다.

비사회화된 공격성	싸움, 불순종, 비협조성, 파괴적 행동 등
사회화된 폭력	나쁜 친구 사귀기, 비행을 일삼는 친구들에 대한 충성, 무단결석 등

다. 적대적 반항장애

적대적 반항장애는 품행장애의 전조 또는 경도 품행장애라고도 할 수 있는데 품행장애처럼 규칙을 어기거나 혹은 타인의 권리를 침해하는 반사회적 행동이나 공격적 행동이 두드러지지 않는 것이 특징이다. 적대적 반항장애 학생은 대개 명령에 순종하지 않고, 부모나 선생님과 같은 권위적인 대상에게 적대적 행동을 보이지만, 권위적 대상이 아닌 또래와는 별

다른 어려움이 없는 경우가 많다. 적대적 반항장애는 보통 화가 난 민감한 기분, 시비를 걸거나 반항하는 행동, 보복적인 행동 특성을 보인다.

라. 틱장애

틱(tic)이란 갑작스럽고 빠르며 반복적, 비율동적, 상동적인 움직임이나 소리를 말한다. 운동 틱과 음성 틱으로 나눌 수 있다. 운동 틱은 어깨 들썩거리기, 발 구르기, 눈 깜빡이기 등이 있고, 음성 틱은 쿵쿵대기, 특정단어 반복하기, 반향어, 자기 말의 마지막 구 반복하기 등이 있다. DSM-5는 틱장애를 일과성 틱장애, 만성 운동/음성 틱장애, 뚜렛장애로 나누고 있다.

표 틱장애의 유형

일과성 틱장애	• 한 개 또는 여러 개의 운동 또는 음성 틱을 보임 • 지속기간이 1년 이내
만성운동/ 음성 틱장애	• 운동 틱 또는 음성 틱 중 어느 한 가지만 나타남 • 1년 이상 지속
뚜렛장애	• 운동 틱과 음성 틱이 함께 나타남(동시에 나타날 필요는 없음) • 1년 이상 지속

3) 기초신체기능장애

정서·행동장애에 해당하지만 내면화장애 또는 외현화장애로 분류하기 어려운 질환의 경우 기초신체기능장애로 분류하기도 한다. 기초신체기능장애는 급식장애와 섭식장애, 배설장애로 나뉘어진다. 그 세부 유형은 다음과 같다.

표 기초신체기능장애의 세부 유형

급식 장애	이식증	적어도 1개월 이상 음식이 아닌 흙이나 쓰레기, 종이, 머리카락과 같은 비영양성 물질을 지속적으로 먹는 증상
	반추장애	정상적으로 섭취한 음식을 반복적으로 위에서 입으로 역류시켜 씹은 후 다시 삼키는 행위 되풀이

섭식 장애	거식증	체중과 몸매에 대한 강박적 관심과 체중 증가에 대한 지나친 불안 때문에 음식을 거절하는 것
	폭식증	체중과 몸매에 관해 지나치게 걱정하며 반복적으로 폭식과 자기 유발 구토나 설사 등의 부적절한 보상행동을 하는 것
배설 장애	유뇨증	침구 또는 옷에 불수의적이든 의도적이든 반복적으로 소변을 봄
	유분증	부적절한 장소에 불수의적이든 의도적이든 반복적으로 대변을 봄

4. 학생 정서·행동 특성 검사

우리나라에서는 학생들의 안정적인 정서·행동발달을 위해 매년 초등 1학년과 4학년, 중학교 1학년, 고등학교 1학년 학생을 대상으로 학생 정서·행동 특성 검사를 실시한다. 정서·행동 특성 검사는 학생들의 우울, 자살, 불안, ADHD 등 정서·행동 문제에 대한 사전예방, 조기발견 및 치료지원 등 관리 체계 구축과 지원을 위해서 실행하고 있는 검사다.

검사 및 면담 결과, 현재 과도한 스트레스를 받고 있거나 집중력 저하, 타인과의 갈등 등이 발견되면 관심군 학생으로 분류된다. 또한 관심군 학생들은 심각성 정도에 따라 일반관리, 우선관리, 자살위험 등 3단계로 구분된다. 이들은 위(Wee)센터나 정신건강 증진센터, 청소년 상담센터, 병·의원 등 지역사회 전문기관의 도움을 받아 치료를 받게 된다.

표 2013~2018년 학생 정서·행동 특성 검사 결과

연도	실시 학생 수	관심군		관심군 중 우선관리군		관심군 중 자살위험 학생 수
		학생 수	비율(%)	학생 수	비율(%)	
2013년	2,120,490	102,120	4.8	67,572	66.2	6,783
2014년	2,049,581	91,678	4.5	54,671	59.6	13,164
2015년	1,910,257	60,709	3.2	35,687	58.8	8,613
2016년	1,918,278	60,558	3.2	37,478	61.9	9,624
2017년	1,894,600	87,926	4.6	57,639	65.6	18,732
2018년	1,770,899	87,333	4.9	59,320	67.9	23,324

관심군 학생의 비율은 2015년 이후로 꾸준히 증가 추세에 있다. 우선 관리군 학생과 자살위험 학생 수도 마찬가지다. 관심군 학생 수는 2018년 8만 7,333명으로 나타나 2015년에 비해 143%가 증가했고, 우선관리군 학생 수도 5만 9,320명으로 동기간 대비 166%나 늘어났다.

2018년 자살위험 학생 수는 2만 3,324명으로 2015년과 비교해 무려 270%나 증가했다. 이는 전체 실시 학생 중 1.3%에 해당하는 수치로, 쉽게 말해 100명 중 1명 이상이 자살 충동을 느끼고 있거나 이미 느꼈다는 것이다. 이는 매우 심각한 수준임을 알 수 있다. 학생들은 아직 가치관이 정립되지 않은 경우가 많으므로 성인들에 비해 극단적인 선택을 좀 더 쉽게 할 수 있다. 따라서 우선관리군 및 자살위험군에 있는 학생들에 대한 체계적인 관리와 지원은 무엇보다 중요하다.

검사 결과, 관심군으로 분류된 학생들은 모두 교육청과 연계된 외부기관에서 상담을 받아야 한다. 또한 우선관리군으로 분류되면 지속적인 관리와 더불어 전문기관에 검사 의뢰 등 2차 조치를 받아야 한다. 하지만 통계에 의하면 관심군 학생들의 70% 정도만이 전문기관의 조치를 받았고 약 30%의 학생들은 여전히 관심 밖 '치료 사각지대'에 머물러 있다. 관심군 학생 중 자살위험 학생만 보면, 2017년 전체 자살위험 학생 중 81.2%에 달하는 1만 3,754명이 전문기관과 연계되어 관리를 받았다. 이는 2015년 54.5%에 비해 전문기관 연계 관리가 개선되긴 하였지만, 여전히 연계 기관의 자살예방 관련 역량이 부족하고 중복된 업무로 인해 제대로 된 학생 관리가 이루어지지 않는다는 지적이 있다.

관심군 학생 중 학교 밖 전문기관에서 상담을 받지 않은 30% 학생들은 주로 학부모의 거부나 학교 수업 시간에 전문기관을 방문해 상담 받는 것을 꺼리는 출결 문제 때문이다. 또한 심리적으로 문제가 있어 상담을 받아야 한다고 하면 학생의 자존심에 상처가 생길 수 있기에 학생 스스로가 상담 받는 것을 꺼리는 경우도 있다. 만약 관심군으로 분류되어 외부 연계기관에 상담을 받을 경우 센터 상담동의서를 학교에 제출해야 하는데, 학생의 자존심이 강할 경우 자칫 아이가 스스로에게 문제가 심각하다고 여길 수 있는 역효과가 발생할 수 있다. 또한 비밀이 보장된다고 하지만 상담을 받으면 주변 학생들이 다 알게 되어서 문제아로 낙인찍힐 가능성을 우려하기도 한다. 따라서 상담을 받더라도 학교에서 주선해 주는 곳 말고 개별적으로 상담기관을 찾아가 상담을 받는 학부모도 존재한다.

관심군 학생들이 학교 밖 상담을 꺼리는 또 하나의 주된 이유는 외부 전문기관이 부족하거나 전문기관의 역량이 부족하기 때문이다. 교육청의 지역 연계 인프라 부족으로 전문상담 및 치료를 받고 싶어도 받지 못하는 경우가 존재한다. 또한 주변에 역량 있는 병·의원이 존재한다고 해도 치료비가 비싸 정해진 교육청 예산으로는 제대로 된 치료를 지원하기 어려운 실정이다. 결국 나중에는 학부모 자부담으로 병·의원 등 전문기관을 이용해야 하는데 비용대비 효과가 없다는 이유로 중도에 그만두게 되는 경우도 많다.

관심군으로 분류된 학생 중 30%가 학부모의 거부, 출결 문제, 학생의 자존심 문제, 전문 인프라 부족, 교육청의 예산 부족, 학부모의 비용 부담 등으로 아무런 조치를 받지 못하는 것은 검사 이후의 관리가 소홀하다는 뜻이므로 이의 해결을 위해서는 교육 당국이 적극 나서야 한다.

학령인구 감소로 학생 수가 점점 감소하고 있지만 오히려 관심군 학생과 자살위험 학생 수는 증가하고 있다. 실제로 학업 스트레스와 성적 비관, 학교 부적응, 가정불화 등으로 여전이 많은 학생들이 스스로 목숨을 끊고 있다. 따라서 교육 당국은 학생 및 학부모가 만족할 수 있게 보다 전문적인 상담 역량을 확보하고, 지속적 관리가 가능한 전문기관의 발굴 및 연계, 치료지원비 확충 등을 통해 보다 근본적인 대책을 마련해야 한다. 더불어 학부모와 학생은 정서·행동 특성 검사 결과에 대한 긍정적인 인식 전환이 필요하다.

중요한 것은 교육 당국과 학부모의 노력만으로 해결되는 것은 아니라는 것이다. 교육청과 연계된 외부 전문기관들은 스스로 상담 및 치료 역량을 키워야 한다. 특히 병·의원, 상담센터 등 전문기관들이 기존의 전통적인 상담방법이나 약물치료만을 고수한다면 현 상태에서 더 이상의 발전은 기대하기 어렵다.

본 책에서 앞으로 주장하게 될 내용도 바로 이것이다. 전문기관들은 기존의 치료와 상담 방법만을 고수할 것이 아니라, 충분한 사례와 문헌, 과학적으로 치료 효과가 입증된 최면치료와 NLP(신경언어프로그래밍) 등을 정서적·행동적으로 어려움을 겪는 학생들을 위한 치료 및 상담기법으로 적극 도입하고 활용해야 한다는 것이다. 그러기 위해서는 먼저 최면치료 및 NLP에 대한 일부 사람들의 오해를 해소하고 이들의 과학적 원리를 이해하는 것이 중요하다.

이미 오랜 역사를 지닌 최면치료 및 NLP가 실제 교육 현장과 외부기관에서 상담기법으로 적극 활용된다면 수많은 정서·행동 문제를 가진 학생들의 심리적 문제를 해결할 수 있고, 치료 효율과 성과 또한 획기적으로 높일 수 있을 것이라 필자는 확신한다.

5. 정서·행동장애 학생 추이

정서적으로 어려움을 겪거나 행동에서 문제를 보이면 심의를 거쳐 특수교육대상자로 선정이 되어 유치원 및 학교를 다니는 동안에 특수교육 및 특수교육 관련 서비스를 받을 수 있다. 여기서 용어에 대한 설명은 다음과 같다.

특수교육대상자	특수교육을 필요로 하는 사람으로 선정된 사람을 말한다.
특수교육	특수교육대상자의 교육적 요구를 충족시키기 위하여 특성에 적합한 교육과정 제공을 통하여 이루어지는 교육을 말한다.
특수교육 관련서비스	특수교육대상자의 교육을 효율적으로 실시하기 위하여 필요한 인적·물적 자원을 제공하는 서비스로서 상담지원·가족지원·치료지원·보조인력지원·보조공학기기지원·학습보조기기지원·통학지원 및 정보접근지원 등을 말한다.

학부모의 신청을 통해 특수교육을 필요로 하는 사람으로 진단·평가되면 특수교육대상자로 선정되어 특수교육 및 관련서비스를 지원받을 수 있다. 장애인 등에 대한 특수교육법은 특수교육대상자로 선정되기 위한 11개의 장애 영역을 규정하고 있다. 11개의 장애 영역은 다음과 같다.

장애인 등에 대한 특수교육법 상 장애 영역

> 시각장애, 청각장애, 지적장애, 지체장애, **정서·행동장애**, 자폐성장애, 의사소통장애, 학습장애, 건강장애, 발달지체, 그 밖에 대통령령으로 정하는 장애

보통은 장애 진단을 받고 장애인으로 등록된 아동이 특수교육대상자로 선정되는 경우가 많으나, 장애인으로 등록되지 않아도 학부모가 신청하면 지능검사나 정서·행동장애 학생 선별 검사 등을 통해 특수교육대상자로 선정될 수 있다. 특히 정서·행동장애 학생의 경우 지능은 대부분 정상범주에 들어가지만 정서나 행동적으로 문제가 있다고 판단된 경우이므로 대개 장애 등록은 되어있지 않고 학교를 다니는 동안만 특수교육 서비스를 받는 특수교육대상자인 경우가 많다.

연도별 전체 특수교육대상자 수는 점점 증가 추세에 있다. 하지만 장애영역별 학생 수 추이를 보면 자폐성장애와 발달지체를 제외한 나머지 장애영역의 학생 수는 비슷한 추이를 유지하고 있거나 감소세를 보이고 있다. 전체 특수교육대상학생 중 정서·행동장애 학생 비율도 2010년 4.5%에서 2019년 2.3%로 매년 꾸준히 감소 추세를 보이고 있다.

표 연도별 특수교육대상자의 장애영역별 학생 수 (단위: 명, %)

연도	시각장애	청각장애	지적장애	지체장애	정서행동장애	자폐성장애	의사소통장애	학습장애	건강장애	발달지체	전체
2010	2,398 (3.0)	3,726 (4.7)	42,690 (53.6)	10,367 (13.0)	3,588 (4.5)	5,463 (6.9)	1,591 (2.0)	6,320 (7.9)	2,174 (2.7)	1,394 (1.7)	79,711 (100)
…	…	…	…	…	…	…	…	…	…	…	…
2015	2,088 (2.4)	3,491 (4.0)	47,716 (54.2)	11,134 (12.6)	2,530 (2.9)	10,045 (11.4)	2,045 (2.3)	2,770 (3.1)	1,935 (2.2)	4,313 (4.9)	88,067 (100)
2016	2,035 (2.3)	3,401 (3.9)	47,258 (53.7)	11,016 (12.5)	2,221 (2.5)	10,985 (12.5)	2,089 (2.4)	2,327 (2.7)	1,675 (1.9)	4,940 (5.6)	87,950 (100)
2017	2,026 (2.3)	3,358 (3.8)	48,084 (53.8)	10,777 (12.0)	2,269 (2.5)	11,422 (12.8)	2,038 (2.3)	2,040 (2.3)	1,626 (1.8)	5,713 (6.4)	89,353 (100)
2018	1,981 (2.2)	3,268 (3.6)	48,747 (53.7)	10,439 (11.5)	2,221 (2.4)	12,156 (13.4)	2,081 (2.3)	1,627 (1.8)	1,758 (1.9)	6,502 (7.2)	90,780 (100)
2019	1,937 (2.1)	3,225 (3.5)	49,624 (53.4)	10,200 (11.0)	2,182 (2.3)	13,105 (14.1)	2,204 (2.4)	1,409 (1.5)	1,763 (1.9)	7,309 (7.8)	92,958 (100)

자료: 교육부 특수교육통계(2019.4.1.기준)

6. 정서 · 행동장애에 대한 오해

개인주의의 심화와 이기적인 문화 확산으로 갈수록 정서적 문제를 호소하는 학생들이 증가하고 있지만, 앞의 <표>에서처럼 정서 · 행동장애 학생들의 비율은 감소하고 있다. 정서 · 행동 특성 검사 결과, 관심군으로 분류되는 학생들은 갈수록 늘어나고 있는데, 역설적이게도 통계상 정서 · 행동장애 학생 숫자 비율은 해마다 감소하는 이유는 무엇일까?

첫 번째 이유는 발달지체라는 장애 영역이 생기면서 특정되지 않은 장애를 가진 아동이나 장애 발생 가능성이 높은 영 · 유아가 다 발달지체로 분류되기 때문이다. 발달지체는 2007년 장애인 등에 대한 특수교육법이 공포되면서 신설된 명칭으로, 발달이 늦은 영 · 유아나 만9세 미만의 아동들이 특수교육 관련서비스를 제공받기 위해 만들어놓은 명칭이다. 장애의 조기 발견을 통해 적절한 교육이 이루어진다면 발달의 정도가 그렇지 않을 때보다 좋은 예후를 나타내어 장애의 조기발견은 무엇보다 중요하다. 이에 장애 발생 가능성이 높은 만9세 미만 아동 중 특수교육이 필요한 경우까지 특수교육대상자로 선정하기 위해 발달지체라는 명칭이 생기게 된 것이다. 따라서 표를 보면 발달지체 아동의 경우 매년 그 비율이 꾸준히 증가하고 있음을 알 수 있다. 발달지체로 기 선정된 학생들은 9세 이상이 되면, 특수교육대상학생을 위한 진단평가를 재실시하여 학생의 장애 유형에 적합한 영역으로 다시 선정되어야 한다. 만약 학부모가 학생이 9세 이후에는 특수교육 서비스가 필요하지 않다고 판단하거나, 진단평가 결과 정상범주에 들어가면 특수교육대상자 취소 신청을 통해 특수교육대상학생 지위에서 벗어날 수 있다.

두 번째 이유는 학부모가 자녀를 특수교육대상자로 선정해달라고 신청을 하더라도 정서 · 행동장애의 경우 지적 기능은 정상 범주에 들어가는 경우가 많기 때문에 교육청에서 예산 문제로 선정을 잘 안 해 주는 경향이 있다. 우리나라에서 특수교육의 인식이 아직까지는 지적 기능이 떨어지는 학생들, 즉 지적장애 학생들이 특수학급에 모여 공부하는 곳이라는 인식이 강해서, 대부분이 일반학급에서만 교육받는 정서·행동장애 학생들은 특수교육대상자 선정에서 배제되는 경우가 있다. 이들은 특수학급에서 특수교육은 받지 않고, 방과후 교육비나 치료지원, 통학비 등 특수교육 관련서비스만 지원받기에 한정된 예산으로 운영되는 교육청 입장에서는 특수학급에서 공부를 받아야 하는 지적 장애 등 다른 장애학생 선정을 우선시하는 경향이 있는 것 같다. 하지만 학생들의 자살률 증가가 꾸준히 사회문제로 대두됨에 따라 차차 정서적·행동적 문제를 학생들도 엄연히 특수교육대상자라는 인식이 확대되고 이들의 특수교육대상자로의 선정 또한 앞으로는 점점 확대될 것이라 생각한다.

세 번째가 가장 근본적이면서 중요한 이유로, 바로 정서적·행동적으로 어려움을 겪어도 학부모가 특수교육대상자 신청을 하지 않기 때문이다. 이것이 관심군으로 분류되는 학생들이 점점 많아져도 정서·행동장애 학생으로 선정되는 숫자는 오히려 줄어드는 가장 큰 이유다. 실제 우울증, 불안장애 등을 겪는 학생들이 많아도 '시간이 지나면 또는 크면 괜찮아지겠지'란 생각에 신청을 안 하는 경우가 많다.

특수교육에 대한 오해와 선입견은 이러한 신청을 막는 가장 큰 장애물이다. 특히 특수교육대상자라는 부정적 인식, 장애인이라는 낙인이 찍히는 것이 아닐까란 오해로 아예 신청조차 하지 않는 것이 가장 큰 문제다. 하지만 특수교육대상자는 장애 판정이나 장애 등급을 받는 것이 아니라 단지 학교를 다니는 동안만 특수교육 및 특수교육 관련 서비스를 받는 것이다. 특수교육대상자는 장애인으로 등록되는 것이 아니기 때문에 특수교육대상자로서의 지위는 학교를 다니는 동안만 유지되고 졸업하면 바로 지위가 상실된다. 따라서 장애인으로 등록되는 것이 아니기 때문에 '평생 장애인으로 낙인찍혀 살게 되면 어쩌나'하는 생각은 잘못된 생각이다.

또한 지능은 정상 범주인데 정서 또는 행동, 사회성에만 문제가 있다고 나타나면 완전통합 특수교육대상자로 선정이 된다. 완전통합은 특수학급에 교육받으러 내려오는 것이 아니라 계속 일반학급에서만 수업 받으며 단지 특수교육 관련 서비스만 방과 후에 지원받는 것이다. 따라서 다른 학생들은 담임선생님이 말을 해 주지 않는 한 이 학생이 특수교육대상자인지도 모르기 때문에 전혀 자존심 상할 일도 없고 부끄러울 일도 없다. 따라서 '특수교육대상자로 선정이 되면 다른 학생들이 다 알게 될 텐데 어쩌나'하는 생각도 역시 잘못된 생각이다.

이처럼 특수교육과 특수교육대상자에 대한 오해와 선입견으로 인해 학부모는 특수교육대상자 선정 신청을 꺼리게 되고 수많은 학생들은 여전히 주의 사각지대에 놓여 제대로 된 지원을 받지 못하거나 자비로 상담을 받고 치료를 받는 실정이다. 따라서 학교 및 특수교사는 정서·행동장애 특수교육대상자가 무엇이고 어떤 혜택이 있는지 학부모 교육과 상담을 통해 충분한 설명을 하여야 한다. 또한 위에 기술한 오해들을 잘 풀어 주어야 한다. 즉 정서·행동장애라는 특수교육대상자로 선정되는 것이 장애 등급을 받는 것이 아니고 단지 학교를 다니는 동안만 방과후 교육비, 치료지원비, 통학비 지원 등 혜택을 받는 것이라는 사실을 잘 알려주어야 한다. 그리고 특수교육대상자로 선정이 되어도 다른 학생들은 그러한 사실을 알 수도 없다는 내용들을 충분히 설명해 주면, 학부모의 정서·행동장애 특수교육대상자에 대한 오해가 풀리고 이들에 대한 충분한 지원이 이뤄질 수 있으리라 확신한다.

정서·행동장애를
이해하는 기존 모델

여기서는 정서·행동장애의 발생 원인과 치료법에 대해 기존의 접근 방법은 어떻게 바라보고 설명하고 있는지 간략하게 살펴보고자 한다. 정서·행동장애를 설명하기 위해 많은 모델이 제시되어 왔으나, 크게 신체생리적 모델, 정신역동적 모델, 행동주의 모델, 인지적 모델, 그리고 생태학 모델 이상 5가지 모델로 정리할 수 있다. 이들 5가지 모델이 각각 정서·행동장애의 원인을 설명하는 이론적 틀을 제공한다.

신체생리적 모델, 정신역동적 모델, 인지적 모델은 장애의 일차적인 원인이 장애를 가지고 있는 사람의 내적 상태에 있다고 전제한다. 한편, 행동주의 모델과 생태학 모델은 장애를 가지고 있는 사람과 환경이 상호작용하여 장애가 발현된다고 전제한다.

하지만 모든 이론적인 관점은 독자적인 것이 아니며 다른 모델들과 서로 영향을 주고받기 때문에 오로지 내용만으로 특정 이론을 분류하기는 어려운 경우가 많다. 어느 한 가지 관점 또는 모델로만 정서·행동장애를 설명하려고 한다면 색안경을 쓰고 세상을 보는 것과 같으므로 다양한 관점에 의해 장애가 발생할 수 있다고 보고 실제 교육적 상황에서도 여러 모델에 기초한 중재방법을 쓰는 것이 중요하다.

1. 신체생리적 모델

신체생리적 모델에서는 인간의 행동이 신경생리학적 기제와 관련이 있다고 보고, 정서·행동장애가 유전, 신경학적 결함, 기질, 인간의 신체적 질병 등으로 발생할 수 있다고 이해하는 관점이다.

첫 번째로 유전적 요인은 인간의 행동 특성을 유전적 영향으로 바라보는 것이다. 즉, 개인이 보이는 정서·행동의 특징은 본인이 원해서 그렇게 된 것이 아니라 전 세대의 특성이 본인에게 유전되어 그러한 성향을 나타내는 것이라 본다.

두 번째, 뇌의 기질적 원인은 뇌의 특정 구조의 문제로 인하여 정서·행동장애가 발생한다고 보는 것이다. 예를 들어, 대뇌변연계가 발달하지 않았을 경우에 다양한 정서·행동 문제가 발생할 수 있다.

세 번째, 신경전달물질의 이상으로 정서·행동장애가 발생할 수 있다고 보는 관점이다. 인체에서 생성되는 각종 신경전달물질의 이상이 정서·행동장애에 영향을 미친다고 본다.

네 번째는 신진대사의 이상이다. 음식물을 섭취하고 분해하는 과정에서 대사 이상으로 음식물이 독성으로 작용할 수도 있는데 이로 인해 정서·행동장애가 나타날 수 있다는 것이다.

마지막은 기질적 원인으로 인해 정서·행동장애가 나타날 수 있다고 보는 관점이다. 기질은 기본적인 성향 또는 질병 소질을 의미한다. Chess와 Thomas(1977)는 기질의 양상을 순한 기질, 긍정적이고 느린 기질, 난기질로 나누었는데 까다로운 아동집단은 다른 집단에 비해 문제행동을 더 많이 나타낸다고 하였다.

신체생리적 모델에 기초한 중재로는 유전공학, 약물치료, 영양요법(비타민요법, 식이요법) 등이 있다.

2. 정신역동적 모델

정신역동적 모델은 정서·행동장애를 정서적 성숙이 지체된 것으로 간주하여, 충족되지 않은 욕구와 정서적 미성숙으로 인해 정서·행동장애가 발생한다고 보는 관점이다. 크게 정신분석적 견해와 인본주의적 견해로 나눌 수 있다.

정신분석적 견해는 과거의 억눌린 욕구 불만, 억압된 갈등, 좌절 등으로 정서·행동 문제가 발생한다고 본다. 여기서 정서·행동장애와 관련된 중요한 내용은 방어기제에 대한 것이다. 방어기제는 갈등 상황에서 나타나는 불안을 제거하기 위하여 사용하는 자기 방어의 수단으로, 학자마다 분류하는 방식이 상이하다. 그런데 정신분석적 측면에서는 자신의 욕구에 따른 갈등을 해결하기 위하여 방어기제를 적절하게 사용하지 못하면 문제행동을 일으킨다고 본다.

표 방어기제의 종류

억압 (repression)	위협적이거나 고통스러운 생각이나 감정들을 의식하지 못하도록 강제하는 것
부정 (denial)	특정한 일이나 생각, 느낌을 있는 그대로 받아들이는 것이 고통스럽기 때문에 인정하지 않으려 하는 것
투사 (projection)	투사는 자신이 받아들일 수 없는 생각이나 욕망 등을 자신이 아닌 다른 사람이나 외부 환경적인 이유 때문이라고 생각하는 것
반동 형성 (reaction formation)	금지된 충동을 억제하기 위해 그와 반대되는 사고와 행동을 강조하는 것
합리화 (rationalization)	원하는 행동을 하지 못했거나 원하는 결과를 얻지 못했을 때 그럴듯한 이유를 찾아내 자아가 상처받는 것을 방지하는 것
퇴행 (regression)	스스로 자신이 없거나 실패할 가능성이 높은 행동 등을 해야 하는 상황에서 어린 시절로 되돌아감으로써 불안을 감소하는 방법

정신분석적 견해에서는 이의 해결을 위해 내재된 갈등을 풀어주는 활동을 실시하는 것이 필요하다. 정신역동적 모델에서는 억압된 정서가 무엇인지 알아내고자 하는 다양한 방법들이 사용되고, 과거 욕구가 해소되지 못함으로 인한 내재된 갈등을 해소하기 위해 심리극이나 역할극, 정신분석, 자유연상, 미술치료, 음악치료 등을 실시한다. 자신의 욕구와 갈등을 표현할 수 있도록 환경을 지원함으로써 건강한 성격 발달을 돕는 것이 목적이다.

정서·행동장애를 설명하는 인본주의적 관점에서는 아직 자아성취가 현실적으로 이루어지지 않아서 정서·행동장애가 발생한고 본다. 매슬로우(Maslow)와 로져스(Rogers)는 개인은 능동적으로 자신의 가치를 성장시킬 수 있는 존재라고 보았다. 이들은 억지로 무엇을 강요하는 것에 대해서 반감을 갖는다. 따라서 인본주의적 견해는 개인이 사회적 관계 속에서 자아성취 등 개인 욕구가 충족되지 않으면 정서·행동장애가 나타난다고 하였다.

인본주의적 관점에 따른 해결책은 정서·행동장애인이 스스로 자아실현을 할 수 있도록 그들을 지지하는 프로그램을 운영하는 것이다. 자존감 회복 프로그램 등 인본주의 교육을 통해 개인의 능동적이고 긍정적인 자아를 존중하면 정서적·행동적 문제들을 해결할 수 있다고 보았다.

3. 행동주의 모델

행동주의 모델은 관찰되고 객관적으로 측정될 수 있는 행동에 관심을 갖기 때문에 인간의 무의식에 대하여 관심을 갖는 정신역동적 모델과 상반되는 관점이다. 정신분석적 모델이 주로 개인의 과거 경험에 의한 무의식적 갈등의 해소에 관심을 기울인다면, 행동주의 모델은 행동이 발생한 전후 사건이나 주변 친구들에 대해 관심을 기울인다.

행동주의 관점에서 정서·행동장애는 잘못된 학습, 적절한 강화의 결여, 바람직하지 않은 행동의 조건화 등에 의해 발생한다고 본다. 먼저 '잘못된 학습'은 반두라(Bandura)의 사회학습이론에서 나온 것으로 우울이나 불안, 공격성 등의 정서·행동장애는 또래 친구나 타인의 행동을 보고 모방한 결과라고 설명한다. 개인이 다른 개인, 즉 모델의 행동을 관찰하고 따라함으로써 새로운 반응(행동)을 습득할 수 있다고 보는 것이다. 사회학습이론은 문제 행동의 원인이 타인의 행동을 보고 배운 것이라고 하여 관찰학습이라고도 한다.

두 번째로 '적절한 강화의 결여'는 어떤 행동에 따른 결과로 아이는 강화물을 얻거나 벌을 받게 되는데 강화가 부족하거나 잘못되는 경우 또는 벌로 인해 아이의 행동이 삐뚤어질 수 있다고 보는 관점이다. 예를 들어, 정서·행동장애 학생의 공격행동이 교사의 관심을 끌기 위한 것이라면 교사의 즉각적인 개입은 오히려 학생에게 관심을 주는 강화물로 작용하여 더 공격적인 행동을 증가시킬 수 있다. 이는 행동의 결과로 인한 강화나 벌이 새로운 행동을 발생시킨다는 입장으로 교육심리학에서는 '조작적 조건화'라고 한다.

세 번째, '바람직하지 않은 행동의 조건화'는 파블로프(Pavlov)의 개 실험에서 기인한 것으로 과거의 어떤 기억이나 경험이 문제 행동을 일으키는 원인(조건)으로 작용한다고 본다. 파블로프는 개한테 음식을 줄 때마다 종소리를 들려주었는데, 나중에는 종소리만 들려주어도 침을 흘리는 반응을 보였다. 여기서 종소리를 '조건 자극'이라고 하고 침을 흘리는 반응은 '조건 반응'이라고 한다. 이것을 인간의 행동에 적용하여, 문제 행동의 원인이 되는 과거의 기억이나 경험을 '조건 자극'이라고 하고, 결과로 나타나는 문제 행동을 '조건 반응'이라고 한다. 그리고 이를 교육심리학에서는 '고전적 조건화'라고 부른다. 예를 들어, '학교' 자체는 싫은 것도 좋은 것도 아닌 중성 자극이지만, 학교에서 선생님에게 혼난 기억이 있거나 친구들과 다툰 경험이 강렬하다면 이제 학교를 떠올렸을 때 괜히 불안해지고 안절부절 못하게 된다. 즉, 이 학생에게는 학교라는 단어가 불안한 행동(조건 반응)을 일으키는 조건 자극이 된 것이다.

행동주의 모델에 의한 중재는 관찰과 면담, 기록을 통해 정서·행동장애의 원인을 찾아서 이를 반대로 고쳐주면 된다. 즉, 사회학습이론의 입장에서는 문제 행동이 잘못된 학습에서 기인하므로 학생에게 바람직한 모델을 제시하고 이 모델의 긍정적인 행동을 관찰할 수 있는 기회를 제공하여 이를 따라하게 하면 된다. 바람직한 모델의 행동을 따라할 수 있게 자연스럽게 기회를 만들어주고, 바람직하지 않은 행동은 무시하고 바람직한 행동을 할 경우에만 강화를 하면 행동을 교정할 수 있다고 본다.

조작적 조건화의 입장에서는 강화와 벌의 효과적 사용을 통해 문제 행동을 수정할 수 있다고 본다. 일반적으로 벌보다는 강화가 주어졌을 때 교실 내의 부적절한 행동이 더 많이 감소되었다는 연구 결과들이 있다. 벌은 때로는 교사의 관심을 끌고 싶어 하는 학생에게는 더 부적절한 행동을 부추길 수 있으므로 이럴 때는 무시하기 전략을 쓰거나 적절한 행동을 했을 때만 관심을 보여주는 교사의 태도가 필요하다.

고전적 조건화의 입장에서는 역(易)조건화를 통해 문제 해결이 가능하다. 과거에 실패를 경험했거나 두려움을 경험한 아이들은 그와 유사한 상황을 피하려는 경향을 보인다. 이때 학생들이 이러한 상황을 피해가게 하기보다는 즐거운 자극을 제공하여 그 상황에 참여하도록 하는 것이 중요하다. 만약 부정적인 기억 때문에 학교를 싫어하게 되었다면 학교를 반대로 즐거운 기억과 연합시켜, 부정적 행동을 유발하는 학교라는 조건 자극을 긍정적 행동을 유발하는 조건 자극으로 바꿔야 한다. 예를 들어, 과제 때문에 학교를 싫어하게 되었다면 과제를 즐겁고 긍정적인 활동, 예를 들어 노래 등과 연합시킴으로써 학습을 즐겁게 만들려고 노력한다면 학교를 다시 좋아하게 할 수 있다.

이 밖에도 행동주의 모델에 기초한 중재방법으로는 체계적 둔감법, 환경의 수정 등이 있다. 체계적 둔감법은 불안이나 공포를 느끼는 상황에 조금씩 노출을 늘려가는 것이다. 예를 들어, 불안을 치료하는 경우라면 불안을 가장 적게 일으키는 장면부터 가장 많이 일으키는 장면까지 위계를 만들어 가장 낮은 불안의 장면부터 차례로 경험시키는 것이다. 그리고 환경의 수정은 문제 행동의 원인이 되는 선행사건이나 환경을 미리 바꿔

줌으로써 문제 행동이 일어날 수 있는 상황을 미연에 방지하는 것이다.

4. 인지적 모델

　인지주의 심리학자들은 행동에 영향을 주는 개인의 사고, 신념, 기대, 태도에 주로 관심을 둔다. 따라서 인지상의 오류는 심리적 장애를 유발하며, 인지의 변화를 통해 정서적·행동적 문제가 해결될 수 있다고 본다.

　인지적 모델은 쉽게 말해 정서·행동장애의 원인을 잘못된 생각에 의해 발생한다고 설명한다. 똑같은 경험을 하더라도 어떤 사람에게는 힘들게 느껴지고, 어떤 사람에게는 즐거운 것으로 생각된다. 이것은 경험 자체가 힘들게 하거나 즐겁게 하는 것이 아니라 경험을 해석하는 사고방식이 자신을 힘들게 하거나 즐겁게 한다는 것이다. 엘리스(Ellis)는 비합리적 신념이 많은 형태의 정서·행동장애를 일으킨다고 하였고, 벡(Beck) 역시 정서·행동장애는 왜곡된 사고의 결과이거나 일상적인 사건에 대한 비현실적인 인지평가의 결과라고 하였다. 잘못된 사고나 비합리적 믿음은 부정적 감정을 유발하고 부정적 감정은 부정적 행동을 유발한다.

　인지적 모델에 기초한 정서·행동장애의 치료는 인지 결함에 대한 중재와 인지 왜곡에 대한 중재로 나누어 살펴볼 수 있다. 먼저 인지 결함은 한마디로 뭘 몰라서 문제 행동이 발생한다고 보는 것이다. 따라서 인지 결함이 있을 경우의 중재는 초인지 전략을 쓰게 하여 뭐가 문제가 있는지 알게 하는 것이 핵심이다. 초인지 전략은 쉽게 말해 자기 자신에게 속으로 말을 함으로써 자신의 행동을 스스로 통제하도록 하는 방법이다. 자신의 사고와 행동을 내적 언어를 통해 스스로 조정하고 통제함으로써 문제 행동의 발생을 억제시킨다.

　대인관계 문제해결 훈련도 인지 결함에 기초한 치료 방법이다. 대인관계 문제해결 훈련의 예를 들면, 무단 결석을 빈번히 하고 친구들과 자주 싸움을 하는 학생이 있다면 교사는 학생에게 자신이 처한 상황에서의 문제를 파악하고 기록하게 한 후, 그 문제를 해결할 수 있는 여러 방법과 결과에 대해 써보라고 할 수 있다. 그리고 자신이 선택하여 실행한 방법과 결과를 기록하도록 지도한다면 학생 스스로 뭐가 문제가 있고 뭐가 잘 됐는지 파악할 수 있다.

인지 왜곡에 대한 중재는 한마디로 잘못된 생각으로 인해 문제 행동이 발생한다고 보는 것이므로 왜곡된 신념을 합리적 신념으로 변화시키는 인지적 재구조화가 필요하다. 인지적 재구조화의 대표적인 방법으로는 엘리스(Ellis)의 합리적 정서행동 치료(REBT)가 있다. 합리적 정서행동 치료는 현재의 그릇된 신념이나 사고를 바꾸어 정서와 행동을 변화시키고자 하는 기법이다. 보통 ABCDE 과정을 거치는데 그 단계를 예를 들어 설명하면 다음과 같다.

표 합리적 정서행동 치료의 ABCDE 과정

A (선행사건)
예) 사랑하는 친구가 나를 떠나갔다.

↓

B (비합리적 신념체계)
나를 떠나간 이유는 나에게 질리고, 나를 더 이상 좋아하지 않기 때문이다.

↓

C (결과)
하루 종일 우울하고 의욕이 없다. 아무것도 하고 싶지 않고 죽고 싶은 마음이다.

↓

D (논박)
친구가 나를 떠나간 것이 정말 나한테 질리고 나를 좋아하지 않아서일까? 친구가 나를 떠나간 것이 그렇게나 슬퍼할 만한 일인가? 기분이 우울하지만 그렇다고 이렇게 의기소침하게만 있어야 하는가? 실연에 빠져서 아무것도 하지 않는 것은 좋은 방법이 아니다. 친구는 또 얼마든지 사귈 수 있다.

↓

E (효과)
친구가 왜 떠나갔는지 여러 각도로 생각해 보니 결코 내가 못난 것이 아닌 다른 이유들을 발견할 수 있었다. 그 친구의 마음도 이해가 된다. 나도 하루 종일 우울해하기보다는 얼른 털고 일어나 다시 즐겁게 지내야겠다.

귀인 재훈련도 인지 왜곡에 대한 대표적인 중재 방법이다. 귀인은 일상 생활에서 경험하는 사건의 원인에 대해 학생이 생각하는 신념으로 수행에 대한 성공과 실패의 원인을 어디로 돌리느냐에 관한 것이다. 대표적인 귀인의 종류에는 능력, 노력, 과제 난이도, 행운 등이 있다. 연구에 의하면 학습 실패를 많이 경험한 학생일수록 실패의 원인을 능력 부족으로 돌리고, 어쩌다 높은 학업 성취를 보이면 운이 좋아서 잘 봤다고 생각한다. 반대로 학업성취가 높은 학생들은 성공의 원인을 높은 능력으로 돌리고 실패하더라도 자신의 노력이 부족해서 낮은 점수를 받았다고 생각한다.

따라서 귀인 재훈련은 성공의 원인을 자신의 능력이 높기 때문이라고 생각하게 하고, 실패하더라도 그 원인은 능력이 부족해서 그런 것이 아니라 노력이 부족했기 때문이라고 생각하게 하는 것이다. 물론 실패를 무조건 노력 부족 탓으로 귀인한다고 문제가 해결되는 것은 아니다. 정말 스스로 생각하기에도 열심히 공부하였지만 시험 점수가 낮게 나올 경우 또 노력 부족으로 돌린다면 열의가 꺾이고 공부에 대한 동기 부여가 안 되기 때문이다. 이럴 때는 결과를 잘 분석한 후에 노력 부족보다는 잘못된 학습 방법이나 전략의 부족 등으로 원인을 돌리는 것이 훨씬 효과적이다.

5. 생태학 모델

인간은 사회적 존재로서 모두 사회적 환경 속에서 관계를 맺으며 살아간다. 생태학 모델에서는 학생 개인의 특성뿐 아니라 학생이 속해있는 사회적 환경과의 상호작용 속에서 문제 행동이 발생할 수 있다고 본다. 브론펜브레너(Bronfenbrenner)는 학생이 속해있는 환경과 학생의 본유적 특성 간의 부조화로 인해 정서·행동장애가 나타난다고 하였다.

생태학 모델에서는 정서·행동장애가 학생의 환경 내에 있는 사람들의 기대 및 판단에 따라 달라질 수 있으므로, 학생이 다른 사람과 상호작용하는 환경 내에서 지속적으로 일관되게 부적절한 행동을 보일 때 정서·행동장애라고 정의한다. 이처럼 생태학적 관점에서는 개인을 둘러싼 환경의 관계성을 중시한다. 브론펜브레너가 제시한 생태학적 관점의 환경 구조는 다음과 같다.

표 **브론펜브레너의 생태학적 체계**

미시체계 (microsystem)	학생이 많은 시간을 보내는 환경으로, 학생과 부모, 학생과 교사, 학생과 형제 · 자매, 학생과 친구들 간 관계와 상호작용이 이에 해당한다.
중간체계 (mesosystem)	미시체계들 간의 관계로, 학부모와 교사의 상호작용, 가정과 친구들 간의 상호작용 등이 이에 해당한다.
외체계 (exosystem)	학생이 직접적으로 참여하지는 않지만 학생이 속한 환경에 영향을 주는 것으로 이웃, 지역사회조직, 종교단체, 지역사회 할렘가, 부모의 직장 및 친구, 교회, 친척, 동물원 등이 이에 해당한다.
거시체계 (macrosystem)	미시체계, 중간체계, 외체계에서 일관되게 작용하는 것으로 문화적 · 법적 제도, 정치적 환경, 대중매체 등이 이에 해당한다.

각각의 체계별로 정서 · 행동장애가 발생할 수 있는 상황을 예를 들어보면 다음과 같다. 미시체계에서는 아이가 가장 많이 상호작용하는 부모가 아이를 방치하고 방임하면 아이의 정서에 부정적 영향을 미쳐서 정서 · 행동장애가 발생할 확률이 높아진다. 중간체계에서는 부모와 교사 간의 갈등이 일어난다면 중간에 낀 아이는 심리적으로 불안함을 느껴 정서 · 행동장애를 겪을 수도 있을 것이다.

외체계에서는 이웃 사람들과의 교류, 친척들의 언행, 각종 사회기관을 이용함에 따른 갈등 등 다양한 요소가 아이의 정서 및 행동에 영향을 미칠 수 있을 것이다. 거시체계에서는 그 나라의 다양한 법률과 사회제도가 아이의 정서에 영향을 미칠 수 있다. 또한 요즘에는 스마트폰, 동영상, 인터넷 등 대중매체를 통해 청소년들이 쉽게 폭력물 및 음란물을 접하게 됨으로써 예전보다 훨씬 정서적으로 취약해지기 쉬운 환경이 되었다. 이처럼 생태학 관점에서는 다양한 사회적 관계 속에서 긍정적 상호작용의 어려움으로 인해 정서 · 행동장애가 발생할 수 있다고 보았다.

생태학 모델에 있어서 중재는 대상 학생뿐 아니라 환경 수정을 통해서

서로 조화를 이루는 것에 중점을 둔다. 환경 수정은 체계 내에 형성되어 있는 관계 또는 환경의 개선에 초점을 두는 것으로 '환경의 재구조화'라고도 한다. 예를 들어, 아동이 정서적으로 취약한 환경에 노출되어 있거나 나쁜 행동을 배우기 쉬운 상황에 놓여있다면, 생태학적 평가를 통해 취약한 환경을 개선하고 긍정적 상호작용을 할 수 있는 상황을 조성해 주는 것이다. 또한 장기적으로는 학생이 속한 환경 내에서 기능적인 사회 구성원으로서의 역할을 할 수 있도록 중재 내용 및 과정을 확장하는 것에 중점을 둔다.

정서·행동장애를 이해하는 새로운 모델의 필요성

1. 기존 모델의 한계

앞에서 제시한 5가지 모델이 각자 또는 서로 복합적으로 작용하여 정서·행동장애의 원인과 해결방법을 제시하는 것으로 되어있지만, 대부분의 질환은 아직까지 명확한 원인이 밝혀지지 않고 있다. 이것은 5가지 모델로 정서·행동장애의 원인과 해결방법을 설명할 수 있는 부분은 극히 일부분이라는 뜻이고, 이러한 불완전한 모델로 정서·행동장애를 이해하려고 하는 것은 매우 큰 한계가 있음을 뜻한다.

우울장애의 경우 아동기와 청소년기의 조증과 양극성장애에 대한 연구는 아직 미흡한 실정이고 대부분의 경우 우울장애의 정확한 원인은 알 수 없다고 기술되어 있다. 우울장애의 치료 역시 약물치료와 광선치료, 인지행동중재가 효과적이라고 보고되고 있지만, 모든 우울장애를 겪는 학생들에게 효과적으로 적용할 수 있는 치료법은 없다.

아동기나 청소년기의 불안장애도 여러 가지 유전적인 위험 요소들과 환경적인 위험 요소들이 복잡한 방법으로 상호작용하여 발생한다고 추정되나, 위험 요소들의 상호작용 기제는 명확히 밝혀지지 않았다(Barlow, 2002). 불안장애에 대한 중재는 약물치료와 인지행동중재가 일부에게 효과적이라고 보고되고 있지만, 역시 모든 사례에 적용될 수 있는 효과적인 치료법은 없다. 공황장애의 경우에는 여전히 약 20~40%의 환자들이 약물치료 및 기타 치료에 전혀 반응을 보이지 않는다고 한다(Slaap, 2001).

ADHD의 원인도 주로 생물학적 요인, 심리적 요인, 사회적 요인 등으로 추정되지만 정확한 원인은 밝혀지지 않았다고 기술되어 있다. ADHD 학생에 대한 치료는 거의 약물치료에 의존하는데 이것은 그만큼 효과성이 입증되었다는 뜻도 있지만, 역시 대부분의 학생에게 효과가 있는 것은 아니다. 일부 ADHD 학생들은 각성제가 효과가 없고 두통이나 복통, 식욕감퇴, 기분 변덕이 심하다든가 하는 부작용을 나타낸다. 또한 약물치료는 한번 시작하면 대부분 장기간 복용해야 하는 단점이 있어 약물 복용에 따른 장기 관찰 연구가 시급하다.

의학기술의 눈부신 발달과 수백 년간 발전된 심리이론으로도 '정서·행동장애의 원인을 여전히 모른다.'라고 말하는 이유는 무엇일까? 그것은 정서·행동장애의 원인이 밝혀지지 않은 것이 아니라, 사실은 원인이 상당 부분 알려졌음에도 이를 인정하지 않거나 진지하게 알려고 하는 노력이 부족했기 때문이다. 또한 눈에 보이는 현상만을 탐구하려는 기존의 보수적인 학계가 여전히 주류를 형성하고 있고 이들이 정신의학 및 특수교육의 발전을 가로막고 있기 때문이다.

기존의 저서들은 크게 행동, 정신, 환경에 초점을 맞추고 유물론적 세계관에 근거하여 눈에 보이는 실체만을 파악하여 해결하려고 하거나 정신세계의 탐구 및 갈등 해결, 인지적 재구조화, 환경 개선 등으로 문제를 해결하려고 하여 보다 근원적인 문제에 대해서 접근하고 해결하려는 노력이 부족하다고 할 수 있다. 그러므로 정서·행동장애를 일으키는 대부분의 원인을 알 수 없다고 이야기하는 것이다.

치료 성과가 높고 기존의 이론이나 모델을 뛰어넘는 새로운 이론이 나오면 이를 진지하게 연구하려는 태도가 필요함에도, 현재 주류를 형성하고 있는 보수적인 학계는 기존의 가치관을 계속 유지하려 하기에 현대 과학에 기초한 새로운 이론들마저 미신이라 배척당하고 공고하게 다져져 있는 주류 집단 사이를 비집고 들어올 틈이 없다.

하지만 현 상태에만 계속 머문다면 더 이상 정신의학과 특수교육의 발전은 기대하기 힘들다. 분명히 돌파구가 있음에도 이를 무시하고 알려고 하는 노력을 기울이지 않는다면 진정한 상담자 또는 교육자의 태도가 아닐 것이다. 따라서 다음 장에서는 한계에 부딪힌 기존의 정서·행동장애를 설명하는 모델에 영(靈)적인 모델을 추가하여 접근하여야 하는 필요성에 대해 논의하고자 한다.

정서·행동장애를 이해하는 영적 모델은 인간의 의식을 넘어선 잠재의식과 영적 현상을 다루기에 현재 설명되지 않는 많은 정서적·행동적 문제들의 원인을 알 수 있고, 보다 근본적으로 문제를 해결할 수 있게 해준다.

2. 영적 모델의 도입 필요성

WHO(세계보건기구)는 1998년 1월 제101차 세션에서 '건강'에 대해 새롭게 정의를 내렸다. 기존의 정의는 "건강이란 단순히 질병이나 병약함이 없음을 뜻하는 것이 아니라, 육체적으로, 정신적으로, 그리고 사회적으로도 모든 것이 안녕한(충족된) 상태에 있는 것이다(Health is a state of complete physical, mental and social well—being and not merely the absence of disease or infirmity)."였다. 즉, 육체적인 질병이 없는 것뿐 아니라 정신적으로도 좋은 상태여야 하고, 사회적 관계를 강조하여 원만한 대인관계까지 형성된 상태를 건강이라고 정의하였다.

하지만 1998년부터는 "건강이란 단순히 질병이나 병약함이 없음을 뜻하는 것이 아니라, 육체적, 정신적, **영적** 그리고 사회적으로 완전히 행복한 역동적 상태이다(Health is a dynamic state of complete physical, mental, spiritual and social well—being and not merely the absence of disease or infirmity)."라고 정의내렸다. 기존의 정의에서 '영(靈)적'이라는 용어가 추가된 것이 눈에 띈다. 즉, WHO에서는 이미 20여 년 전부터 눈에 보이지 않는 영적인 현상들에 대해서 인정하기 시작한 것이다.

새롭게 바뀐 정의에 의하면, 건강이란 개인의 육체적, 정신적, 사회적, 영적 관계가 모두 유기적으로 조화롭게 연결되어 행복(well-being)한 상태로서 자신이 처한 위치에서 자신의 능력을 최대한 발휘할 수 있는 상태를 의미한다. 개정의 핵심은 '역동적(dynamic)'이라는 단어와 '영적(spiritual)'이라는 단어가 건강의 개념에 추가되었다는 점이다. 즉, 역동적이라는 개념을 통해 '건강과 질병은 별개의 것이 아니라 연속된 것이다.'라는 의미를 부여하였고, 영적 개념을 통해 인간의 존엄성 확보와 삶의 질 향상도 건강에 필수적이므로 영적으로 건강해야 진정으로 건강하다고 말할 수 있다는 점을 강조하였다.

일반적으로 정신 질환의 공식적인 분류는 WTO(세계보건기구)에서 정하는 ICD(국제질병분류체계)와 미국 정신의학회에서 발간하는 DSM(정신장애 진단 및 통계편람)의 진단 기준을 따른다. 이는 세계적으로도 마찬가지이다. 이 두 기구는 모두 영적인 현상으로 인해 정신 질환이 발생할 수 있음을 인정하고 영적인 개념이 반영된 정신 질환을 분류 체계 또는 진단 기준에 포함시켰다.

먼저 WTO는 1992년 제10판(ICD-10)에서 다중인격장애와 더불어 '몽환과 빙의장애(Trance and possession disorder)'를 구별하여 사용함으로써 영적인 존재로 인해 다중인격과 몽환 및 귀신들림이 발생할 수 있음을 인정하였다.

다중인격장애는 해리성 정체성 장애의 다른 이름으로, 둘 또는 그 이상의 각기 구별되는 정체감이나 인격이 한 사람 안에 존재하면서 이러한 인격들이 반복적으로 행동과 정신에 영향을 미치는 장애이다. 그리고 빙의(또는 귀신들림)는 사람의 몸에 타인의 영혼이 들어가는 현상이다. 빙의장애가 있는 사람들은 흔히 "내 안에 다른 누가 있는 것 같다.", "내가 나를 조종할 수 없다.", "누군가 내 머리 속에서 얘기한다." 등의 증상을 호소한다. 때로는 환각과 악몽에 시달리고, 강박적 망상이나 우울 증상도 자주 나타나며, 상식으로 이해하기 힘든 초현상이나 초능력을 보이기도 한다.

　다중인격과 빙의는 유사한 면이 많지만 가장 큰 차이점은 새로운 인격체의 존재가 나의 인격체로부터 분리된 것이냐 아니면 외부로부터 들어온 것이냐이다. 일반적으로 다중인격장애는 어렸을 때 큰 충격을 받아 그 사람의 전체 인격 중 일부가 떨어져나가 새로운 인격체가 형성되어 발생한다고 본다. 유아가 극한의 정신적 충격을 받게 되면 뇌가 정신 건강을 유지하기 위해 방어적으로 그 사건이 본인이 아닌 다른 사람에게 일어난 일이라고 생각해 같은 몸 속의 다른 자아를 만든다고 설명한다. 반면, 빙의는 외부로부터의 영적인 존재가 전 생애에 걸쳐 언제든 들어와 발생할 수 있다고 보고 있다.

　미국 정신의학회에서 발간하는 DSM(정신장애진단및통계편람)은 1994년 제4판(DSM-IV)부터 영적인 개념이 들어간 해리성 정체성 장애와 빙의를 각각 진단 기준에 포함시켰다. DSM-IV는 해리 장애의 유형을 '해리성 기억상실', '해리성 둔주', '해리성 정체성 장애', '이인성 장애', '기타 다른 곳에 해당되지 않는 해리장애' 이렇게 5가지로 분류하였다. 그중 5번째인 '기타 다른 곳에 해당되지 않는 해리장애'에 해리성 몽환장애(Dissociative Trance Disorder)가 들어가는데 빙의라는 현상이 바로 이 해리성 몽환장애에 포함된다. 해리성 몽환장애는 개인의 원래적인 정체감이 영혼, 힘, 신적 존재 또는 다른 사람의 영향으로 인해 새로운 정체감으로 대체되는 현상으로 상동증적인 불수의적 운동이나 기억상실이 동반된다. 즉, DSM-IV에서는 빙의라는 현상을 해리성 몽환장애로 분류하고 있는 것이다.

　해리성 정체성 장애와 빙의를 따로 분리하여 규정한 DSM-IV와 달리, 2013년에 개정된 DSM-5에서는 빙의 장애를 해리성 정체성 장애에 포함시켜서 하나로 분류하고 있다. 해리성 정체성 장애(Dissociative Identity Disorder)에 대한 DSM-5의 진단기준은 다음과 같다.

해리성 정체성 장애 진단기준(DSM-5)

A. 둘 또는 그 이상의 별개의 성격 상태로 특징되는 정체성의 붕괴로, 어떤 문화권에서는 빙의 경험으로 설명된다. 정체성의 붕괴는 자기감각과 행위 주체감에 현저한 비연속성을 포함하는데, 관련된 변화가 정동, 행동, 의식, 기억, 지각, 인지, 그리고/또는 감각-운동 기능에 동반된다. 이러한 징후와 증상들은 다른 사람들의 관찰이나 개인의 보고에 의해 알 수 있다.

B. 매일의 사건이나 중요한 개인적 정보, 그리고/또는 외상적 사건의 회상에 반복적인 공백으로 통상적인 망각과는 일치하지 않는다.

C. 증상은 사회적, 직업적 또는 다른 중요한 기능 영역에서 임상적으로 현저한 고통이나 손상을 초래한다.

D. 장애는 널리 받아들여지는 문화나 종교적 관례의 정상적인 요소가 아니다.

주의점: 아동에서 증상은 상상의 놀이 친구 또는 다른 환상극으로 더 잘 설명되지 않는다.

E. 증상은 물질의 생리적 효과(예, 알코올 중독 상태에서의 일시적 기억상실 또는 혼돈된 행동)나 다른 의학적 상태(예, 복합 부분 발작)로 인한 것이 아니다.

위의 진단 기준 A를 보면, 기존 DSM-IV에서 해리성 정체성 장애의 진단 기준이었던 '둘 또는 그 이상의 각기 구별되는 정체감이나 인격상태가 존재한다.'는 내용에 빙의 경험까지 포함하고 있음을 알 수 있다.

해리성 정체성 장애에서의 공존하는 정체성과 빙의 장애에서 보이는 인격체의 존재 양상과 발생 원인이 분명히 서로 다름에도 DSM-5에서는 해리성 정체성 장애 하나로만 설명함으로써 빙의의 임상적 양상이나 특수성을 반영하지 못했다는 지적이 있지만, 중요한 것은 미국 정신의학회에서도 미지의 영적인 존재를 인정하고 영적인 존재로 인해 각종 정신질환이 발생할 수 있다고 보는 것이다.

지금까지 WTO의 건강에 대한 정의, WHO의 ICD-10, 미국 정신의학회의 DSM 진단 기준으로 볼 때, 영적인 개념과 영성 관련 주제들은 이미 각각 1988년, 1992년, 1994년부터 의학적으로 완전히 공식적인 진단

기준에 포함되었음을 알 수 있다. 이미 약 30년 전부터 의학적으로는 영적인 현상을 인식하고 영적 문제와 영성 관련 주제들의 중요성을 인정하여 건강과 정신 질환의 분류에 이용되어 왔다는 것이다.

하지만 실제 임상이나 특수교육계, 상담에서는 여전히 이러한 영적인 현상들이 무시되고 기존의 접근 방법들만 활용되고 있는 실정이다. 실제 영적인 문제로 인해 건강이 영향을 받고 정서·행동장애가 발생하는 사례가 무수히 많이 존재함에도 아직 특수교육계나 상담학계에서는 이러한 현상을 비과학적인 현상으로 치부하고 초자연적인 현상이라 여겨 인정하지 않고 있다. 이는 영적인 현상을 여전히 인정하지 않으려고 하는 주류 학계의 보수적 가치관과 신념이 반영된 결과이기도 하다.

그러나 정서·행동장애를 설명하는 기존의 모델로 장애 발생의 원인이나 치료 방법을 설명할 수 없다면, 당연히 새로운 접근법을 생각해봐야 하고 그중 전생을 포함한 영적인 모델로 많은 부분이 설명 가능하고 치료가 된다면 진지하게 영적인 접근을 고려해야 하는 것은 당연하다.

현대의 특수교육학계가 견지하고 있는 태도의 가장 큰 한계는 인간을 유물론적이고 생물학적인 존재로만 인식하려고 한다는 점이다. 인간이 영적인 존재라는 사실을 인정하지 않는 한 현재처럼 많은 것이 밝혀지지 않았다고만 할 뿐 더 이상의 도약적인 발전은 힘들다. 세계적 기구와 공식적인 의학기관에서 이미 영성 관련 주제의 중요성을 인식하고 이를 진단 기준에 포함시켰음에도, 영적인 현상들을 애써 무시하고 기존의 이론과 모델로만 정서·행동장애를 설명하려 한다면 더 이상의 발전은 없고 여전히 한계에 봉착할 수밖에 없다.

정서·행동장애의 발생 이유가 예를 들어 진짜 전생의 경험으로 인해 기인한 것인지 또는 영적인 존재의 간섭에 의한 것인지 그 원인을 밝히는 것은 중요하지 않다. 그냥 환자가 스스로 만들어낸 상념체일 수도 있고 진짜 전생이 존재하는 것일 수도 있고 정말 전생의 악령이나 귀신이 들려서 그런 것일 수도 있다. 하지만 그러한 존재와 경험이 무엇이든지 간에 중요한 것은 치료 성과와 효율이 얼마나 있느냐이다. 장기간에 여러 치료를 받고 거의 효과가 없었지만, 영적 접근에 의해 치료 효과가 있고 실제 완치된 사례들이 무수히 존재한다면 당연히 이를 인정하고 치료에 적용하는 것이 열린 상담자, 교육자의 태도일 것이다.

영적 모델에
따른 접근방법

영적인 관점에서 정서·행동장애를 이해하는 모델은 인간을 영적인 존재로 바라보고 내담자의 전생이라고 생각되는 기억, 태아 상태에서의 기억, 다중인격, 빙의 등을 다룬다. 현재 설명되지 않는 많은 심리적·행동적 장애가 내담자의 부정적인 전생이나 태아의 기억, 내담자의 인격체가 분리됨으로써 생기는 다중인격, 나 이외의 다른 영적인 존재가 몸에 들어오는 빙의 등에 의해 기인한다고 설명한다.

1. 전생 및 전생요법

1) 전생과 윤회의 사상적 고찰

전생은 윤회 사상을 기초로 한다. 윤회란 원인과 결과의 법칙인 업(業, karma)에 따라 인간이 태어나고 죽는 삶을 반복한다는 것이다. 단순히 삶과 죽음을 반복하는 것이 아니라 이를 통해 사람의 영혼이 발전해 가면서 궁극적으로는 신과 일체가 되는 것이 윤회의 목표이다.

'윤회'하면 대부분의 사람들이 불교를 떠올리지만 윤회는 불교 문화권에서만 언급된 것이 아니다. 전생과 환생, 윤회에 관한 기술은 고대로부터 동·서양을 막론하고 수없이 있었다. 윤회를 믿는 종교는 불교, 힌두

교뿐 아니라, 조로아스터교, 유태교, 도교(장자), 초기 기독교, 마니교, 신지학(神智學) 등이 있다.

윤회는 불교와 힌두교의 교리로 처음부터 받아들여졌다. 초기 힌두교 경전인 <베다>와 <우파니샤드>에 윤회와 환생에 관한 많은 글들이 있고, <바가바드 기타>에도 "인간은 불멸이며 거듭거듭 태어난다. 삶을 이어가며 전생에서 얻은 지혜들을 다시 찾아 완성을 향해 부지런히 나아간다."라고 말하고 있다. 고대 인도의 종교적 성전인 <마누법전>에도 윤회(輪廻)와 업(業), 해탈에 관한 논의 등이 상세히 기술되어 있다.

죽음과 영계에 관한 기록의 원전으로는 <티벳 사자(死者)의 서(書)>가 으뜸으로 꼽힌다. 이 책은 삶과 죽음, 사후의 세계, 환생과 해탈의 문제를 그 어떤 고대의 가르침보다도 구체적으로 담고 있다.

불교에서는 자신의 업(業)이 다음 생의 모습을 결정하는 데 중요한 역할을 한다고 가르치고 있고, 석가모니도 제자들에게 "자신의 과거를 알고 싶으면 자신의 현재의 삶을 보라. 자신의 미래를 알고 싶으면 자신의 현재를 보라."는 가르침으로, 이어지는 삶들이 원인과 결과의 법칙에 따라 서로 연결되어 있음을 말하고 있다.

기원전 5~6세기의 그리스 철학에서도 윤회사상이 등장한다. 그리스의 이데아론은 인도철학과 비슷한 윤회의 도식을 지니고 있다. 죽음으로 신들이 모여 사는 이데아의 세상을 경험하지만, 아직 완벽한 이데아를 갖추지 못한 이들은 다시 사바세계로 윤회를 한다고 되어 있다. 고대 그리스의 철학자 플라톤은 "영혼은 불멸하고 인간뿐 아니라 동물로 바꾸어 태어나고, 전생에서 현생, 그리고 내세로 유전한다."고 하였다. 플라톤은 고상한 혼은 사후 이데아의 세계로 되돌아오지만 타락한 영혼은 인간이나 동물의 육체에 깃들어 환생한다고 생각했다. 소크라테스 역시 윤회를 믿었기 때문에 죽음을 맞는 것에 두려움이 없다고 고백하였다.

고대 이집트, 그리스, 로마, 중국 등에도 윤회에 대한 지혜가 광범하게 퍼져 있었다. 그리스의 유명한 철학자이자 수학자였던 피타고라스는 자신의 전생에 대한 이야기를 남겼다. 고대 로마의 시인이었던 에니우스는 카르마(업)와 환생의 개념을 로마사람들에게 소개했고, 역시 시인이었던 버질도 자신의 작품 속에서 환생을 설명했다. 기원전 4세기경 중국의 사상가였던 장자(莊子) 역시 윤회를 믿었고, 환생을 하나의 축복이라고 말했다. 이 밖에 대부분의 원시 종교가 영혼의 존재와 윤회를 믿었고, 북미 원주민, 아시리아와 페르시아 사람들도 환생을 믿었다.

고대 페르시아에서 성행했던 조로아스터교는 인간의 영혼과 육체를 분리하여 영혼은 영원하지만 육체는 유한하다고 하였다. 그리고 "인간은 영혼의 발전을 통해 신에 이른다."고 하였는데 영혼은 선행을 통해 발전한다고 함으로써 선행을 강조하였다. 이슬람교의 경전인 <코란>에도 "신이 생명을 창조했고, 생명은 거듭거듭 태어난다… 신에게 돌아올 때까지"라고 기록되어 있다.

예수의 가르침 이후 초기 기독교에서도 환생과 윤회는 정식으로 인정된 교회신학의 일부였다. 당시의 크고 강력했던 기독교 종파인 그노시스파와 마니교도들은 윤회설을 가르쳤다. 초기 기독교 역사의 약 400년간 환생설은 보편적인 교회 가르침의 일부였다. 그러나 종교와 권력이 결탁하면서 개인적인 노력과 발전으로 영혼의 구원이 가능하다면 교회와 황제의 권위가 무너진다는 정치적 우려에 따라 윤회를 가리키던 당시의 용어인 '선재론(先在論)'이 교회신학에서 삭제되었다.

콘스탄티누스(Constantinus) 대제는 기독교를 공인하면서 신약성경에 실려 있던 윤회에 대한 언급들을 없애기로 결정하여 서기 325년의 니케아 공의회 이후 모든 복음서에서 환생을 암시하는 구절들을 전부 삭제해버렸다. 또한 6세기경 서로마제국에서는 오리게네스의 윤회설이 널리 퍼져 인정받고 있었는데, 동로마제국의 폭군 유스티니아누스(Justinianus)는 독단적으로 윤회설을 이단이라고 결정하고, 553년 콘스탄티토플 공의회를 소집하여 환생 사상을 가르쳤던 오리게네스와 그의 지지자들을 이단으로 규정하였다. 그는 윤회 사상을 왕권에 대한 도전으로 간주하고, 자신을 신격화하는 데 방해가 된다고 생각했다. 그리하여 6세기 이후 환생설을 신봉하던 교파들에 대한 무자비한 학살이 자생되면서 기독교가 지배하던 서양에서는 윤회설이 공식적으로 자취를 감출 수밖에 없었다.

하지만 환생설은 이단으로 몰렸던 교파들의 신앙 속에서 근근이 이어져 왔으며 르네상스 시대에 잠깐 지성인들의 관심을 끌었다가 곧 잊혀진 뒤, 19세기 말에 이르러서야 신지학(神智學) 운동으로 이어지며 기존의 기독교 교리에 도전하게 되었다. 신지학자들은 불교와 힌두교의 윤회사상을 연구하여 서양의 기독교적 전통과 조화시키는 데 힘을 기울이고 있다.

이 밖에도 서양의 지성인들 중에는 윤회를 믿는 사람들이 많다. 쇼펜하우어, 헤겔, 볼테르, 에머슨, 발자크, 위고, 베토벤, 나폴레옹, 톨스토이, 블레이크, 브라우닝, 휘트먼, 벤자민 프랭클린, 헨리 포드 등이 윤회론을 믿었다고 한다. 1980년대 실시한 갤럽 여론 조사는 미국에서 4명 중 1명이 환생을 믿는 것으로 보고하고 있다.

프로이트와 쌍벽을 이루는 정신의학 분야의 개척자 칼 융(Carl Gustav Jung)은 "환생이라는 개념은 인류가 태초부터 지녀온 확신 중에서도 특히 중요하게 지녀야 될 신념이다."라고 말했다. 융은 환생이 믿고 안 믿고의 문제가 아니라 사람이라면 반드시 죽고 태어나기를 반복한다는 확신을 가졌다. 고대의 많은 문헌들과 신앙, 사상가들은 윤회를 인정하고 받아들였으며 윤회를 통해 영혼이 발전하고 신(神) 하나가 될 때까지 삶을 반복한다고 하였다.

전생이 실제로 존재하느냐, 존재한다면 어떻게 과학적으로 증명할 것이냐는 질문은 결론이 날 수 없는 해묵은 논쟁에 불과하다. 왜냐하면 전생을 믿지 않는 과학자들에게 반대로 전생이 존재하지 않는다는 것을 어떻게 증명할 수 있느냐고 물으면 똑같이 증명할 수 없기 때문이다. 눈에 보이지 않는 영적 현상을 과학적으로 증명해 보라고 하는 것은, 눈으로 관찰할 수 있고 실험으로 증명 가능한 것만 과학이라고 여기는 사람들의 잘못된 선입견이다.

윤회 사상이란 인간의 영혼은 오랜 세월 동안 여러 모습의 다양한 생을 거치며 성숙되어 마침내 슬픔과 번민에서 벗어날 수 있다는 믿음이다. 윤회 사상은 내가 한 행동에 대해 책임을 지고 내가 어떠한 행동을 하느냐에 따라 다음 생의 모습이 결정된다는 원인과 결과의 법칙을 따른다. 따라서 현재의 알 수 없는 극심한 공포증, 신체증상, 정서적 문제들도 과거 생의 어떤 행위들이 결정적 단서로 작용하여 나타날 가능성이 크다.

2) 전생 현상을 연구한 의사 및 학자들

문헌에 기록되어 있는 전생 및 윤회에 관한 연구는 1900년대 초반부터 시작되었다. '전체론적 대체 의학의 아버지', '잠자는 예언자'로 불렸던 미국의 에드가 케이시(Edgar Cayce)는 20세기 초·중반에 걸쳐 약 2,500명 정도의 전생을 읽었다. 미국에는 에드가 케이시 재단이 있는데 이러한 전생을 읽어낸 기록을 체계적으로 정리하여 보관 중이며, 수많은 학자들이 이 자료들을 연구하고 있다. 또한 이들 자료를 연구한 결과가 책으로도 발간되어 우리나라에는 <윤회의 비밀>이라는 이름으로 출간되었다. 에드가 케이시가 읽은 전생의 자료들은 진위를 밝히기 위해 전생의 시대상황과 고대지명을 찾아 답사하고 고고학, 역사학 관계의 학자들의 검증까지 거쳤는데 거의 틀림이 없었다고 한다. 때문에 당시 이 책이 출판되었을 때 미국 사회에 큰 반향을 일으켰다. 그의 전생 리딩들 대부분은 대체 의학과 질병을 고치는 치료와 관련되었다.

티벳 불교 연구의 개척자이자 서방 세계로 티벳 불교를 전파한 미국의 인류학자 에반스 웬츠(Evans-Wentz, 1878~1965)는 1927년 <티벳 사자의 서>의 초기 영어 번역본을 출판한 것으로 유명하다. 그는 <켈트족의 전설적 믿음>이라는 저서에서 "신이란 언젠가 인간으로 살았던 존재이며, 인간은 언젠가(영적 진화가 완성되면) 신이 될 수 있다."고 말했다.

전생 및 전생퇴행요법에 대한 본격적인 연구는 대략 1950년대부터 시작되었다. 1952년 영국의 알렉산더 캐넌(Alexander cannon)은 1,382명에 대한 전생 자료를 수집하여 <잠재력(The Power Within)>이라는 책을 출판하였다. 이를 '캐넌 보고서'라고 하는데 이 보고서에서 캐넌은 전생과 현생의 인과관계를 규명함으로써 주목을 끌었다. 그는 고질적인 병이 전생에서 넘어왔으며 그 원인을 이해하면 치료가 된다는 사실을 밝혔다. 아무리 치료를 해도 낫지 않는 병의 경우 역행 최면을 통해 그 사람의 전생을 조사해 보면 그 원인이 전생으로부터 넘어온 것임을 알 수 있었고, 이 원인에 의거해 잠재의식 속의 스트레스를 해소해 나가는 치료를 하니 병이 고쳐졌다고 하였다. 이 보고서는 단순히 전생퇴행 체험에서 전생요법으로 발전하는 단서를 제공하게 되었다.

영국의 정신과 의사인 데니스 켈시(Denys Kelsey)는 인간이 죽은 후에도 모든 기억을 간직하는 부분이 살아남는다는 가설을 주장하였고, 1967년에 전생의 기억을 가진 조앤 그랜트(Joan Grant)와 함께 <많은 생애들(Many Lives)>이라는 책을 발표하였다. 이 책은 의학전문가가 쓴 최초의 전생요법 관련 저술이었다.

모리 번스타인(Morey Bernstein)은 <브라이디 머피를 찾아서>를 발간하며 그 당시 사회적으로 큰 반향을 불러 일으켰다. 미국 콜로라도의 번스타인은 버지니아 번스 타이(Virginia Burns Tighe) 부인을 1952년과 1953년에 걸쳐 전생퇴행시켜 그녀의 전생이 1798년 아일랜드에서 태어나 벨파스트에서 살았던 변호사의 부인 브라이디 머피였다는 사실을 밝혀냈다. 그녀는 18세기 말엽부터 19세기에 걸쳐 살았던 브라이디 머피의 생애에 대한 기억, 즉 유년시절부터 죽을 때까지를 자세히 이야기하였다. 그리고 그녀의 이야기를 토대로 영국의 신문사, 도서관, 역사학자에게 사실을 조회해 보니 부인이 말한 이야기가 정확하다는 게 입증되었다. 그녀의 전생 속 기억들 중에는 역사책에 기록된 내용들과 반대되는 내용들도 있었는데 나중에 정확한 검증 결과, 오히려 그녀의 기억들이 정확하고 역사책이 틀렸다는 사실이 밝혀졌다.

이안 스티븐슨(Ian Stevenson)은 캐나다 태생의 미국 정신의학자로 영혼불멸설을 과학적으로 입증한 것으로 유명하다. <전생을 기억하는 아이들>이라는 책으로 국내에도 소개되었는데, 이 책은 세계 여러 나라에서 윤회에 대한 사례를 1973년까지 약 2,000건을 수집하여 연구한 것들 가운데서 가장 중요한 20가지 사례를 정리하여 수록한 것이다. 그 당시 전생 기억에 대한 보고서로는 가장 확신이 있고 그에 대해서는 누구도 반대하기 어려운 객관적 태도를 견지함으로써 세계 각국어로 번역되어 출간되었다. 그는 엄격한 사실 확인에 기초를 두어 연구를 진행함으로써 세계적인 윤회 연구의 권위자로 인정받았다. 그는 "윤회는 보편적인 현상이라는 것을 인정할 수밖에 없다. 우리는 모르는 것이 많다는 점을 솔직히 인정해야 한다."라고 말했다.

미국의 의학 박사 레이먼드 무디(Raymond Moody)는 임사(臨死)체험 연구의 선구자이다. 그는 우연한 기회에 교통사고로 죽었다 살아난 사람의 경험담을 듣게 되었는데, 이후 똑같은 체험을 한 사람을 무려 150명이나 만나보고 조사하는 과정에서 이 체험들이 상당한 공통점이 있다는 것을 발견하였다. 그는 임사체험 사례 150건을 하나하나 정밀 추적하였는데 죽음의 경계를 넘나든 사람을 만나 자세히 인터뷰를 해 보니 이들이 공통적으로 영혼이 육체를 빠져나가고, 너무나 아름다운 빛을 보고, 먼저 죽은 선조와 가족, 친구와 대화를 하는 등의 체험을 했다는 것을 밝혀냈다. 그는 이런 죽음의 체험을 한 약 50명의 대표적 사례를 묶어 1975년에 <삶 이후의 삶>을 출판하였다. 이 책은 죽음의 정의, 죽음의 현상 등 죽음의 본질을 의학 및 철학적 관점에서 연구한 것으로, 발간 즉시 세계적인 베스트셀러가 되었고 이후 이 책은 임사체험 및 사후 연구의 촉발제가 되었다.

아닐 브록샴(Arnall Bloxham)은 역행 최면을 통해 20년 동안 약 400명의 전생을 조사하고 그들의 전생과 현생의 관계를 연구한 결과를 테이프에 녹음하였다. 브록샴 테입이라 불리는 그의 실험 테입은 아직도 그대로 보존되어 있는데 거기에는 여러 가지의 전생이 기록되어 있다. 당시 브록샴 테입의 진위를 밝히기 위해 BBC 방송은 1년 동안 답사하고 고고학, 역사학, 심리학자들의 검증까지 거쳤는데, 그 결과 거의 다 사실로 판명되었다. 이후 이 조사 작업은 BBC에서 특집으로 방송되었고, 1976년에 <한 번 이상 사는가?>라는 책으로 출간되었다.

영국의 유명한 정신과 의사인 아더 거드햄(Arthur Guirdham)은 1977년 자신과 자기 환자 중의 한 사람이 같은 전생을 공유했었다고 발표하면서

"윤회는 사실이라고 확신한다."고 말했다. 그 환자는 반복되는 악몽 때문에 치료를 시작했는데, 증상이 곧 좋아지면서 전생의 기억들을 떠올리기 시작했다. 환자는 자신이 13세기 프랑스에서 이단으로 박해받던 카타르파의 여신도였으며, 거드햄은 당시 자기 연인으로서 푸른 옷을 입은 사제였다고 했다. 재미있는 것은 당시 역사학자들은 여러 세기 동안 카타르파의 사제복이 검은 색이었다고 주장해 왔었는데, 13세기 프랑스 역사의 권위자로 인정받는 르네 넬리(Rene Nelly) 교수는 광범위한 조사 끝에 역사학자들이 틀리고 그 환자의 말이 맞았다는 것을 확인해 주었다.

1978년에 발간된 모리스 네더튼(Morris Netherton)의 <전생 요법>은 현재 겪고 있는 질병의 상당수가 과거 삶으로부터 기인함을 밝혔다. 궤양, 간질, 알코올 중독, 편두통, 과잉 행동, 초기 암 등의 사례를 들며 치료의 원천으로 환생의 사용을 다루었다. 또한 자궁에서의 삶, 출생 경험과 죽음의 경험, 삶의 공간 등의 수명 주기를 밝히고 전생 회귀 및 전생 치료 방법에 대해 기술함으로써 임상의 및 임상 실무관련 연구자들에게 많은 영향을 끼쳤다.

헬렌 웜바흐(Helen Wambach)는 1979년 <전생을 다시 살다>, 1984년에 <삶 이전의 삶>을 발간하였다. <삶 이전의 삶>은 750명이 넘는 피험자들을 대상으로 최면요법을 통해 출생과 그 전의 생애에 관하여 밝힌 책으로, 피험자들이 이 세상에 살지 않았을 때 있었던 곳과 그들이 이번 생애를 선택한 과정에 대한 내용을 담고 있다. 또한 그들이 전생에 알았던 사람들과 현재 삶에서 맺고 있는 관계에 대해서도 다루고 있고, 이밖에도 태아가 출생한 직후 분만실의 추위와 강렬한 빛 속에서 경험하는 것들도 설명하고 있다. 한마디로 삶과 죽음, 그 모든 것의 의미를 다루고 있는 책이라 할 수 있다.

1980년대에 들어서는 현대물리학의 발전과 생물학의 새로운 이론에 따라 '의식(consciousness)' 자체가 궁극적인 존재라고 보는 견해를 받아들인 의학자들이 등장하게 되었다. 래리 도시(Larry Dossey)의 <영혼을 찾음(1989)>, 버니 시겔(Bernie Siegel)의 <사랑, 의학, 그리고 기적(1988)>,

디팍 초프라(Deepak Chopra)의 <양자 치유(1989)> 등이 이런 움직임에 많은 영향을 끼친 책들이다.

이 시기에 전생퇴행요법을 시행한 유명한 정신과 의사들로는 조엘 휘튼(Joel Whitton), 브라이언 와이스(Brian Weiss), 가렛 오펜하임(Garret Oppenheim) 등이 있다. 캐나다의 의학 박사 조엘 휘튼(Joel Whitton)은 전생요법을 통해 수많은 사람들을 치유하고 윤회에 대한 증언을 하였다. 특히 그의 저서 <삶 사이의 삶(1986)>은 인간이 죽은 후 다시 태어나기 이전의 사후세계에서의 기억들을 많이 다루고 있다.

미국의 저명한 의학 박사 브라이언 와이스(Brian Weiss)는 원래 환생이나 전생 등 초자연적인 현상이나 영혼의 세계에 전혀 관심이 없는 정신과 의사였다. 그러다 불안과 공포증, 공황발작에 시달리던 캐서린이라는 환자를 만나 거의 2년 동안 할 수 있는 모든 치료를 다 해봤지만 별다른 성과가 없었고, 마침내 최면요법을 시도하게 되었다. 그런데 최면치료 과정에서 환자가 우연히 전생을 체험한 뒤 극적으로 호전되는 것을 보면서 삶과 죽음에 대한 가치관의 대전환을 겪게 된다. 그는 수개월에 걸친 최면치료를 통하여 캐서린의 입에서 쏟아져 나오는 86번의 전생의 기억들을 듣게 되는데, 그 과정에서 결국 사람에게는 전생이 있으며 따라서 인간은 환생한다는 것을 인정하게 되었다. 그리고 캐서린은 최면치료가 끝난 뒤 모든 불안장애와 공포증을 극복하고 건강한 삶을 되찾을 수 있었다. 특이한 것은 최면 상태에서 캐서린을 통해 고도로 진화한 영적 존재인 마스터(Master)들의 수준 높은 메시지들이 전달되는데 이러한 과정에서 와이스의 삶과 가치관은 완전히 바뀌게 된다. 그는 전생퇴행을 통한 치료 과정과 삶의 의미, 다른 차원의 영적 존재 즉, 마스터로부터 보내온 메시지들을 기록하여 정리한 <나는 환생을 믿지 않았다(1989)>를 출판하였는데 지금까지 전 세계 30개국, 40개 이상 주요 언어로 번역되었다.

2000년대 이후에는 미국의 짐 터커(Jim Tucker)가 현존하는 환생 연구의 최고 권위자로 인정받고 있다. 의학 박사이자 인지과학자인 짐 터커(Jim Tucker)는 최초로 환생 연구를 과학적으로 밝힌 이안 스티븐슨 박사의 제자로 <어떤 아이들의 전생 기억에 관하여(원제: Life before Life, 2005)> 를 저술하였다. 이 책은 전생을 기억한다고 주장하는 전 세계 2,500여 명의 아이들을 탐구하며 환생의 실재함을 과학적으로 밝히고, 영성과 함께 영자역학, 천문학 등 과학적 지식으로 전생을 분석한 흥미로운 책이다. 그는 이 책에서 아이들이 이전 삶을 기억하는 방식과 그에 대한 증거를 살펴보고, 아이들의 진술들에 어떠한 공통적인 특징이 있으며 정말 신빙성이 있는지, 이에 반대하는 견해들로 어떠한 것들이 있으며 그것은 신뢰할 만한 주장인지, 환생의 증거들이 우리에게 주는 메시지는 무엇인지 등 죽음 이후의 삶에 관해서도 통찰력을 제시하고 있다. 특히 환생을 믿지 않는 비평가들의 주장인 환상, 인구 문제, 종교나 문화적인 영향력, 심신의 문제, 초자연적인 능력 등 다양한 이유로 환생을 반대하는 이들의 주장이 왜 이 책에 제시된 아이들의 사례를 설명할 수 없는지 객관적으로 조목조목 비판하였다. 그는 철저한 과학자의 시선으로 환생의 실재를 밝히고, 편견이 없는 분석적 접근, 감정을 배제한 비판적인 관점을 통해 누구도 반박할 수 없는 환생의 증거를 제시하였다.

3) 전생요법

전생요법(past life therapy)은 전생퇴행요법이라고도 한다. 전생요법이란 쉽게 말해 현재 삶에서 고통을 겪고 있는 어떤 문제의 원인이 과거의 전생에 있다고 보고, 그 원인이 된 과거의 전생을 찾아서 치료하는 방법이다.

전생요법은 현재 괴로움을 당하고 있는 신체적 질병이나 정신적 문제들 중 일부는 그 원인이 과거의 다른 생애 속에 있다고 본다. 그리고 그 원인이 된 기억을 찾아냄으로써 문제를 해결하는 치료 방법이다. 과거의 경험, 기억을 떠올리는 것만으로도 증상은 상당히 호전된다.

전생의 기억을 이용하여 현재의 문제들을 치료하는 전생요법의 기초는 사실상 프로이트의 이론인 '현재의 행동은 과거의 경험에 의해 형성된다.'는 전제에 기초하고 있다. 연령퇴행(age regression)요법이 과거의 특정 시기 즉, 아주 어릴 적 시절이나 태아 시절로 돌아가 그때의 경험을 재생함으로써 문제의 원인을 찾거나 해결하는 방법이라면, 전생요법은 과거를 넘어 그 이전의 생애 속에서 원인을 찾는 것만 다르다. 즉, 전생요법은 연령퇴행요법과 마찬가지로 과거의 해소되지 않은 욕구, 억눌린 감정들이 어른이 된 후에도 문제를 일으킬 수 있다고 보지만, 과거에 또 다른 삶이 있었을 수 있다는 가설만이 다를 뿐이다.

초기의 전생요법 사례들은 대부분 최면치료 도중 치료자의 의도와 무관하게 환자 스스로 전생퇴행에 몰입하여 자신의 증상의 원인을 찾아가는 식으로 진행되었다. 치료자는 환자의 전생은 전혀 생각지도 못하고 증상의 원인을 찾기 위해 단지 연령퇴행을 기대했는데, 뜻밖에도 환자 스스로 전생의 기억을 떠올려 원인을 찾고 증상을 해결하는 식이었다. 가령 치료자가 최면 상태에서 "증상의 원인이 된 때로 돌아가 보세요."라고 했을 때 과거 어릴 적 시절로 돌아가 원인이 된 기억을 떠올릴거라 치료자는 예상했지만, 뜻밖에도 다른 생에서의 경험을 떠올려서 우연히 전생의 기억임을 알게 되는 식이었다. 이렇게 환자들이 경험하는 전생의 기억 속에 증상을 호전시킬 수 있는 답이 들어있다는 사실을 알게 되면서, 치료자들이 이제는 전생이 존재한다는 사실을 깨닫고 전생의 부정적 경험으로 인해 현재에 각종 정서적·행동적 문제들을 일으킬 수 있음을 알게 되었다.

전생요법 과정에서 중요한 것은 떠올린 기억들이 진짜 자신의 전생이냐 아니냐가 아니라, 전생이라고 믿든 무의식적 작용이라고 믿든 환상이라고 믿든 간에 그러한 기억들을 통해서 현재의 문제들을 치료하거나 치료를 위한 지혜를 얻는 데 있다. 전생이 있건 없건 그러한 논쟁이 중요한 것이 아니라, 그러한 기억을 떠올림으로써 극적으로 상태가 호전되었다는 사실이 중요한 것이다.

물론 정서·행동장애인의 치료에는 여러 가지 측면을 고려해야 하고 전생퇴행 기법으로 도움을 줄 수 있는 부분도 있지만 그렇지 않은 부분도 분명히 존재한다. 각각의 정서·행동장애인이 보이는 증상의 특징과 원인을 잘 파악하여 다양한 상담기법과 심리치료 기법을 활용하는 것이 중요하다. 이런 기법들을 전생요법과 병행하여 사용하고 필요할 때는 약물치료도 하는 등 포괄적으로 접근할 때 치료효과가 놀라운 경우가 많다.

전생요법은 세계적으로 권위 있는 최면의학 교과서에서도 그 효과를 인정하고 있다. 일반 정신의학 교과서인 <Synopsis of Psychiatry>에도 이 기법이 소개되어 있고, 인간의 영적인 부분까지 포함하여 환자의 치료를 연구하는 <자아초월 정신의학(Transpersonal Psychiatry)>의 교과서들은 이 기법에 대해 무척 상세히 소개하고 있다. 정신의학 교과서에 수록되어 있다는 것은 이미 예전에 전생요법이 정식 치료의 한 가지로 인정받았다는 것을 의미한다. 미국의 국립보건원(NIH)에서는 이 기법에 대한 연구를 장려하며 연구자금도 지원한 바 있다.

약물치료나 기타 정신과적 치료에도 별다른 호전이 없었던 환자들이 최면기법을 이용한 전생요법을 통해 증상의 뿌리가 된 원인을 찾고 빠른 시간 내에 증상이 호전된 사례가 무수히 많이 존재한다. 전생요법을 통해 치료가 된 이들은 단순히 증상 개선뿐 아니라 일반적으로 의식 수준이 향상되고 삶에 대한 이해와 통찰력까지 향상되는 효과를 보인다.

2. 다중인격 및 빙의

다중인격과 빙의는 둘 다 영적 에너지 또는 영적인 존재로 인해 몸 안에 둘 이상의 인격체가 존재하는 현상을 말한다. 차이점은 다중인격이 한 사람 안에 둘 또는 그 이상의 각기 구별되는 정체감이나 인격 상태가 존재하는 것이라면, 빙의는 육신을 잃은 영혼이 다른 사람의 몸으로 들어가는 현상을 말한다. 다중인격이 환자 내면이 나눠져서 생긴 것이라면, 빙의는 완전히 다른 인격체가 외부로부터 들어오는 것이다.

다중인격과 빙의 그 자체는 정신 질환이 아니나 이러한 현상으로 인해 정신적·육체적 고통을 받을 때 각각 다중인격장애, 빙의(장애)라고 부른다. 다중인격장애의 원인은 어렸을 때 큰 정신적 충격을 받으면 그 사람의 전체 인격 중 일부가 떨어져 나가 새로운 인격이 형성되기 때문이라고 본다. 다중인격장애는 DSM-5에서 해리성 정체성 장애라고 불리지만 여기서는 어감상 이해하기 쉬운 다중인격장애라고 표현하기로 한다. 다중인격과 빙의 모두 해리 현상의 일종이다.

1) 해리 현상의 역사적 고찰

정신의학의 역사는 영혼의 존재와 귀신들림에 대한 믿음의 역사와 따로 떼어 생각할 수 없을 정도로 깊이 관련되어 있다. 여기서는 과거에 각종 질병과 귀신들림의 관계를 어떻게 생각해 왔는지 살펴보고자 한다.

기원전 3000년경에 만들어져 티그리스강과 유프라테스강 유역에서 번영했던 고대 문명인 메소포타미아에서는 죽은 자의 혼(에쩨무)이 사람들에게 무서움을 주는 존재로 인식되었고, 신성화되었다. 문헌에 보면 "신과 죽은 자들의 혼을 달래는 행동을 취함으로써, 내가 멸망하지 않으려고 한다."는 표현이 있고, "악귀들과 귀신들 때문에, 우리는 비참하게 되었다."는 표현도 나온다. 죽은 자의 혼이 살아있는 사람에게 축복을 주는 능력도 있다고 믿었지만 보통은 정신적·육체적 질병을 일으키는 무서운 존재로 인식되었다.

메소포타미아에서는 죽은 혼을 돌보는 책임을 가진 사람을 '파키두'라고 하였는데, 직역하면 '돌보는 자' 혹은 '시중드는 자'라는 뜻을 가진다. 이 용어는 주로 죽은 자들의 친척에게 사용되었다. 만약 귀신이 산 사람으로부터 돌봄을 받지 못하면, 그는 땅을 떠돌아다니면서 산 자에게 따라붙는다고 믿었다. 따라서 메소포타미아 사람들은 귀신의 공격을 피하고 벗어나기 위해, 여러 종류의 주술들을 발전시키게 되었다.

미국의 임상심리학자이자 치과의사였던 볼드윈(Baldwin)은 기원전 1천년경 기록된 인도의 힌두 경전 <베다>에서 사람을 해치고 신들을 방해하는 악령들에 대한 이야기를 발견하였고, 기원전 600년경 고대 페르시아의 기록에도 조로아스터교의 창시자인 조로아스터가 기도와 의식, 성수를 사용해 악령을 쫓아냈다는 사실을 발견하였다.

그리스도 이전의 고대 그리스 철학에서는 영혼을 인간생활의 원칙으로 보았다. 플라톤은 육신이라는 감옥에 갇혀 있는 영혼 자체가 삼부(三部)구조로 되어 있어서 감각적인 욕정의 원리인 탐욕혼이 복부에 자리 잡고 있고, 용기와 정기의 원리인 기혼(氣魂)이 마음에 자리 잡고 있으며, 생각의 원리인 지혼(知魂)이 머리에 자리 잡고 있다고 생각하였다. 소크라테스는 죽은 자의 영혼이 실제로 존재한다고 말하며, 정신병의 주요 원인이 귀신들림 때문이라고 생각하였다.

고대 이집트에서의 영혼은 무의식을 의미하는 '카(ka)'와 사람의 인격 혹은 자아를 의미하는 '바(ba)'로 나뉜다. '바'는 사람이 죽으면 육체를 떠나 자유롭게 날아다니는 존재인 반면, '카'는 사람이 죽어도 육체에 남는다고 보았다. 고대 이집트 사람들은 신의 심장 무게 달기 의식재판을 통해 정당한 영혼임을 판정받은 자는 '카'와 '바'가 다시 합쳐져, '아크(Akh)'가 되어 다시 부활한다고 믿었기 때문에, '카'가 머물러 있는 육체를 계속 보존시키기 위한 미라와 같은 독특한 장례의식이 발생하였다. 또한 고대 이집트에서는 악령을 쫓아내는 의식을 의사와 사제가 한 팀이 되어 집행했다는 기록이 남아 있다.

성경에도 귀신들림이나 귀신현상이 많이 나온다. 예수님이 제자들을 전도자로 세상에 내보낼 때 "더러운 귀신을 쫓아내며 모든 병과 악한 것을 고치는 권능을 주셨다(마10:1)."고 기록하고 있고, 또 믿는 자에게 따르는 표적으로 "곧 저희가 내 이름으로 귀신을 쫓아내며… 병든 사람에게 손을 얹은즉 나으리라(막16:17－18)."고 했다. 그리고 바리새인들이 예수께 찾아와 헤롯이 당신을 죽이려고 벼르고 있다고 통고하자 "가서 저 여우에게 이르되 오늘과 내일 내가 귀신을 쫓아내며 병을 낫게 하다가 제삼일에는 완전하여지리라(눅13:32)."고 말하고 있다. 즉, 예수님의 주요 사역 가운데 하나가 곧 귀신을 쫓아내고 병을 고치는 것이었음을 알 수 있다. 가톨릭 교회는 예수가 귀신을 내쫓기 위해 명령했던 방식을 기초로 중세시대의 오랜 기간에 걸쳐 공식적인 퇴마의식을 발전시켜 17세기에 완성된 형태를 지금도 사용하고 있다.

성경에는 사도들도 귀신의 유혹을 경계하고 있다. "후일에 어떤 사람들이 믿음에서 떠나 미혹케 하는 영과 귀신의 가르침을 쫓으리라(딤전4:1)." 고 말하고 있고, "나는 너희가 귀신과 교제하는 자 되기를 원치 않는다 (고전10:20)."고 경고하고 있다.

하지만 16세기 이후 사회 전반에 과학적 회의주의가 급속히 퍼지면서 귀신론은 점차 힘을 잃게 되었다. 과학적 방법론을 통해 정신 질환을 이해하고 해결하려는 노력이 시작되었고 18세기 후반에 정신과는 처음으로 의학의 한 분야로 인정되었다.

그러다 19세기 중반부터 심령술(spiritualism)이 등장하며 영혼의 존재와 귀신들림에 대한 관심이 다시 높아지기 시작했다. 심령술은 죽은 자의 영혼을 영매(medium)라고 하는 특수한 인간을 통하여 데려와서 살아 있는 사람에게 메시지를 전달하는 것이다. 때론 죽은 사람의 혼령뿐 아니라 멀리 떨어져있는 사람의 생령(生靈)도 데려올 수 있다고 한다. 심령술은 원시 종교에서는 공통적인 현상이었고 고등 종교에서도 흔히 있던 현상이었지만, 특히 19세기 중반부터 유럽에서 현저하게 나타났다. 심령술을 이용해 영혼을 불러오는 행위는 예전부터 있었던 샤머니즘과 유사한 현상이지만, 샤머니즘적인 것과는 달리 과학적으로 설명하려고 하였고 이를 조직적으로 추구하는 심령과학 분야로 발전하였다. 심령술은 영국과 미국에서 조직화되어 성행하고 있으며 상업용으로도 이용되고 있지만, 성경에서는 이러한 행위를 악한 것으로 단죄하여 엄히 금하고 있다.

20세기 이후 주류를 형성하고 있는 과학자와 의사들 대부분은 귀신들림과 빙의 현상의 존재 가능성을 인정하고 있지 않지만, 이 분야를 진지하게 연구하는 의사 및 심리학자, 과학자들은 역시 현대 과학으로 설명할 수 없지만 무시할 수 없는 수많은 임상사례와 연구결과들을 계속 발표하고 있다.

2) 다중인격장애, 빙의 현상을 연구한 의사 및 학자들

심령현상이나 초자연적 능력을 연구하는 초심리학에 대한 사람들의 관심은 쭉 있어왔지만 그동안 대부분의 과학자나 의학자들은 과학적으로 검증할 수 없고 실험을 통해 결과를 도출할 수 없다는 이유로 이러한 현상들을 무시해 왔다. 현재도 대부분의 과학자와 의사들은 영적인 존재의 가능성을 인정하고 있지 않지만, 1900년대 이후로 꾸준히 이와 관련된 임상사례와 관련 저서들이 발간되고 있다. 이들은 모두 정통 과학과 의학으로는 설명할 수 없지만 결코 무시할 수 없는 의미 있는 사례들이다.

미국 심리학의 아버지라고 불리는 윌리엄 제임스(William James, 1842~1910)는 1896년에 악마적 빙의가 존재한다는 주장을 처음 하였다. 그는 "무수한 증거가 있는데도 빙의의 가능성을 무시하려는 태도는 이해할 수 없다. 언젠가 이 주제는 다시 등장할 것이 확실하다."고 오래전에 예견하였다.

미국 뉴욕의 내과 의사였던 티투스 불(Titus Bull Titus, 1871~1946)은 환자에게 또 다른 영혼이 붙어있을 가능성을 처음으로 주장하였다. 그는 우선 정신 질환 환자에 대해 의학 서적에 기초한 통상적인 치료를 하였지만, 정상적인 진단과 치료로도 효과가 없는 경우에는 영적인 부분에서 원인을 찾았다. 그는 강박관념의 가능성을 신경계의 어떤 우발적인 변화 탓으로 돌리고 영적인 치료법을 전적으로 지지했다.

독일의 철학교수 트라우고트 외스터라이히(Traugott Österreich, 1880~1949)는 물질주의 철학을 비판하고 초심리학에 관심이 많았다. 그는 심령과학을 뒷받침하는 다수의 과학 논문과 단행본을 출판하였다. 특히 1921년에 발간된 <Die Besessenheit>는 악마적 빙의에 관한 책으로 1966년 영어로 번역되었다. 그의 연구들은 빙의 현상과 해리성 정체성 장애 간의 여러 유사성을 보여주고 있어 현대 정신의학자들에게도 중요한 참고자료가 되고 있다.

미국의 정신과 의사이자 심리학자인 칼 위클랜드(Carl Wickland, 1861~1945)는 전통적인 의학심리학을 외면하고 정신 질환은 죽은 사람의 영혼에 의한 영향력의 결과라는 믿음으로 돌아섰다. 그는 대부분의 영혼들이 그들이 살아있을 때와 똑같이 존재감을 생생하게 느끼고 사람들과 호흡한다고 하였다. 위클랜드는 사람들이 무수히 많은 죽은 이들의 영혼에 둘러싸여 있고 이들의 부정적 영향을 받으면 우울증, 파괴적 충동성 등 각종 정신 증상들이 발생한다고 주장하였다. 그는 영혼의 기질과 태도를 확인하는 것이 환자를 돕는 중요한 첫 단계라고 설명하고, 이들을 제거시킴으로써 많은 정신적 증상들을 해결할 수 있다고 하였다. 위클랜드는 자신의 환자들 중 많은 수가 이른바 '집착하는 영혼들'에 사로잡혀 있고, 저전압의 전기 충격을 가하면 빙의된 영혼들을 제거할 수 있다고 하였다. 그는 빙의 환자들의 치료 사례들을 정리하여 1924년에 <죽은 자들 사이에서의 30년(Thirty Years Among the Dead)>을 출간하였다.

영국의 정신과 의사 아서 거드햄(Arthur Guirdham, 1905~1992)은 대체의학에 관심이 많았다. 정신의학의 주류에서 벗어난 그의 관점은 당시 의학계로부터 많은 비난을 받았지만, 40여 년간의 임상치료 결과를 바탕으로 전생 뿐 아니라 귀신들림이나 영적인 간섭이 신체적·정신적 질병의 많은 원인이 된다고 주장하였다. 심리학자인 로버트 베이커(Robert Baker)는 위에서 언급한 칼 위클랜드와 아서 거드햄을 '과학을 무시하고 초자연적 현상을 받아들이는 것'을 선호하는 초기 정신과 의사로 선정하였다.

정신과 의사 조지 리치(George Ritchie, 1923~2007)는 20세 때 군대에서 폐렴 합병증으로 인해 당직의사로부터 두 번이나 사망 선고를 받았지만, 9분 만에 다시 깨어났다. 그는 그동안 몸에서 분리된 영혼의 상태로 여기저기 돌아다니는 임사체험을 하다가 죽은 사람의 영혼이 술에 취해 쓰러진 사람의 몸속으로 들어가는 모습을 목격했다고 한다. 그는 1978년에 유체이탈의 경험, 예수 그리스도와의 만남, 다른 차원의 시간과 공간을 통해 그리스도와의 여행을 이야기한 <내일로부터의 귀환(Return from Tomorrow)>이라는 책을 출간하였다.

한스 내겔리 오스요드(Hans Naegeli-Osjord)는 1940년부터 빙의와 퇴마의식을 깊이 연구했다. 그는 1983년 <빙의와 퇴마의식(Possession and Exorcism)>이라는 책을 통해 정신 질환의 일부가 빙의에 의해 일어난다고 주장하였고 자기 환자들에 대한 퇴마의식을 다루었다.

영국의 정신과 의사 케네스 매컬(Kenneth McAll, 1910~2001)은 중국에서 선교 활동을 하면서 영적인 체험을 많이 하게 되었고, 퇴마의식으로 빙의 환자들을 치료한 것을 바탕으로 1982년에 <가계의 치유(Healing the Family Tree)>를 발간하였다. 그는 '죽은 조상의 영'이 귀신이라고 주장했다.

1970~80년대에 임상심리학자로서 최면요법을 통해 환자의 정신문제를 연구한 에디스 피오레(Edith Fiore)는 10,000건 이상의 최면을 통해서 사람들이 가지고 있는 여러 가지 정신문제 또는 고민들의 많은 부분은 떠나지 못하고 남아있는 영혼들이 그 원인이라는 주장을 하였다. 그는 1987년 <소란스러운 영가들(The Unquiet Dead)>이라는 책에서 환자에게 붙은 영적 존재들은 환자의 행동과 생각, 감정 등에 크고 작은 영향을 미치고, 환자들이 떠올리는 과거의 기억도 왜곡시킬 수 있다고 주장하였다. 피오레는 환자의 최면치료 중에 영적 존재들과 인터뷰를 하면서 이러한 사실들을 밝혀냈다. 특히 최면전생요법의 치료 효과가 떨어지는 환자의 경우 이들이 떠올리는 전생의 기억들이 사실은 환자에게 붙어있는 영혼들이 가지고 있는 것이라고 하였다. 피오레 박사의 주장에 의하면 살면서 영가들이 들어오는 현상을 누구나 체험하게 되는데 그 이유는 살면서 그러한 빙의가 발생할 기회가 수없이 많기 때문이라고 하였다. 예를 들어 스스로도 주체할 수 없고 통제할 수 없는 어떠한 마음에 이끌릴 때 이건 빙의 현상이라는 것이며 나 외의 어떤 다른 영혼이 몸을 지배하는 것이고 통제하는 강도는 다양하다고 하였다.

윌리엄 볼드윈(William Baldwin, 1938~2004)은 원래 미국의 치과의사였으나 10년 이상 근무한 후 그만두고 다시 심리학을 전공하여 임상심리학 박사학위를 취득하였다. 이후 그는 최면치료사로 활동하며 빙의를 진단하고 내담자의 입과 몸을 통한 '빙의와의 대화기법'을 개발하였다. 그는 죽은 사람들의 영혼도 빙의를 일으키지만 악한 영의 세계도 실제로 존재하며 이들의 빙의 목적은 많은 사람들에게 고통과 혼란, 파괴와 죽음을 가져오기 위한 것이라 주장하였다. 그는 빙의 환자들에 대한 연구에 집중하여 1991년 <영혼 해방 치료: 기법 매뉴얼(Spirit Releasement Therapy: A Technical Manual)>을 발간하고 이에 관한 수많은 논문을 썼다. 영혼

해방 치료는 6단계로 구성되는데 간략히 소개하면 첫 번째 단계는 빙의된 영혼의 상태를 발견하고 식별하는 것이다. 환자에게 단 하나의 영혼만 들어있는 것은 결코 아니다. 두 번째는 진단하는 것이다. 대부분의 영혼은 세 가지 범주 중 하나로 분류된다. 세 번째 단계는 영혼의 각 유형별로 구체적인 대화 치료를 한다. 네 번째 단계는 영혼을 광명세계로 해방시켜준다. 영혼의 각 유형별로 서로 다른 해방 과정이 필요하다. 다섯 번째 단계는 빛 명상을 통해 환자의 내면을 밝게 채운다. 여섯 번째 단계는 환자를 위한 추가 상담 및 관리이다. 빙의가 WTO와 미국 정신의학회에 정신 질환의 일종으로 정식 분류될 수 있었던 것은 빙의에 대해 기존 정신 질환과 다른 진단방법과 그에 따른 치료방법을 정립한 볼드윈의 역할이 매우 컸다.

현재는 샤쿤탈라 모디(Shakuntala Modi)와 랄프 앨리슨(Ralph Alison)이 이 분야의 선구자로 꼽힌다. 미국의 정신과 의사 샤쿤탈라 모디(Shakuntala Modi)는 악령은 사람들이 상상하는 것보다 훨씬 쉽게 인간의 영혼 속으로 들어갈 수 있다고 주장한다. 사람마다 고유의 오라(aura)를 발산하고 있는데 이 오라 주변의 약해진 보호막을 뚫고 들어와 빙의를 일으킨다고 한다. 그리고 오라의 보호막이 약해지거나 틈이 생기는 이유는 정서적 충격이나 트라우마로 인해 영혼이 분열(soul fragmentation)되기 때문이다. 그에 의하면 두려움, 놀람, 충격, 트라우마로 인해 영혼이 분열되기 쉽고, 무서운 영화를 본다거나 신에 대한 두려움을 갖고 있는 경우, 약물 중독이나 알콜 섭취로 현실을 회피하려 할 때에 빙의가 되기 쉬운 상태가 된다고 한다. 또한 자주 분노를 하거나 증오에 사로잡히는 경우, 상실, 비탄, 슬픔에 빠지는 경우에도 악령에 의한 빙의가 일어나기 쉬운 조건이 되며, 몸이 안 좋거나 약해질 경우와 심지어 수술실에서 마취주사를 맞을 때도 빙의에 취약해지는 조건이 된다고 한다. 그는 볼드윈과 비슷한 빙의 치료 기법을 사용해 성공적이고 극적인 치료 효과를 많이 얻고 있다.

다중인격 및 빙의 치료의 선구자로 꼽히는 미국의 정신과 의사 랄프 앨리슨(Ralph Alison)은 "세계 각지의 고문헌에는 하나같이 악마와 퇴마

이야기가 등장한다."며 "과학자들도 퇴마의식을 이해하려면 먼저 악마와 빙의의 존재를 믿어야 한다."라고 주장한다. 또한 그는 "많은 다중인격 환자들이 사실은 빙의 환자"라고 주장하며 환자의 내면에서 분리된 것이라고는 도저히 볼 수 없는 이상한 존재들과의 만남을 기술하고 있다.

이처럼 오랫동안 세계적으로 많은 의사와 학자들이 영적 현상에 관심을 가지고 진지한 연구를 해 왔다. 하지만 전통적인 가치관을 고수하려는 보수적인 교육학계와 심리학계는 여전히 눈에 보이지 않는 현상은 믿지 않으려는 태도를 보이고, 이러한 현상과 연구들을 여전히 우연의 일치, 미신, 비과학적 연구 등으로 평가하고 있다.

기존의 이론들로만 정서·행동장애를 이해하려고 하고, 설명되지 않는 많은 정신 증상들은 여전히 원인도 모르고 치료가 불가능하다고만 한다면 특수교육 분야에서의 더 이상의 발전은 기대할 수 없다. 다중인격 및 빙의에 관한 치료 사례가 무수하게 많이 존재한다면 진지하게 열린 과학자의 태도로 이를 인정하고, 영적 접근에 의한 다양한 발생 가능성과 치료 방법을 고려해봐야 할 것이다.

3) 다중인격장애 및 빙의에 대한 올바른 이해

다중인격장애 또는 해리성 정체성 장애는 인격이 여러 개 있어 그 인격이 바뀌는 것이 아니라, 해리된 정신 상태 일부가 육체를 장악하는 증상이다. 그러한 이유로 다중인격장애라는 명칭을 DSM-Ⅳ(1994년)부터는 해리성 정체성 장애로 변경하였으나, 여기서는 그냥 친숙하고 익숙한 용어인 다중인격장애라고 표기하기로 한다.

다중인격장애라는 진단은 약 20년 전까지만 해도 거의 쓰이지 않았다. 하지만 2000년대 이후 어린 시절의 충격적 경험이 커서도 그 사람에게 지속적으로 부정적 영향을 끼친다는 사례가 많이 보고되면서 이제는 과거보다 훨씬 자주 쓰이고 있다. 발생 원인은 환자들이 대부분 어린 시절에 심한 트라우마적 상황을 겪은 것으로 조사되어, 정신적 충격으로 인한 정신병적 방어기제로 인격이 나눠지게 된다고 보는 것이 정설이다.

하지만 빙의는 아직까지 신경정신과 의사들 중에서도 인정하지 않는 사람들이 많아 실제 '빙의'라고 진단 내려지는 경우는 별로 없다. 그 이유는 대부분의 정신의학자들이 빙의 현상에 대해 비과학적 또는 초자연적 현상으로 규정하여 존재 자체를 인정하지 않기 때문이다.

실제로 최면치료 과정에서 환자의 내면에 숨어 있는 인격체들이 '자신은 환자의 내면에서 분리된 것이 아니라 외부에서 들어온 존재'라고 주장하는 경우가 많지만, 귀신같은 영적 존재를 인정하지 않으려고 하는 의사의 선입견으로 이러한 주장들은 무시되고 '다중인격장애'라고 진단이 내려지거나, 겉으로 보이는 증상만을 가지고 판단하여 우울증 등 다른 정신질환으로 진단한다.

예를 들어, 심한 우울장애를 앓고 있는 환자가 최면치료를 받았는데 치료 중에 어떤 인격체가 모습을 드러내며 '자신은 20세에 교통사고로 죽어서 외부를 떠돌다가 이 환자에게 들어온 영적 존재인데, 이 환자가 평소에도 우울과 불안이 가득해서 들어오기 쉬웠다.'라고 말했다고 해 보자. 이 존재의 말을 그대로 믿는다면 죽은 사람의 영혼이 환자에게 씌운 것이므로 '빙의' 또는 '귀신들림'이라는 진단이 내려져야 하지만, 대부분의 정신과 의사들은 이러한 주장을 믿지 않고 어떤 충격이나 갈등으로 인해 환자의 내면에서 떨어져 나온 작은 인격체라 보고 '다중인격장애'라는 진단을 내리거나, 아예 최면치료를 시행하지 않는 의사들은 겉으로 드러나는 정신적 증상만을 보고 '우울증'이라고 진단한다. 실제 이러한 사례들이 많이 존재한다.

대부분의 정신의학자들이 다중인격장애가 '어렸을 때 큰 충격으로 인해 환자의 인격체가 나눠져서 생긴 것이다.'라는 관점을 받아들이긴 쉬워도, 빙의가 '외부에서 들어온 영적 존재로 인해 발생한다.'라는 사실은 쉽게 인정하지 못한다.

그러나 빙의는 고대 원시사회부터 현대에 이르기까지 관찰되어온 것으로 알려진 정신현상이다. 빙의 현상은 고대로부터 현대까지, 그리고 다양한 대륙과 문화에 걸쳐서 반복적으로 관찰되고 기록되어 왔다는 보편성을 지닌다. 하지만 빙의 현상은 진단 기준이 마련된 현 시점에서도 과학적 또는 학문적 연구 대상으로 충분히 관심을 받지 못하고 있는 실정이다.

의사의 선입견뿐 아니라, '빙의 장애'라는 진단을 내리는 데 있어서 문화적 또는 종교적인 정상범위를 넘어선 점이 고려되어야 하지만, 문화적 기준이나 모습에 따라 그 발병률이나 양상이 다르다는 사실도 빙의 장애를 진단하거나 이해하는데 어려움을 초래한다. 따라서 빙의 현상을 이해하려면 대상자들이 속한 문화에서 정상적 범위를 넘어서는 양상이나 증상이 무엇인지, 그리고 그와 동반되는 관련 특징들이 무엇인지에 대한 구체적인 증거와 자료가 수집되어야 할 필요가 있다.

빙의 장애가 의학적 치료를 필요로 하는 병적 심리상태라는 관점은 극히 최근에서야 대두되었다. 그러다보니 정신의학자들 사이에서도 빙의 장애의 개념에 대한 구체적인 합의가 도출되지 못했다. 여기에 '외부에서는 영적 존재가 들어올 수 없다.'는 의사들의 편견까지 더해져 빙의 장애로 진단되어야 할 환자들이 조현병(정신분열증) 등으로 잘못 진단되고 있다. 정신과 의사들은 자신이 믿는 진단 기준에 따라 이런 환자들을 모두 뇌기능의 이상으로 인해 생기는 조현병의 일종으로 진단하는 경우가 많다. 실제로 조현병의 증상도 빙의 증상과 매우 비슷하기 때문에 구별하기가 쉽지 않다. 조현병의 경우 주로 약물치료가 이루어지는데, 빙의 장애 환자들은 당연히 조현병 치료제로 낫지 않아 골치 아픈 환자로 취급되기 쉽다.

하지만 정확한 진단이 내려져야 하는 중요한 이유는 진단에 따라 처방과 진료가 달라지기 때문이다. 실제로 심각한 우울증세와 불안, 정신 이상적 행동을 보이는 환자가 A병원에서는 우울장애, B병원에서는 조현병 진단을 받고 장기간 그에 맞는 약물을 처방받아 약물을 복용하여도 전혀 차도가 없었으나, C병원에서 빙의 장애 진단을 받고 복용해 오던 약물과 함께 최면치료를 통해 영적인 존재를 없애는 작업을 한 결과, 완치되었다는 임상 사례가 많이 존재한다.

겉으로 드러나지 않는 빙의나 다중인격장애의 진단이 중요한 또 하나의 이유는 숨어 있는 인격체나 존재가 평소 환자의 생각과 감정에 큰 영향을 줄 뿐만 아니라, 최면치료 중 떠올리는 과거의 기억이나 전생의 기억에도 영향을 끼쳐 엉뚱한 방향으로 치료를 이끌 수 있기 때문이다. 이 존재들은 과거의 왜곡된 내용을 떠올리게 하거나 잘못된 정보를 전달해 줌으로써 빙의 현상을 인정하지 않거나 잘 모르는 치료자를 혼란에 빠뜨리게 하기 쉽다.

빙의 장애는 수많은 임상 사례들과 정신의학적 관점에서 볼 때 분명히 존재하는 현상이고, 반드시 의학적 치료를 필요로 하는 증상이다. 국내 전생요법 및 다중인격, 빙의 치료 전문가인 정신건강의학과 김영우 원장의 임상 사례를 보면, 빙의나 다중인격장애로 인해 유발되는 이상심리 현상은 아주 경미한 우울/불안 증세부터 아주 심한 조현병 증세까지, 또 단순한 두통 등 신체 일부의 불편함부터 극심한 두통이나 신체적 고통까지 매우 다양한 증세를 보일 수 있다.

05
정서·행동장애의
통합학문적 이해

1. 자아초월 심리학과 초월영성치료

1) 자아초월 심리학

앞 장에서 정서·행동장애를 이해하고 설명하기 위해 영적인 모델의 도입이 필요하고 영적인 접근이 이루어져야 함을 밝혔다. '인간은 영적인 존재'라는 사실을 인정하지 않고서는 현재의 수많은 정서·행동장애의 발생 원인과 해결방법을 더 이상 알아낼 수도 모색할 수도 없고, 특수교육에의 발전은 더더욱 기대하기 어렵다.

세계적인 기구와 학회에서도 영성 관련 주제들의 중요성을 인식하고 있고 영적인 현상으로 인한 질병이 이미 WHO와 DSM의 진단 기준에 포함되어 있으므로 앞으로는 점점 이에 대한 인식이 개선되리라 확신한다.

현대 특수교육과 심리학, 정신의학은 많은 사람들이 경험하는 초자연적 현상과 신비체험, 영적 현상, 환각, 임사체험, 채널링[1] 등을 인정하지 않을 뿐 아니라, 왜 일어나는지 제대로 설명하지 못한다. 대부분의 학자들은 그러한 경험을 한 사람들의 말을 믿지 않고 우연히 일어난 현상이라

---

[1] 인간과 다른 차원의 존재들 사이에 이루어지는 일종의 상호 영적 교신(靈的交信) 현상을 말함.

고 생각하거나 환각에 의한 착각 등 병적인 증상이라고 생각한다. 그러나 이러한 현상을 경험하는 사람들의 일관성 있는 진술과 실제 사실로 판명된 주장들을 개인적인 편견만으로 무시하는 것은 올바른 태도가 아니다.

최근 약 50년간 심리학 분야에서도 일부 학자들은 영적인 접근의 중요성을 꾸준히 인식하고 정서·행동장애를 통합학문적 관점에서 바라보고 이해하려는 노력을 계속하여 왔다. 1960년대부터 미국을 중심으로 심리학의 최신 조류인 '자아초월 심리학(Transpersonal Psychology)'이 등장하였는데, 자아초월 심리학이 기존의 심리학과 다른 점은 인간의 의식이 경험할 수 있는 모든 현상을 어떠한 왜곡 없이 있는 그대로 수용하고 연구한다는 점이다.

원래 '자아초월적(transpersonal)'이라는 말은 1905년에 미국의 심리학자 윌리엄 제임스(William James)가 처음 사용하였고, 칼 융(Carl Jung)도 1942년에 집합무의식(collective consciousness)의 동의어로서 '자아초월적 무의식(transpersonal consciousness)'이라는 용어를 사용함으로써 널리 쓰이게 되었다. 그 후 자아초월 심리학과 정신의학이 독립된 하나의 연구 분야로 자리 잡게 된 것은 1960년대부터이다.

프로이트 이후 정신의학을 지배해온 두 가지 세력은 정신분석과 행동주의였지만, 새로 등장한 인본주의 심리학은 심리학의 '제3의 힘'이라고 불리며 많은 사람들의 공감을 얻었다. 그러다 1960년대 중반, '개인적 자아'에 초점을 맞추는 인본주의 심리학에 만족하지 못한 일단의 학자들이 인간 심리에 좀 더 다양한 비교문화적 이해와 접근을 목적으로 모임을 결성해 여러 주제에 대한 토론을 이끌어 나갔다. 이 모임을 주도하던 매슬로(A. Maslow)와 그로프(S. Grof), 프랭클(V. Frankl)은 이 새로운 연구 분야를 지칭하는데 '개인을 넘어서'란 의미의 '자아초월적(transpersonal)'이라는 용어를 사용할 것을 제안하였다.

1968년에 이들을 포함한 다수의 인본주의 심리학자들은 이 연구 분야를 당시의 인본주의 심리학과 구별하기 위해 '자아초월 심리학'이라고 부르며 심리학의 '제4의 힘'이 탄생했음을 알렸다. 이들은 자아초월 심리학회를 창립하고 '인간의 영성과 변화된 의식이 심리학과 어떤 관계가 있는가'를 탐구하는 것을 목적으로 삼았다.

기존의 상담이론과 심리치료는 주로 인간의 마음 문제를 해결하는 데 많은 공헌을 했지만, 한계 역시 분명했다. 예를 들어, 사업적인 성공을 거두고 많은 부와 명예를 축적한 사업가가 있다고 해 보자. 어느 날 이 사업가는 '이렇게 많은 돈을 벌면 뭐하나'하는 정신적인 회의를 느끼고 우울감과 알 수 없는 회의감에 빠진다. 지금까지 이룬 모든 것들이 갑자기 허망하게 느껴지고 뭔가 알 수 없는 공허함을 느껴 상담을 받는다. 상담 과정에서 그는 가족 관계 및 사회 관계의 어려움을 해결하고 어린 시절의 억눌린 감정 등을 해소하며 약간의 위안을 얻지만, 정작 그가 얻고자 했던 실존적인 질문에 대한 답은 얻을 수 없었다. 이처럼 전통적인 심리상담의 실존적인 문제에 대해선 종종 한계를 보인다.

자아초월 심리학에서의 상담 목적은 일반 상담과 심리치료에서 하는 것과 같은 심리적인 증상의 완화와 문제 해결을 돕는 것에 더하여, 내담자에게 내재해있는 최고의 잠재력인 초월적 자기를 체험하도록 하는 것이다. 자신이 평소에 알고 있던 자신에 국한되지 않고 보다 높은 차원의 자기가 존재한다는 것을 이해하고 깨달음으로써 평소 얽매어있던 많은 문제들에서 벗어날 수 있다. 따라서 좁은 의미의 자아초월 심리학은 현대 상담이론뿐 아니라 고대의 정신적 수련법, 현대에 새롭게 개발되고 있는 영적인 수련 방법들을 모두 통합한 것이라 할 수 있다.

스코튼(W. Scotton)과 치넨(B. Chinen), 바티스타(R. Battista)가 공저한 <자아초월 심리학과 정신의학>에는 다음과 같은 서평이 나온다.

전통적인 심리학만으로는 자신의 마음을 이해하고 들여다보는 틀이 대단히 좁을 수밖에 없었다. 그러나 자아초월 심리학의 틀로 이해하면 부족함이 없다. 이전에는 심리학은 학문에서, 영성은 종교에서 따로 만나야 했지만 이제 이 둘을 자아초월 심리학이라는 하나의 틀 안에 넣어 이해할 수 있기에 심리학과 영성의 충돌이 없고, 학문과 종교 간의 괴리도 없어졌다. 자아초월 심리학은 전통적으로 종교적 또는 영적이라고 간주해 왔던 일에 대해 반성적이며 과학적인 입장에서 접근한다…

…자아초월과 영적이라는 용어는 의미 면에서 종교적이라는 용어와는 구분되어야 한다. 종교적이라는 것은 특정 단체의 신념 체계를 일컬으며 그 구성원은 대개 자아초월적 요소를 담고 있는 특정 내용과 맥락을 중심으로 모인다. 영적이라는 말은 인간 정신의 영적 영역, 즉 육체적 경험으로 제한되지 않는 인간성의 부분을 의미한다. 자아 수준을 넘어서는 모든 인간 경험을 다루는 자아초월적 경험에는 영적 체험뿐 아니라 더 높은 수준이 구현된 인간적 경험이 포함된다. 자아초월 정신의학과 심리학은 특정 종교의 신념이 아니라 자아초월적 경험인 인간 의식의 우주적인 면을 다룬다.

자아초월 심리학은 기존 심리학의 연구를 의식 연구, 영적 탐구, 심신 관계 및 의식의 변형에 대한 것으로 확장시킨다. 자아초월 심리학은 지금까지의 심리학과는 달리 영혼이나 사후세계, 전생의 기억, 임사체험, 빙의와 초자연적 현상 등 인간이 경험할 수 있는 모든 영역을 받아들이고 연구하며 유용하다면 현대 물리학의 이론을 적용하여 인간의 의식을 이해하고 각종 대체의학의 치료기법들도 받아들인다. 현재 자아초월 심리학의 주요 연구 주제는 다음과 같다.

자아초월 심리학의 주요 연구 주제

> 채널링과 영계(靈溪) 통신, 변성의식, 꿈 의식과 자각몽, 심신균열의 치유, 환각적 체험(psychedelic experience)과 신비 체험, 상위적 자기와 자기 초월, 의식의 진화, 임사체험, 명상 심리학, 불교 심리학, 자아실현 심리학, 양자물리학과 초끈이론, 심리치료 및 상담교육에서 자아초월적 접근 등

자아초월 심리학이 심리학의 한 분야인 것은 분명하지만, 그것은 편협하지 않으며 통합적인 접근 방법의 중요성을 강조하고, 전인적인 접근 방

법이다. 자아초월 심리학은 지적, 정서적, 영적, 신체적, 사회적 그리고 개인적 삶의 창조적 표현 측면에서의 균형적인 발달과 통합을 추구한다. 그리고 통합학문적 관점에서 심리학뿐 아니라 종교학, 정신의학, 사회학, 정치학, 교육학, 특수교육, 인류학, 역사, 문학연구, 종교연구, 생물학, 물리학 등의 최신 발견을 받아들이고 그들의 기여를 인정한다.

바로 알아야 할 것은 자아초월 심리학은 어디까지나 '과학적' 학문이지, 종교나 관념론이 아니며 뉴에이지(new age)도 아니라는 것이다. 자아초월 심리학이 비록 의식, 과학, 문화에서의 패러다임 전이를 나타내지만 그것은 소위 반문화적 요소를 지니는 뉴에이지적 신념과는 전혀 관계가 없다. 따라서 UFO, 외계인 유괴, 챠크라(chakra),[2] 오라(aura),[3] 요정, 심령술, 아로마 테라피,[4] 공중부양, 물 위 걷기 같은 것들은 연구 대상에서 대체로 제외시키고 있다.

자아초월 심리학은 인간의 가능성을 극대화하는 전망을 가짐으로써 기존 심리학의 인간관을 확대하였고, 우리가 유한한 존재에 그치지 않고 인간이 언젠가는 무한하고 절대적인 존재의 일부분으로 성장할 수 있다는 희망과 목표를 제공해 준다. 따라서 자아초월 심리학의 관점을 받아들이는 교육자와 의사들은 폭이 좁고 경직된 태도 대신 내담자의 주관적 경험을 있는 그대로 인정하고 존중하며 오히려 그런 경험을 치료에 응용할 수 있는 넓은 시야를 가지려고 노력한다. 미래의 특수교육 역시 편협한 시각에서 벗어나, 이렇게 여러 분야의 학문을 하나로 연결하는 통합된 개념과 이론 위에서 발전해나가야 할 것이다.

2) 초월영성치료[5]

현대 심리학자들은 인간이 겪는 갈등과 혼란을 다루기 위해서 현실적인 삶보다는 이를 초월하여 보다 근본적인 세계와의 만남이 인간의 문제

---

2) 인간 신체의 여러 곳에 있는 정신적 힘의 중심점 가운데 하나
3) 심령학에서 인체에서 발한다는 영적인 방사체
4) 향기나는 식물을 사용하여 치료하는 향기요법
5) 상담학 사전에 기술된 내용을 토대로 작성하였다.

를 해결할 수 있다고 보고, 이를 위한 접근을 시도하고 있다. 즉, 보이지 않은 세계와의 만남, 의식적으로는 알 수 없지만 내 자신의 삶이 무엇인가와 연결되어 있음을 자각하는 일, 외부의 감각을 차단함으로써 욕망에 대한 집착에서 벗어날 수 있는 초월적인 접근이 필요한 것이다.

상담에서도 인간의 무의식에 뿌리 깊게 박힌 상처를 다루기 위해서는 의식적인 기법들로는 한계가 있으며, 무의식을 다룰 수 있는 초월적인 영성기법이 도입되어야 한다고 본다. 이를테면 명상적인 기법을 사용하여 무의식적인 마인드에서 만들어지는 불안과 걱정을 다룸으로써 보다 더 자각이 깊어지고 자신의 삶을 평화의 세계로 안내할 수 있게 된다.

초월영성치료에서는 개인을 넘어서 다른 사람들, 나아가 전 우주와 연결된 존재로서의 개인을 상정하고 이러한 연결성을 개인이 자각, 인식하면서 이에 기반을 두고 개인의 심리적 어려움을 극복하여 참된 자신, 더 통합되고 발전된 자신을 찾도록 도움을 주는 활동 등을 한다.

초월영성치료에서는 인생에서 일어나고 있는 모든 사건은 개인을 초월하여 서로 연결되어 있다고 본다. 즉, 마음과 영성의 연결, 사상이나 성차, 인종의 차이를 초월한 사람과 사람과의 연결, 집단과 사회와의 연결, 과거세대와 미래세대와의 연결, 온갖 살아 있는 생명체와의 연결, 대자연과의 연결, 대우주와의 연결, 인간을 초월한 우주의 자기진화와의 연결이 그것이다. 여기서 우주란, 물질에서부터 정신 및 신에 이르는 존재의 전 영역이 형상화된 것을 의미한다. 그리고 인간은 전 우주의 진화과정에서 '자기 자신에 대한 의식'을 가지고 스스로를 돌이켜 볼 수 있게 된 최초의 존재이므로 스스로 우주진화의 일부임을 '자각'하면서 주어진 사명을 완수할 수 있어야 한다고 본다. 또한 인간의 궁극적 목표는 초월자가 되려는 욕구, 전체와 하나가 되려는 충동, 나아가 참존재(atman)와 일체화하려는 욕구를 가지고 있으며, 전 우주와 자기는 분열이 없고 내가 우주이며 우주가 나인 상태에 이르는 것이라고 보았다.

우리가 온갖 욕망과 집착으로 고통을 받고 있는 현실적인 삶을 초월하기 위해서는 '자신의 마음 상태'를 초월해야 한다. 마음상태를 초월해야 한다는 것은 실제의 삶과 공간을 두어 그 삶과 동일시하지 않아야 한다는 것이다. 즉, 실제 삶의 밖에서 자신의 삶을 바라보고 삶의 의미를 자각하여 의연하게 대처할 수 있는 마음의 상태에 이르러야 한다. 이러한 마음의 상태를 '초월영성'이라 할 수 있다.

인간의 무의식에 뿌리 깊게 쌓인 상처를 다루기 위해서는 의식적인 기법들로는 한계가 있다고 보고 무의식을 다룰 수 있는 초월적인 영성기법의 도입을 목적으로 한국초월영성상담학회가 2002년 한국상담학회의 분과 학회로 설립되었다. 한국초월영성상담학회는 인간이 겪는 갈등과 혼란을 다루기 위해서 현실적인 삶보다는 이를 초월하여 보다 근본적인 세계와의 만남이 인간의 문제를 해결할 수 있다고 보고, 이를 위한 접근을 시도한다.

자아초월 심리학의 발전과 초월영성치료에서 보듯이 이제는 초월적, 영성적 접근이 특정 종교나 신비적 영역으로 받아들여지기보다는 과학적이고 보편적인 '삶의 기술'로써 당연하게 받아들여지는 날이 곧 올 거라고 확신한다.

2. 정서·행동장애의 양자물리학적 이해

언뜻 이해가 되지 않겠지만 정서·행동장애를 현대물리학의 하나의 큰 기둥인 양자물리학으로도 이해하고 설명할 수 있다.

1) 양자론이 밝혀낸 새로운 사실들

상대성이론과 더불어 20세기 가장 위대한 발견으로 손꼽히는 양자론은 상식적으로 도저히 이해가 가지 않는 원자 이하의 세계를 토대로 세상을 이해하는 미시 세계의 물리학이다. 양자(Quantum)라는 말은 라틴어로 '단위'라는 뜻이다. 양자론에 따르면 에너지와 물질들은 연속적인 양이 아니라 모두 띄엄띄엄한 최소 단위의 덩어리인 양자로 이루어져 있다. 물리적 성질을 갖는 최소 단위의 입자, 즉 양자의 성질과 운동, 상호작용 등을 규명하는 양자론은 상식적으로 도저히 이해하기 힘든 일들이 미시세계(약 1000만분의 1mm 이하의 크기)에서 실제로 일어나고 있음을 보여준다.

19세기까지는 뉴턴의 역학이 지배하는 고전물리학으로 세상 만물의 모든 법칙을 설명 가능하다고 믿었다. 19세기 말에 물리학은 거의 완성되어 있다고 생각되어 '물리학에서 앞으로 새로운 발견은 없다.'라는 말이 과학자들 사이에서 나올 정도였다. 그때까지는 빛의 간섭현상 등으로부터 '빛은 파동이다.'라는 사고방식이 물리학의 상식으로 여겨져 왔다. 또한 원자의 구성성분인 전자는 입자(알맹이) 상태로 존재한다고 믿었다.

하지만 오늘날 '양자의 아버지'라 일컬어지는 막스 플랑크(Max Planck)가 19세기 마지막 해인 1900년 12월, 열을 내는 물체의 온도와 그 물체가 방출하는 빛의 스펙트럼 관계를 조사하여 빛의 에너지가 값을 나타낸다는 '에너지 양자가설'을 세우고, 아인슈타인은 이 가설에서 아이디어를 얻어 광전효과[6]를 설명하기 위하여 빛은 작은 입자의 집합체라는 광양자(현재는 광자[7]라고 불림) 이론을 제창함으로써, 빛은 입자로서의 성질과 동시에 파동으로서의 성질을 함께 지니는 이중성을 나타낸다는 것이 밝혀졌다.

또한 양자물리학의 주류 해석인 닐스 보어(Niels Bohr) 등의 코펜하겐 해석에 따르면, 관측되기 전의 전자는 여러 가지 위치에 있는 '서로 겹쳐짐' 상태(상태의 공존)나 우리들이 관측하는 순간 '파동의 수축'이 일어나 전자는 한 곳에서 발견된다. 이것은 전자가 파동이면서 동시에 입자의 성질을 갖는다는 것인데, 보기 전에는 파동 상태로 서로 겹쳐서 존재하다가 우리가 관측하는 순간 파동의 성질이 사라지고 입자의 성질만을 갖는다는 것이다(관찰자 효과).

그리고 1927년 하이젠베르크(Heisenberg)는 전자 등 미시세계에 있어서 피할 수 없는 애매함을 설명하는 '불확정성 원리'를 발견했다. 그 내용은 "어떤 물질에 관련하는 '위치'와 '운동량'을 측정할 때, 양쪽을 동시에 하

---

6) 자외선이나 파란 빛 등 파장이 짧은 전자파를 금속 표면에 비추었을 때 금속 표면으로부터 전자가 나오는 현상
7) 입자로서의 빛으로, '빛 알'이라고도 한다.

나의 값으로 측정할 수가 없고, 피할 수 없는 불확정성이 남는다."는 것이다. 예를 들면, 전자의 위치를 결정하려고 하면 운동량(속도)이 정해지지 않게 되고, 운동량을 정하려고 하면 위치가 정해지지 않게 된다. 즉, 전자 등 미시적 물질의 위치와 운동량을 동시에 측정할 수 없는 것이다. 쉽게 말하면, 전자 같은 미시적 물질들은 한순간에 여기 있다가도 다음 순간에는 다른 곳에서 발견되는 등 정해진 자리가 없다. 심지어 어떻게 움직이는지조차 알 수 없고, 우리가 알 수 있는 것은 어느 영역에서 전자가 발견될 확률뿐이다. 이 확률이란 전자의 위치나 이동경로가 관찰하기 전까지 어느 한곳에 결정되어 있다는 뜻은 아니므로, 하나의 전자는 우주 어느 곳에나 존재할 가능성이 있고 우주 어느 곳으로나 이동할 수 있다.

고전물리학에서는 하나의 장소에 존재하는 '입자'와 여러 장소에 퍼져서 존재하는 '파동'이 서로 모순되는 개념이라고 생각했다. 그러나 양자론에 의하면 이 두 가지의 개념을 같은 전자 안에서 발견할 수 있다. 단, 전자가 입자와 파동의 성질을 동시에 나타내는 일은 없다. 우리들이 보지 않을 때에는 파동과 같은 행동을 하고, 우리들이 보는 순간 입자로서 발견되는 것이다. 이렇게 어울리지 않는 두 개의 사물이 서로 보충하여 하나의 사물이나 세계를 형성하고 있는 원리를 상보성의 원리라고 한다.

이상의 발견은 종래의 고전물리학이 결코 완벽하지 않다는 것을 나타내는 역사적인 사건이었다. 또한 전자 등 미시세계의 물질들은 우리들이 알고 있던 물리법칙과는 완전히 다른 법칙에 의해 지배되고 있다는 것이다. 뉴턴은 자연을 하나의 거대한 기계, 즉 인과적이고 결정론적인 관계들에 따라 움직이는 거대한 기계와 같다고 생각했다. 뉴턴이 보기에 이 우주는 신의 완벽한 창조물로서 규칙적이고 조화로운 존재자이며, 따라서 자연법칙에 의해 언제나 정확하고 완벽하게 예측될 수 있는 것이었다. 즉, 뉴턴 역학의 핵심은 자연에 존재하는 모든 것은 이미 결정되어 있다는 결정론을 견지한다. 하지만 20세기 초에 새롭게 등장하여 발전한 양자론은 이러한 믿음들을 근본부터 뒤흔들어 놓았다.

양자론이 새롭게 밝혀낸 사실들을 정리하면 다음과 같다.

- 광자나 전자처럼 원자보다 작은 소립자들은 입자와 파동의 두 가지 성질을 동시에 가진다(입자와 파동의 이중성). 또한 하나의 소립자는 구름이 퍼져 있는 것처럼 동시에 광범위한 장소에 넓게 퍼져 존재할 수 있다(상태의 공존).

- 비국소성(nonlocality): 한 공간적 영역에서 일어나는 모든 것은 이와 분리된 다른 공간적 영역에서 일어나 작용에 영향을 받는 것을 말한다. 이러한 비국소성은 우주가 국소성의 위배를 의미하며, 양자론의 전제가 된다. 코펜하겐 해석에 의하면 관측이라는 행위는 전 우주에 걸쳐 있는 파동 함수를 순간적으로 붕괴시키기 때문에 비국소성을 허용한다고 한다. 쉽게 말해, 우주 저 너머에서 일어난 사건이 거의 0에 가까운 시간차로 지구에 영향을 줄 수 있다는 것이다.

- 양자얽힘(quantum entanglement): 한 개의 입자를 두 개로 쪼갠 후, 한 입자의 상태를 바꾸면 다른 한 입자의 상태가 그 반대로 동시에 바뀌는 현상이다. 예를 들어, [그림 1]과 같이 파이온이라는 소립자를 붕괴시켜 전자와 양전자로 나누고, 그 둘 사이를 1000광년 떨어뜨린다고 가정하자(더 멀리 우주 끝에서 끝까지 떨어뜨려 놓아도 상관없다). 이때 전자가 스핀 업을 하면 양전자는 **동시에** 다운스핀을 하는 것이다([그림2]). 코펜하겐 해석에서는 비국소성을 인정하므로 비국소성에 따르면 모든 것은 다 연결되어 있으니 전달하는 과정이 필요 없기 때문에 이처럼 아무리 멀리 떨어져 있어도 동시에 움직일 수 있는 것이다.

- 관찰자 효과(observer effect): 발사되는 전자를 관찰하는 촬영 장비를 설치하고 전자를 발사하면, 전자들은 본래의 파동 형태대로 발사되지 않고 입자의 형태를 띠며 발사된다. 즉, 측정되기 전까지는 파동의 형태로 모든 곳에 뿌려지다가 측정되는 순간 입자의 모양을

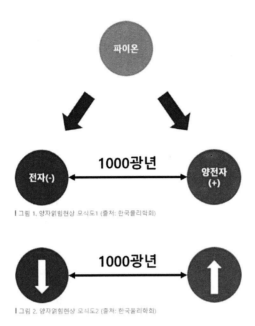

| 그림 1. 양자얽힘현상 모식도1 (출처: 한국물리학회)

| 그림 2. 양자얽힘현상 모식도2 (출처: 한국물리학회)

띠면서 마치 전자가 살아서 관찰자를 의식하기라도 하듯이 파동의 형태를 버리고 입자로서 관측되는 것이다. 이처럼 실험자가 소립자를 입자라고 생각하고 바라보면 입자의 모습이 나타나고, 바라보지 않으면 물결(파동) 상태로 존재하는 것을 관찰자 효과라고 한다. 쉽게 말해, 전자 등의 소립자와 에너지는 눈에 보이지 않는 파동 상태로 우주 공간에 존재하다가 내가 어떤 의도를 품고 바라보는 그 순간, 돌연 눈에 보이는 현실로 모습을 드러내는 것이다.

- 영점장(zero point field): 우리는 텅 빈 우주 공간에는 아무 것도 존재하지 않는다고 생각하지만, 물리학자들은 더 이상 내려갈 수 없는 최저 온도인 절대온도 0도(−273.15℃)의 진공조차도 아무 것도 없는 제로 상태가 아니라 뭔가로 꽉 차 있다는 사실을 발견했다. 진공 상태에서는 아무 것도 없어야 하는데 그 상태에서도 여전히 매우 짧은 찰나에 생멸을 반복하는 입자−반입자의 쌍들로 가득 차 있고 이론상 절대온도 0도에서는 입자마저 얼어붙어서 움직이지

않아야 하는데 실제로는 무한히 빠른 미세한 움직임이 계속된다. 이처럼 끊임없이 움직이게 만드는 힘을 양자론에서는 '영점장'이라고 한다. 따라서 우주 공간은 비어있는 것이 아니라 영점장으로 채워져 있는 것인데, 고작 $1cm^3$의 공간에 현재 알려져 있는 우주의 모든 별과 물질을 이루는 에너지를 합한 것보다 더 큰 잠재적 에너지가 들어있다. 물리학자 라즐로(Laszlo)는 '아카식 장 이론(Akashic field theory)'을 주장하면서 양자역학의 영점장에 우주의 모든 정보가 기록되어 있다고 하였다.

관찰자 효과에 의하면, 사물이 존재하기 때문에 우리가 볼 수 있는 것이 아니라 우리가 보기 때문에 존재하는 것이 된다. 이러한 양자론의 기묘한 현상들을 끝내 부정한 아인슈타인은 생전에 "양자론이 말하는 것이 맞는다면 달은 우리들이 보았기 때문에 그곳에 있고, 우리들이 보지 않았을 때에는 그곳에 없는 것이 된다. 하지만 달은 우리들이 보지 않을 때에도 변함없이 같은 장소에 있는 것이다."라고 말하였다. 그는 양자론의 논리를 깨기 위해 보들스키, 로젠과 함께 그들의 앞 글자를 딴 'EPR 패러독스(역설)' 논문을 발표하였으나, 약 50년 후 아스페(Aspect) 실험을 통해 아인슈타인의 EPR 패러독스가 틀리고 양자론이 맞음이 밝혀졌다.

거대한 달을 전자와 같은 예로 말할 수는 없을 수도 있겠지만, 양자론을 깊이 연구하면 누구도 달을 보지 않을 때 달은 어느 장소에 없는 것이 된다. 누군가 보았을 때에만 달의 장소가 확정되는 것이다. 우리의 상식으로 본다면 이러한 세계관은 너무나 이상하고 불가사의하지만, 아스페 실험에 의하면 이것은 진실일 확률이 매우 높다.

우리는 자연이 질서정연하다고 믿어왔으나 양자론에 의하면 자연은 대충대충이며 애매한 것 투성이다. 하지만 양자론을 구축한 학자들은 이것이 자연의 진정한 모습이라고 생각한다. 양자론은 물질이나 자연이 단순히 하나의 상태로 정해지지 않고 굉장히 애매한 것을 그리고 애매함이야말로 자연의 본질이라는 것을 우리들에게 나타내고 있다.

2) 양자론의 결론에서 유도되는 세계관

20세기 이후 물리학계에서 새롭게 밝혀진 위의 현상들은 우리 생활에서도 그동안 초자연적 현상이라고 여겨졌을 뿐 사실은 자주 관찰되고 발생하는 현상들이다. 한국표준과학연구원의 방건웅 박사는 양자론의 결론에서 유도되는 세계관을 다음과 같이 기술하였다.

첫 번째로, 물 위에 나타나는 물결과 같은 파동 치는 에너지가 만물의 실체라는 것은 만물이 실제로는 정보에 지나지 않는다는 것이다. 만물이 정보를 지닌 에너지체라면 생각, 상상, 환각 등도 바로 눈 앞에 보이는 실체와 같은 존재라고 할 수 있다. 다만 에너지 밀도가 다를 뿐이다. 에너지 밀도가 낮은 존재는 길게 존재하지 못하고 사라지지만, 집중력을 발휘하여 에너지 밀도가 높아지면 생각을 실체화하는 것도 가능하다. 이것을 두고 혹자는 귀신이라고 하고, 혹은 영(靈)이라고 할 것이다.

두 번째로, 물 표면의 무늬는 홀로그램8)과 같은 성질을 가지고 있어서 아무리 작은 일부분이라 하여도 전체에 대한 정보를 담고 있다. 이것은 양자론의 비국소성과도 연결되는데 파동으로서의 만물은 정보를 모두 공유하고 있다는 결론에 이른다. 마치 나무가 각 잎사귀의 정보를 모두 알고 있듯이 말이다. 그러니 나는 알고 너는 모르는 것이 있을 수가 없다.

양자론의 세계관에 따르면 사람들은 모두 비국소성과 양자얽힘으로 연결되어 있는 소립자들처럼 잠재의식의 차원에서 서로 연결되어 정보와 에너지를 주고받는다. 다만 의식적으로만 알아차리지 못할 뿐이다. 따라서 나의 생각과 감정은 자신의 몸뿐 아니라 다른 사람의 몸과 마음, 감정, 주변의 물체, 공간에도 물리적 영향력을 미칠 수 있다. 이것은 우주 전체가 서로 연결되어 있어 나의 생각과 감정이 다른 사람들에게 즉각

---

8) 홀로그램은 두 개의 레이저 광선을 이용해 만들어내는 3차원 영상이다. 이 필름은 한 부분을 작게 잘라내도 그 안에 필름 전체의 영상이 모두 들어있다. 즉, 모든 조각 속에 정보 전체가 들어있는 특징을 보인다.

영향을 끼칠 수 있고, 생각과 감정을 구체화할수록 에너지 밀도가 높아져서 실제로 실체화가 되어 나타난다는 뜻이다.

비국소성과 양자얽힘 원리에 따라 우주 만물은 서로 연결되어 있고 상호 영향을 끼친다. 생각이나 관념도 파동의 형태로 퍼져나가 우주 속에 존재하며 즉각 영향을 주고받는다. 대체의학 박사인 에모토 마사루의 저서 <물은 답을 알고 있다>를 보면 중동에서 걸프 전쟁이 있었던 날 모든 물의 결정체가 갑자기 찌그러졌다는 실험 결과가 나온다. 공간적인 거리와는 상관없이 물 한 방울조차 지구 반대편에서 벌어진 사실에 즉각적으로 반응을 나타낸 것이다.

피터 톰킨스와 크리스토퍼 버드의 저서 <식물의 정신세계>에서는 식물을 사랑으로 돌보며 연구하는 학자가 멀리 떨어져 있는 다른 도시에서 교통사고가 날 뻔하던 바로 그 순간, 연구실에 있던 식물의 검류계 단추가 파르르 떨렸다는 실험결과가 나온다. 식물 또한 자신의 주인이 교통사고가 날 뻔하던 바로 그 순간 물리적 공간을 뛰어넘어서 주인의 감정과 공포심이 식물에게 그대로 전달된 것이다.

물리학자 라즐로(Laszlo)는 거짓말탐지 전문가인 백스터와 함께, 진주만 전쟁 당시 해군 포병으로 참가했던 피실험자들 입에서 백혈구 세포를 채취하여 수백km 떨어진 지점의 배양체에 옮겨 놓았다. 그리고 여기에 거짓말 탐지기를 부착하여 실험을 하였는데, 피실험자들에게 진주만 기습 TV 프로그램을 보여주자마자 마치 피실험자에게 거짓말탐지기가 부착된 것처럼 세포들이 격렬하게 반응을 한 사실을 알아냈다. 이 실험 또한 우리 몸을 구성하고 있는 세포와 입자들 하나하나는 공간적 거리에도 불구하고 서로 연결되어 있음을 보여주는 수많은 실험들 가운데 하나이다.

위의 사례들처럼 공간적 비국소성은 만물이 공간적으로 아무리 떨어져 있어도 모두 연결되어 있다는 것으로 생각하면 이해하기 쉽다. 그런데 최근의 과학 동향에 따르면 비국소성은 시간 차원에서도 성립한다는 것이 밝혀지고 있다. 이것은 과거, 현재, 미래가 순차적으로 흘러가는 것이 아니라, 모두 동시에 존재한다는 의미이다. 쉽게 말해, 공간은 우리가 가본 장소와 안 가본 장소로 나눌 수 있듯이, 시간이라는 개념도 과거, 현재, 미래가 다 같이 존재하는데 과거는 우리가 가본 장소이고, 현재는 지금 있는 장소이며, 미래는 우리가 아직 안 가본 장소라고 할 수 있다.

이러한 시간의 공존과 우주의 모든 정보가 영점장에 저장되어 있다는 양자론적 관점에서 보면, 전생에 대해서도 다른 접근이 가능해진다. 과거, 현재, 미래가 순차적으로 존재한다면 전생이라는 개념이 있을 수 있겠지만, 시간적으로 모든 것이 공존하는 양자론적 관점에서 본다면 전생, 현생, 후생은 동시에 존재하며 전생의 기억 역시 영점장에 저장된 거대한 정보의 바다에 접속한 것이라고 볼 수 있다.

3) 양자의학

양자론은 우주와 인간의 구성 요소인 소립자가 서로 분리된 것이 아니고 오직 파동 하나로 연결된 사실을 발견하여 '우주는 하나'라는 진리를 증명한데서 그 위대성을 찾을 수 있다. 이처럼 새롭게 발견된 양자물리학의 이론과 원리들을 의학에 접목시킨 것이 양자의학이다.

21세기에 등장한 양자의학은 글렌 라인(Glen Rein)이 양자물리학자인 데이비드 봄(David Bohm)의 양자장(Quantum field)이론과 생물학을 결합시켜 양자생물학(Quantum biology)을 주창하면서 탄생하였고, 기존 의학의 한계를 뛰어넘는 새로운 패러다임을 여는 계기가 되었다. 국내 양자의학의 개척자 강길전 의학박사는 다음과 같이 말하고 있다.

"양자의학은 우리 인체를 몸, 양자파동장, 마음의 3중 구조로 되어 있는 것으로 보며, '몸과 마음의 연결'이라는 문제를 중요하게 여긴다. 몸이 정상적으로 기능하기 위해서는 몸과 마음이 밀접하게 연결되어 있어야 하기 때문이다. 그렇기에 질병의 원인을 육체에서만 찾는 현대의학과는 달리 다양한 차원에서 질병의 원인과 진단 및 치료를 논한다. 즉, 환자의 마음에 초점을 맞춘 환자 중심의 의학인 것이다.

현대의학은 뉴턴물리학의 개념에 충실하다 보니 과학적이고 합리적인 것만을 추구하게 되었고 그래서 인체의 구조에서 측정이 가능하고 눈에 보이는 물질적 구조(장기, 조직, 세포, 분자)만을 인정한다. 이에 비해 양자의학은 물질적 구조(몸) 이외에 양자파동장 및 마음까지도 다루기 때문에 현대의학과는 많이 다를 수밖에 없다. 이는 양자의학이 다리가 3개인 안정적인 테이블인 데 비해 현대의학은 다리가 2개인 불안정한 테이블인 것과 같다고 할 수 있다."

위약 효과(placebo effect)는 의사가 가짜 약을 진짜 약이라고 속여서 환자에게 처방해도 실제로 치료 효과가 나타나는 현상이다. 이와 같이 가짜 약인데도 불구하고 복용하면 병이 낫는 등 치료 효과가 나타나는 것은 환자의 강한 믿음 때문이다. 이것 역시 양자의학에 의해 설명 가능한데, 환자가 '이 약을 먹음으로써 나의 병이 나을 것이다.'라고 강하게 믿게 되면 이 정보가 결국 환자의 무한한 능력을 가진 집합무의식에 전달되어 치료 효과가 나타나게 되는 것이라 볼 수 있다.

양자의학에 기초하여 잠재의식과 상상의 힘, 굳은 믿음으로 질병이 치유되거나 개선된 사례는 무수히 많다. 강길전 · 홍달수의 저서 <양자의학, 새로운 의학의 탄생>에는 부정적인 마음이 육체의 질병을 일으킨 사례와, 긍정적인 정서와 믿음으로 질병이 치유된 흥미로운 사례들이 나온다. 몇 가지 사례들을 소개하면 다음과 같다.

미국 스탠퍼드 대학의 정신과 교수 스피겔(David Spiegel)은 더 이상 치료법이 없는 말기 유방암 환자 86명을 대상으로 43명에게는 매주 1시간 자기최면 강의와 더불어 정신요법을 하였고, 나머지 43명은 아무런 조치를 하지 않고 그 경과를 지켜보았다. 10년 후 두 집단을 비교한 결과 정신요법을 받은 집단은 그렇지 않은 집단에 비하여 평균 두 배나 오래 살았고, 더욱 놀라운 일은 정신요법을 받은 집단 중에서 3명이 완쾌되어서 살아있었다는 사실을 발견하였다.

미국의 사이몬튼(Karl Simontons)은 암은 정상인에게도 언제나 생기는 것이지만 면역 체계가 해결해 주기 때문에 별일이 없는 것이라고 하였다.

그런데 마음에 깊은 상처가 생기면 면역 세포로 하여금 암 세포를 식별하여 파괴하는 기능을 방해하여 암 세포로 하여금 생명을 위협하는 종양으로 자라게 하는 것이라고 하였다. 그래서 마음의 상처를 다스리기만 하여도 암은 치료될 수 있다고 하였다. 영국의 매튜 매닝(Mathew Manning)은 잠재의식을 잘 이용하면 암도 제거할 수 있다고 하였고, 오스트렐리아의 정신과 의사 에인즐리 미어레스(Ainslie Meares)도 마음의 상처를 잘 치료하면 암 환자 10명 중 1명꼴로 암 치료가 가능하다고 하였다. 에버슨(Everson), 오레간(O'Regan), 테일러(Taylor) 및 레산(LeShan) 등도 암의 자연치유에 대하여 많은 사례를 보고하였는데 이들은 암이 아무런 치료를 하지 않음에도 불구하고 암이 저절로 치료되었다는 것은 암과 마음이 연결되어 있기 때문이라고 하였다.

예일 의과대학의 외과 버니 시겔(Bernie Siegel)은 <사랑은 의사>라는 책에서 마음의 상처를 치료하면 암도 치료할 수 있다고 기술하였다. 이 책에는 35세의 말기 난소암 환자가 여명이 6개월~1년밖에 남지 않았지만 아무런 치료를 하지 않고 죽을 때까지 남을 사랑하고 남을 위해서 봉사하겠다는 마음으로 고아원이나 양로원을 다니면서 정성껏 사랑의 봉사를 함으로써 암이 완전히 자연 소실된 사례가 나온다. 그는 사랑은 모든 것을 치유하므로 환자들에게 사랑하는 법을 가르치면 병이 치유된다고 하였다. 모든 치유의 핵심은 자기 자신에 대한 사랑인 것이다. 그는 이것을 '사랑의 생물학(biology of love)'이라고 불렀다. 그러므로 사랑의 첫 번째 대상은 자기 자신이어야 하며 자기를 사랑할 줄 알아야 남도 사랑하고 다른 사람을 사랑할 수 있다고 하였다. 자기를 사랑해야 살려는 의지도 나오고 질병과 싸울 의욕도 생기는 것이며 자기를 사랑할 때 면역계의 활동이 강화되어 병이 치유될 수 있다고 하였다.

뉴욕 메모리얼 슬로언-케터링 암 센터의 정신과 의사 홀랜드(Jimmie Holland)는 암이 발생하는 과정을 연구하는 과정에서 많은 암 환자에게서 암이 발병하기 6~8개월 전에 커다란 심리적 충격이 있었다는 사실을 발견하였다. 이와 같이 커다란 심리적 충격이 그 사람으로 하여금 죽고 싶다는 마음을 유도하고 죽고 싶다는 마음이 결국 암을 일으키는 것은 마음과 암 조직이 연결되어 있기 때문이라고 하였다.

미국 스트레스 연구소(American Institute of Stress)의 발표에 의하면 병원에 입원하는 환자의 75~90%는 슬픔, 불안, 분노, 고독감 혹은 공포감 등과 같은 스트레스가 그 원인이라고 하였다. 워싱턴 의과대학의 토마스 홈즈(Thomas H. Holmes) 교수는 스트레스를 점수화하는 방법을 고안한 다음 이들 스트레스 점수와 질병의 발생과의 관계를 연구한 결과, 스트레스 점수가 200점 이하인 사람에서는 12개월 이내에 9%만이 발병하였는데 비해, 스트레스 점수가 300점 이상인 경우에는 49%가 같은 기간에 발병하였다고 하였다.

슬픔 역시 암을 잘 일으킨다. 엘리더 에반스(Elida Evans)는 100명의 암 환자의 실태를 분석한 결과, 환자 대부분이 암이 발병하기 전에 자신과 깊은 마음의 연관이 있던 사람을 상실했다는 사실을 파악할 수 있었다. 로렌스 레샨(Lawrence Leshan)은 500명 이상의 암 환자의 생활상을 조사한 결과, 이들은 항상 고립되어 살아 왔고, 타인으로부터 무시당했으며, 절망감이 떠날 날이 없었고, 그래서 항상 긴장된 인간관계 속에서 생활해 오던 사람들이라고 했다. 그러다가 배우자나 가장 사랑하던 사람과 이별하거나, 퇴직 및 중요한 역할의 상실 등에 부딪치게 되면 어린 시절부터 축적된 스트레스가 한꺼번에 작동하면서 암이 생긴다고 하였다.

펜실베이니아 대학의 심리학 교수 마틴 셀리그만(Martin Seligman)은 긍정심리학의 창시자로 유명하다. 그는 자연재앙, 실직, 실연, 좌절, 패배, 질병, 부상, 기타 스트레스 등과 같은 사건이 발생했을 때 낙관적으로 대처하는 사람과 비관적으로 대처하는 사람에 따른 건강의 차이를 연구하였는데 그 결과, 비관적인 사람은 낙관적인 사람에 비하여 내분비 기능 및 면역 기능이 떨어져 육체적 질병의 발병률이 높다고 하였다.

비관하는 마음과 부정적인 마음은 여러 가지 질병을 잘 일으킨다. 미시간 대학의 페트슨(Christopher Peterson)은 의과대학교 학생 때 성격이 비관론인 사람은 나이가 45~60세가 되었을 때 긍정적인 생각을 가진 학생

군에 비하여 건강이 좋지 않은 경우가 훨씬 많았다고 하였다. 또한 이들러(E. Idler)는 2천 8백 명 이상의 흡연자를 대상으로 12년간 연구한 결과 흡연자는 비흡연자보다 사망할 확률이 2배 높았다고 하였고, 특이한 소견은 담배를 피우면 건강을 해칠 것이라고 생각하면서 담배를 피우는 사람은 담배를 피워도 건강을 해치지 않는다고 생각하면서 담배를 비우는 사람에 비해 사망률이 무려 7배 이상 높음을 발견하였다.

한의학에서는 지나치게 슬퍼하면 폐를, 지나치게 화를 내면 간을, 지나치게 기뻐하면 심장을, 지나치게 질투하면 위장을, 지나치게 무서워하면 신장을 상하게 한다고 한다. 그 이유는 감정도 주파수를 가지고 있기 때문에 각각의 감정 주파수는 장기의 정보-에너지장의 주파수와 공명을 잘 일으키기 때문이다. 다시 말하면, 슬픔 주파수는 폐의 정보-에너지장의 주파수와 공명을 잘 일으킨다는 뜻이다.

양자의학에서는 마음도 일종의 에너지이고 따라서 좋은 마음은 좋은 마음대로, 나쁜 마음은 나쁜 마음대로 고유의 주파수를 가지고 있다고 본다. 뿐만 아니라 이런 마음의 주파수를 측정하는 장치가 개발되어 있는데 그것을 '양자의식 교류장치(Quantum Xerroid Consciousness Inferface, QXCI)'라고 부른다. 이 장치는 환자가 가지고 있는 슬픔, 분노, 원한, 미움 등과 같은 주파수를 찾아내어 이 주파수들의 반대파를 만들어 환자에게 되돌려 줌으로써 스트레스 주파수를 상쇄시킨다.

기계장치를 이용하지 않고도 양자론의 원리를 이용하면 환자 자신이 개인 무의식의 부정적인 감정(슬픔, 분노, 원한, 미움 등)을 제거함으로써 육체의 질병을 얼마든지 치료할 수 있다. 로마 린다 의과대학의 리벅(Lee Berk) 교수는 1996년 심리신경면역학 연구학회에서 웃으면 면역기능이 강화된다는 연구결과를 발표해 전 세계 의학계의 관심을 모았다. 그는 폭소 비디오를 보고 난 뒤 혈액을 뽑아 항체를 조사하는 실험을 통해 병균을 막는 항체인 인터페론 감마호르몬의 양이 200배 늘어났음을 밝혀냈다. 또한 백혈구와 면역 글로블린이 많아지고 면역을 억제하는 코르티졸과 에프네피린이 줄어드는 현상을 발견했다. 또 2001년에 발표한 논문에서는 암을 잡아먹는 자연살해세포(NK세포)가 웃음에 의해 활성화된다는 사실을 실험으로 증명해냈다. 그는 웃음에 대한 연구를 종합하면서 '웃음은 대체의학이 아니라 참의학'이라고 강조하고, 유머 요법(humor therapy)을 창시하였다. 이후 미국에서는 유머 프로그램을 치료에 응용하는 의료센터가 많아졌고 병원에서 유머 도서실을 별도로 운영하는 병원도 생겼으며 코미디 이동문고를 운용하는 병원도 생겨났다. 최근 의학 기술의 발전으로 웃음이 가진 의학적 효과들이 하나씩 상세하게 밝혀지고 있고, 심지어 웃는 표정만 지어도 엔돌핀이 증가한다고 한다.

대체의학 분야에서 세계적 명성을 얻고 있는 하버드 의대 출신의 앤드류 와일(Anrew Weil) 박사는 <자연치유>라는 책에서 근대 이후 서구의학이 고수해 온 치료 행위를 비판하면서, 현대의학이 포기한 병을 자연치유력을 통해 극복한 많은 환자들의 사례를 소개하고 있다. 그는 일생을 살아오면서 가장 기뻤던 일, 가장 기분 좋았던 일을 오랫동안 상상하는 것이 건강을 위해서나 치유를 위해서나 매우 좋은 방법이라고 하였다. 또한 기분 좋은 음악을 듣는다든지, 아름다운 그림 속으로 들어가 거기서 평화와 안식을 만끽한다든지, 혹은 마음이 맞는 친구를 자주 만나서 기쁜 마음을 확장하는 것 등도 자연 치유력을 증강시킬 수 있다고 하였다. 또한 하루 세 번이라도 식사시간마다 음식에 대한 감사한 마음을 갖는다면 그것만으로도 병을 치유하는 데 크게 도움이 된다고 하였다. 그는 책에서 이러한 사례들을 통해 어떻게 병이 '저절로' 나을 수 있는지를 분명하고 확신에 찬 목소리로 전하고 있다. 그는 "당신이 치유될 수 없다고 말하는 의사나 병원에 치료를 맡기지 말라."고 강조하면서 현대 의학은 자연치유력을 강화하는 '비의학적 요법'들에 대해서도 가슴을 열어야 한다고 충고하였다.

몸과 마음은 우리가 생각하는 것보다 매우 밀접하게 연결되어 있다. 신경전달물질인 세로토닌과 도파민은 우리가 행복감과 평안을 느낄 때 뇌에서 분비가 촉진되지만, 부정적인 감정을 느낄 때는 그렇지 않다. 최근 기능성 자기공명영상(MRI) 검사를 이용한 연구 결과들은 실제로 '환자의 부정적 사고와 감정이 실제로 뇌의 특정 부위 기능을 저하시키거나 혈류를 감소시킨다.'는 사실을 보고하고 있다. 이처럼 기쁨이나 행복과 같은 좋은 감정은 면역력을 강화하는 호르몬을 분비하지만, 부정적인 사고와 감정은 반대로 면역력을 저하시켜 통증을 생기게 한다는 것이 과학적으로 입증되었다.

미국 프린스턴 공대 교수 로버트 쟌(Robert Jahn)과 심리학자 브랜다 듄(Brenda Dunee)은 1976년부터 20년간 전자 난수 발생기(RNG)를 사용하여 마음의 에너지 상태를 실험하였다. 그 결과 마음은 아주 미세한 입자로 되어 있으며, 이것은 물리적 입자와 동일하므로 입자로 존재할 때는 일정한 공간에 한정되어 있지만, 파동으로 그 성질이 변하면 시공간을 초월하여 이동할 수 있다고 주장하였다. 이것은 사람의 마음이 허무(虛無)가 아니라 파동 에너지의 성질을 가지고 있음을 의미한다.

이러한 결과들은 우리가 하는 생각과 감정, 마음이 '양자'라고 하는 눈에 보이지 않는 파동 에너지의 일종이며, 이 에너지의 특성에 따라 뇌의 특정 부위, 혈류, 호르몬, 신경전달물질, 신체 부위 등 인체의 여러 조직과 기능이 직접 상응하는 영향을 받게 되고, 그 결과에 따라 여러 종류의 증상이 생길 수 있다는 위의 추론들을 뒷받침해 주는 증거이다. 사실 이런 연구 결과들은 양자론의 시각으로 볼 때 너무나 당연한 것이다.

정신건강의학과 김영우 원장은 양자론에 의한 인간 의식의 새로운 발견들에 대해 다음과 같이 말하고 있다.

- 사람의 마음과 의식, 감정의 에너지는 주변의 모든 사물과 사람들, 환경과 서로 영향력과 정보를 주고받으며 무한대의 시공간 속에 홀로그램처럼 퍼져 저장되며 그 사람의 현실적 삶의 모습을 만들어나간다.
- 감정적으로나 유전적으로 가까운 사람들일수록 멀리 떨어져 있어도 감정이나 이미지의 텔레파시 현상이 잘 일어나며, 그 순간 두 사람의 뇌파는 동조 현상을 보인다.
- 기도나 정신 집중 등 영적인 방법, 의식의 힘으로 치유의 힘이나 정보

를 멀리 있는 환자에게 보내는 치료의 효과는 놀라우며 많은 사례가 확인되고 기록되어 있다. 이 현상 역시 의식이나 의도가 현실에 영향을 미칠 수 있는 일종의 에너지로 작용함을 보여준다.

- 우주에 있는 모든 물질은 서로 다른 파장으로 계속 진동하며 파동 에너지를 만들어낸다. 이 파동들은 우주 공간으로 퍼져나가며 다른 파동들을 만나 상호 간섭무늬를 일으킨다. 이렇게 변형된 일부의 파동은 원래의 파동을 일으킨 물질로 되돌아가 영향을 미친다. 우주 공간은 이런 파동과 정보로 가득 차 있다. 우리의 마음과 몸도 이런 방식으로 외부 세계와 계속 교류하고 있다.

의식이나 의도 즉, 생각의 에너지가 현실에 어떻게 영향을 미치는지 또 하나의 사례를 보자.

어떤 남자가 "이 컵으로 커피를 마실 때마다 마시는 사람이 건강해지도록 해 주소서"라고 정성스럽게 기도한 후 그 컵을 포장하여 미국에 사는 가난한 친구에게 보냈다. 이 컵을 받은 친구는 미국에서 유학 중으로 가난하여 항상 싼 커피를 마신다. 그런데 친구가 보내준 컵으로 값 싼 커피를 마실 때마다 신기하게도 커피 맛이 확 달라지는 체험을 하였다. 다른 컵에 마시면 싼 커피의 맛이 그대로인데, 이상하게 친구가 준 컵으로 마시면 맛이 다르게 느껴지는 것이었다. 이 컵을 실험실에 보내 분석을 의뢰했더니, 이 컵에 커피를 붓기만 하면 노화방지 물질의 농도가 훌쩍 높아지는 놀라운 결과를 보였다. 그래서 그 컵 말고 다른 컵에도 같은 식으로 기도를 해 보았는데 놀랍게도 똑같은 효과가 나타났다.

이 동화 같은 기묘한 이야기는 미국 스탠퍼드 대학의 양자물리학자 윌리엄 틸러(William Tiller) 박사가 실제 실험해서 얻은 결과이다. 이러한 예는 의식계와 물질계가 완전히 분리된 세계가 아니라 상호작용하는 모종의 에너지 체계를 공유함을 뜻한다.

4) 양자론의 관점에서 본 정서 · 행동장애의 발생 원인과 해결 방법

불안장애나 우울증 등 여러 정서 · 행동장애의 발생 이유와 이를 해결하기 위한 치료 방법 역시 양자물리학으로 설명 가능하다. 김영우 원장은 양자론적 시각으로 본 정신 증상의 발생 과정과 치료에 대해 다음과 같이 설명하고 있다.

인간의 생각과 감정은 일종의 에너지이고 에너지는 소립자들의 덩어리인 양자로 구성되어 있다. 따라서 어떤 생각이나 감정은 특정 파장의 에너지 파동을 만들어내고, 같은 내용의 생각과 감정을 오랜 기간 반복할수록 그 파동의 힘은 중첩되고 중복되어 큰 힘을 축적해 자신의 몸과 마음, 그리고 주변 사람들과 공간으로 끝없이 퍼져나가며 영향을 미친다.

증상의 발생 과정을 위와 같이 설명할 수 있다면 치료는 그 과정을 거꾸로 하면 된다. 즉, 증상을 일으키는 에너지 파동들을 약화시키고 제거해 안정된 상태로 되돌리고 건강한 에너지를 충분히 채워가는 치료 방법을 쓰는 것이다.

환자에게 처음부터 양자론적 치료 원리를 이해시키고, 치료가 끝난 후에도 스스로 건강한 상태를 유지할 수 있도록 자기관리 방법을 가르치는 것은 재발을 방지할 뿐만 아니라 환자 삶의 질을 여러 면에서 지속적으로 향상시키는 결과를 가져온다.

특정 생각이나 감정에 집중(몰입)할수록 생각이 실체화되어 나타나기 때문에, 부정적 상념과 생각에 오랜 기간 빠져있고 집착할수록 그러한 파동 에너지가 증폭되어 더 큰 에너지 덩어리를 만들어낸다. 그리고 이는 빙의나 다중인격장애에서 볼 수 있는 인격체의 모습으로 나타나 건강한 에너지 체계가 무너진 그 사람에게 영향을 미친다. 즉, 양자론적 해석에 따르면 빙의나 다중인격장애는 부정적 생각을 반복하고 집착한 결과, 나타나는 중첩된 파동 에너지가 사라지지 않고 점점 더 큰 에너지 덩어리로 발전하여 특정 인격체의 모습으로 나타나 그 사람에게 다시 영향을 끼침으로써 발생한다고 보는 것이다.

김영우 원장의 저서 <전생여행>은 일반적인 치료방법으로는 잘 낫지 않는 환자에게 전생퇴행 기법을 이용하여 삶의 여러 문제들의 원인을 찾아 치료하는 전생요법과, 그 작업 중에 얻게 된 여러 가지 진리의 가르침들과 미래에 대한 예언들을 같이 다루고 있다. 특히 최면 중에 브라이언 와이스가 묘사했던 '마스터(Master, 고급령)'라는 존재가 나타나 환자를 통하여 많은 진리적 가르침을 전달해 주는 것이 인상적이다. 이러한 존재의 가르침을 책에서는 '지혜의 목소리'라고 명명하였다. 지혜의 목소리는 수준이 높은 초월적인 영적 존재라 생각되는데, 지혜의 목소리가 들려준 빙의 현상이 일어나는 원인과 해결책을 소개하면 다음과 같다.

> 대부분의 경우는 자기 마음이 만들어내는 것이고, 드물게는 아주 강력한 영에 의해서 빙의현상이 일어날 수도 있습니다. 빙의현상이 일어나는 가장 중요한 원인은 자기 자신을 용납하지 않는 것과 또는 자기가 너무 강하게 집착하는 데서 나타나는 것입니다. 빙의는 어떤 영들이 그 사람을 괴롭히기보다는 **그 사람이 가지고 있는 집착과 애증들이 우주 가운데 있는 그런 기운들을 불러 모으는 것**입니다. 서로 고통을 주고받는 것이지요. 우주의 선한 기운, 곧 성령이 들어올 때 그 더러운 기운들은 나갈 수밖에 없습니다.

따라서 양자론의 관점에서 빙의는 '죽은 사람의 영혼이나 귀신이 덧씌운 것'이라는 믿음은 사실이 아니고, 사람들의 부정적이고 파괴적인 상념의 파동들이 모여서 귀신이나 악마로 불릴 만큼 어두운 특징을 가진 파동 에너지체로 형성되어 영향을 끼치는 것이라 할 수 있다. 실제로 최면치료에 대한 임상 사례를 보면, 외부에서 들어온 영적 존재라고 주장하는 인격체가 자신은 죽은 사람의 영혼이 아닌 환자와 가까운 살아있는 가족이나 친척이라고 얘기하는 경우가 있다. 김영우 원장의 다음 사례를 보자.

자신감 결여와 지나치게 소극적인 태도, 공황 발작을 호소하며 치료를 시작한 30
세의 남자인 이태욱 환자의 경우, 최면치료 도중 그의 어머니라고 주장하는 존재가
나타나 얘기를 시작했다. 당시 그의 어머니는 고향집에서 여동생과 함께 살고 있었다.

김 : 당신에 대해 얘기해봐요.
이 : (나이든 여자의 말투로) 나는 이 사람 엄마예요…
김 : 여기서 뭘 하고 있죠?
이 : 내 아들을 돌보고 있어요… 얘는 날 필요로 해요.
김 : 당신이 안에서 이래라 저래라 하고 있나요?
이 : (답답하다는 듯) 얘는 혼자서 아무것도 제대로 못 해요… 내가 도와주고 야단
　　을 쳐야 해.
김 : 이 사람이 늘 주눅들어 있고 우울한 게 당신 때문인가요?
이 : (화를 내며) 자기가 못나서 그렇지 왜 나 때문이야?

이 경우에도 환자의 엄마라는 존재를 내보내고 난 후 여러 가지 증상이 단기간에
호전되었다. 어릴 때부터 내성적이었던 환자는 지배적이고 드센 어머니 때문에 늘
주눅이 들어 지내왔고 자존심 상하는 언어폭력을 자주 경험했다. 직장생활을 시작한
이래 혼자 서울에 올라와 있었지만 항상 어머니가 자기를 감시하며 이래라 저래라
하는 것 같아 더 우울했다고 한다. 정말 살아 있는 어머니 영혼의 조각이 아들에게
들어올 수 있는 것인지에 대해서는 누구도 대답할 수 없겠지만, 만일 이런 현상이
실제로 존재한다면 옛날부터 쓰이던 주술이나 저주·마법도 허무맹랑한 것만은 아닐
수 있다.

빙의는 죽은 사람의 영혼이나 귀신이라고 불리는 영적 존재가 사람의
몸 안으로 들어오는 현상이라고 정의되어 있지만, 위의 사례처럼 환자와
가까운 살아있는 사람의 강한 집착과 폭언, 상념도 반복되면 커다란 하나
의 부정적 에너지체를 형성하여 빙의의 모습으로 나타나 환자에게 영향
을 끼칠 수 있음을 보여준다. 이러한 사실은 빙의의 원인이 죽은 사람의
영혼이 아니라 어떤 종류이건 강력한 에너지 파동의 간섭이라는 양자론

적 관점을 뒷받침해 준다.

정서·행동장애의 발생 원인이 이와 같다면 해결책은 역으로 생각하면 간단히 나온다. 만물은 파동이기 때문에 내가 생각하는 대로 변한다. 내 생각이 강하면 신념이 되면서 물질화가 되지만, 약하면 물결무늬만 약하게 나타났다가 사라진다. 따라서 어떤 부정적 상황이나 스트레스 받는 상황이 생기더라도 여기에 집착하지 않고 가볍게 넘기는 자세가 중요하다. 즉, 정서·행동장애의 예방을 위해서는 평소 건강한 정신생활이 중요한데 그러기 위해서는 부정적 상념에 빠져들지 않고 바로바로 스트레스를 풀거나 금방 잊어버리는 습관, 긍정적으로 사고하는 습관이 중요하다.

빙의에 의한 정서·행동장애 예방 방법

1. 긍정적이고 명랑한 태도를 가진다. 정신적이나 영적인 면에서 '서로 같은 것끼리 끌리는 것'이기 때문에, 긍정적인 태도는 밝고 온화한 기운을 끌어들이고, 내면의 면역체계를 건강하게 해준다.
2. 몸과 마음, 정신의 조화 및 균형을 유지한다. 부정적 감정을 드러내는 것을 억제하고, 분노를 터뜨리지 않는다.
3. 부정적인 사람들이 많거나 부정적인 장소에 가는 것을 피한다. 부정적인 사람들은 당신의 에너지를 흡수하고 고갈시킴으로써 영적인 빙의를 더 쉽게 만들 수 있다.

부정적인 생각과 감정은 누구나 들 수 있다. 하지만 이를 가볍게 넘기지 않고 부정적 감정에 깊게 얽매이고 휘둘리는 것은 에너지적 작용에 의해 실제로 몸과 마음을 병들게 하여 더 큰 정서적·행동적 장애를 불러올 수 있다. 따라서 양자론적 관점에서의 해결책은 생각 에너지를 포함한 만물은 파동이므로 좋지 못한 감정과 반대되는 긍정적인 감정의 파동을 내보내면 되는 것이다. 두 개의 파동이 합쳐지면 당연히 나쁜 감정도 사라진다. 예를 들면, 원망하는 마음이 강해서 마음의 병이 깊어진 사람은 의도적으로 감사하는 마음을 되살려 마음의 병에서 벗어날 수 있다.

이미 정서·행동장애가 진행된 경우에는 '심신이 이완된 상태(트랜스 상태)'에서 역시 내면에 집중하여 부정적이고 파괴적인 에너지를 제거하는 상상을 구체화하면 된다. 양자론에 따르면 내가 생각하는 상상에 몰입하고 이를 구체화할수록 곧 실체화가 되기 때문이다. 또한 치료보다 중요한 것은 재발을 막는 것이므로 역시 내면의 상처 입은 에너지 체계가 건강하게 회복된다는 상상을 구체적으로 하면서 평소에 명상, 자기최면 등을 통해 이러한 상상을 꾸준히 실천하면 해결된다. 내면의 에너지체계를 건강하게 하기 위한 구체적인 명상이나 이완법, 자기최면 기법, 기타 상담 기법들은 뒤에서 자세히 기술하였다.

새로운 관점에 기초한
정서 · 행동장애 학생의 심리치료

1. 영적 모델에 기초한 정서 · 행동장애의 원인

새로운 관점, 즉 영적 모델에 기초할 때 정서 · 행동장애를 유발하는 직접적 원인은 다음 3가지로 요약할 수 있다.

정서 · 행동장애의 원인: 영적 모델에 의한 접근

1. 전생에서 겪었던 충격적인 사건이나 경험 또는 해소되지 않은 카르마의 작용이 현재의 정서 · 행동장애를 초래
2. 태아 때 또는 기억하지 못하는 유아기 때 경험으로 정서 · 행동장애 초래
3. 다중인격 및 빙의로 인해 현재의 정서 · 행동장애를 초래

먼저 전생에서의 경험 또는 사건으로 인해 현생에서 정서 · 행동장애가 발현되는 경우이다. 이 경우는 다시 두 가지로 나눠서 살펴볼 수 있는데, 첫 번째는 전생의 충격적 경험, 사건으로 인해 잠재의식 속에 상처가 내재되어 현생으로 전해져서 정서 · 행동장애가 발현되는 경우이다. 예를 들면, 어두운 곳이 무섭고 좁은 곳에 있으면 죽을 것 같은 느낌이 드는 폐소공포증의 원인이 전생에서 동굴에 갇혀 죽은 경험이 있기 때문이라는

것이다. 세계적으로 보고된 이러한 임상 사례는 무수히 많이 존재한다.

두 번째는 전생에서의 해소되지 않는 업(카르마)이 현생으로 이어져 내려와 다시 업을 갚는 과정에서 정서·행동장애가 나타나는 경우이다. 박진여의 저서 <당신, 전생에서 읽어드립니다>를 보면 이와 관련된 흥미로운 사례들이 나온다. 박진여는 깊은 명상 의식 상태에서 내담자의 영적 정보가 저장된 차원에 접속해 아주 짧은 시간에 내담자의 전생 정보를 읽어낸 후 자세하게 풀어내는 전생 리딩(전생 판단) 전문가이다. 앞에서 서술한 유명한 예언가 중 한 명이었던 에드가 케이시는 스스로 최면에 든 다음 그 상태에서 환자들의 전생을 보고 질병의 원인을 찾아냈는데, 최면 상태에서 환자 또는 누군가가 그에게 질문을 하면 그는 질병에 대한 처방이나 어떤 문제에 대한 해결책을 제시해 주곤 하였다. 케이시나 박진여처럼 스스로 최면 상태 또는 명상 상태로 들어가 상대방의 전생을 읽고 바람직한 방향을 제시해 주는 것을 리딩(전생 판단)이라고 한다. <당신, 전생에서 읽어드립니다>에 실린 전생에서의 업이 정서·행동장애의 원인이 된 사례 2편을 소개하면 다음과 같다.

사례 01 공황장애의 원인: 전생에서 남편의 배신

부부는 젊은 시절 남편의 간절한 구애로 결혼하게 되었는데, 남편은 무려 8년 동안이나 한결같았다고 했습니다. 그렇게 결혼을 하고 행복하게 지냈습니다. 그런데 이상하게 어느 날부터 알 수 없는 두려움이 몰려와 일상생활을 잘 못할 정도로 힘들어졌답니다. 그래서 정신과 치료를 받았는데 의사는 공황장애라는 진단을 내렸습니다. 아내는 자신에게 갑자기 찾아온 공황장애의 원인을 알고 싶다면서 상담을 원했습니다.

부부는 12세기에 유럽에서 함께 살았던 전생이 있었습니다. 당시 부부는 모두 십자군 전쟁에 참전했던 기사였습니다. 아내는 어느 부대를 이끄는 지휘관이었고, 남편은 지휘관이었던 지금의 아내를 보좌하는 참모였습니다. 참전의 대외적인 목적은 성지 탈환이었지만, 사실은 더 많은 기득권과 노획물을 독점하고자 하는 야욕이었습니다.

지휘관이었던 아내는 어느 전투에서 큰 승리를 거두기 직전에 공격을 받아 전사했는데, 그의 죽음은 사실 평소 딴마음을 품고 있었던 참모(남편)의 치밀한 계략에 의한 암살이었습니다. 전투가 막바지에 이르자 참모는 지휘관을 보호하는 척 하면서, 자신이 거느린 암살자를 시켜 지휘관의 등에 비수를 찔러 넣었습니다. 그렇게 지휘관을 제거해야만 자신이 승리의 최고 수혜자가 될 수 있었기 때문입니다. 참모는 원하던 목적은 이루었지만, 자신의 품 안에서 죽어가던 지휘관의 마지막 눈빛은 평생 잊을 수 없었습니다.

신기하게도 현생의 남편은 아내를 처음 만났을 때, 아내의 눈빛을 보고 자신도 모르는 전율과 두려움을 느꼈다고 했습니다. 그러나 그 순간 이상하게도 평생 이 여인을 위하고 봉사하는 삶을 살아야겠다는 알 수 없는 굳은 결심이 마음 속에 떠올랐다고 했습니다.

리딩은 전생에 지휘관이 암살당했던 시점과 아내에게 공황장애가 찾아온 시점이 일치한다고 말했습니다. 비록 아내는 과거 생의 인연을 모르고 자신을 배신한 사람을 현생에서 남편으로 받아들였지만, 그녀의 무의식 속에는 그 생에서 입은 배신의 깊은 상처가 숨어 있다가, 카르마가 발현된 시기가 되자 자신도 알 수 없는 두려움으로 나타났던 것입니다.

사례 02 정신질환의 원인: 현생에서 나쁜 카르마를 정화하기 위한 수단

중소기업을 운영하는 부유한 집안이 있었습니다. 그 집에는 아들이 셋 있었는데 장남이 정신질환을 앓았습니다. 그는 항상 부모님과 형제들의 걱정과 염려의 대상이었는데, 가족의 전생 인연에서 그 원인이 나타났습니다.

현생의 부모와 형제들은 조선시대에 상당한 권세를 누리던 가족이었습니다. 아버지는 명문가의 대감이었고, 어머니는 안방마님, 그리고 두 남동생은 그 집안의 적자들이었습니다. 현생의 장남은 전생의 삶에서는 대감의 충직한 심복이었습니다. 정적을 제거하거나 뇌물을 주고받는 것과 같은 남모르게 해야 하는 비밀스러운 역할을 주로 했습니다. 그렇지만 비밀스러운 일들을 평생 마음 속에 묻어두고 어떠한 경우에도 그 집안과 대감을 보호하기 위해 충성과 신의를 지켰던 사람이었습니다.

대감은 심복에게 큰 고마움을 느꼈고, 평소에 항상 입버릇처럼 이런 말을 했습니다. "네가 내 자식이었으면 좋겠다. 그러면 재산도 물려주고, 모든 걸 다 해줬을 텐데."

그런 인연으로 전생의 심복은 현생에서 집안의 장남으로 태어났지만, 자라면서 원인을 알 수 없는 심한 정신질환을 앓게 되었습니다. 세도가 집안의 심복이 현생에서 그 가족의 장남으로 올 수 있었던 것은, 전생에 집안을 위해 희생하고 봉사한 공덕 때문이라고 할 수 있지만, 나쁜 카르마를 정화하기 위한 수단으로 현재의 정신질환이 작용하고 있었습니다. 리딩은 장남의 질환에 대해 다음과 같이 얘기합니다.

"이 집안은 장남이 부모형제의 카르마를 대신하고 있습니다. 그래서 다른 가족은 비교적 편안한 삶을 살 수 있습니다. 장남의 영적 자아는 이 집안의 장남으로 오는 조건으로 자신이 이 집안의 카르마를 대신 짊어지고 오겠다는 약속을 하고 왔습니다." 장남이 대신 희생함으로써 다른 가족들을 편안하게 해 주고 있으므로, 다른 가족들은 장남의 질병을 불편해하지 말고 도와야 한다고 리딩은 얘기합니다.

두 번째는 태아 때 또는 기억하지 못하는 유아기 때의 부정적 경험이 정서·행동장애를 초래할 수 있다. 이에 관한 사례를 보면, 엄마 뱃속에 있을 때 엄마, 아빠의 잦은 부부싸움으로 인해 태아가 정서적 불안함을 느꼈는데 나중에 어른이 되어서도 불안 장애에 시달렸다는 사례가 있다. 이러한 경우 누가 싸우는 모습을 볼 때 불안 증세가 더 심해지는 특성을 보인다. 이처럼 잠재의식은 과거, 현재를 넘나들며 의식하지 못하는 부분까지도 다 기억하고 있다.

<빙의는 없다>에 나오는 이와 관련한 사례 2가지를 더 소개하면 다음과 같다.

사례 03 | 천식과 기침의 원인: 분만 과정에서의 고통

심한 천식과 기침으로 어릴 때부터 병원 신세를 지며 살아온 50세의 환자가 최면 상태에서 '천식의 원인이 된 사건을 떠올려보라.'는 암시에 따라 회상한 것은 자신의 출생 시 분만되는 과정에서 탯줄이 목에 감겨 질식사할 뻔한 일이었다.

목에 탯줄이 감겨 숨을 제대로 쉬지 못하면서 느꼈던 답답함과 두려움은 천식 발작 때마다 경험하는 상태와 똑같은 것이었다. 파랗게 질린 채 태어난 아기의 목에서 탯줄을 풀어주고 엉덩이를 여러 번 때려 울린 사람은 바로 낯 모르는 산파와 자기 할머니였다고 한다. 이 최면치료 후 그 환자는 천식 증상이 없어져 약의 도움 없이 살 수 있게 되었다.

어릴 때부터 소심했고 늘 불안하고 긴장되는 사회공포 증상을 가진 젊은 남자 환자에게 "엄마 뱃속에 있는 동안 어떤 힘든 일들이 있었는가?"라고 물었을 때, "엄마가 많이 힘들어하고 계세요. 할머니와 관계가 안 좋아서요. 엄마가 불안하니까 저도 같이 위축되고 불안해요. 아버지는 공부하러 서울에 가 계셨고, 엄마 혼자 시골집에서 할아버지 할머니를 모시고 살았어요.

저는 원래 밝은 성격이었는데, 할머니 성품이 불 같아서 엄마가 너무 긴장하고 불안하기 때문에, 시간이 갈수록 영향을 받아요… 늘 머리가 아프다고 하고 음식을 잘못 드셨기 때문에 저도 항상 배가 고프고 우울해요. 요즘의 위축되고 불안한 기분이 그때와 똑같아요."라고 대답한 후 깨어나 "이 같은 내용은 평소에 생각하거나 어른들에게 들은 적이 전혀 없다."며 신기해했다. 나중에 환자가 이 기억의 사실 여부를 직접 어머니에게 확인했을 때 어머니는 무척 놀라며 "그런 일을 어떻게 아느냐?"고 되물었다고 한다.

세 번째는 다중인격 또는 빙의로 인해 정서·행동장애가 발생하는 경우이다. 보통 드라마나 다큐멘터리에서는 다중인격이나 빙의를 매우 극적으로 다루어 이러한 현상이 굉장히 특별한 현상이고 무서운 경험이라고 생각하는 사람들이 많다. 하지만 임상 사례들을 보면 빙의는 우리가 생각하는 것보다 매우 흔한 질환이고 누구나 겪을 수 있는 현상임을 알 수 있다.

앞에서 설명한 정신과 의사 조지 리치(George Ritchie, 1923~2007)는 임사체험을 하다가 죽은 사람의 영혼이 술에 취해 쓰러진 사람의 몸속으로 들어가는 모습을 여러 번 목격했다고 하였고, 임상심리학자 에디스 피오레(Edith Fiore)는 전체 인구의 70% 이상이 하나 이상의 영적 존재들의 간섭을 어떤 식으로건 받고 있다고 주장하였다. 피오레는 영혼이 들어오는 현상을 누구나 체험할 수 있는데 그 이유는 살면서 그러한 빙의가 발생할 기회가 수없이 많기 때문이라고 하였다.

국내 임상 사례들을 보아도 빙의는 마치 감기처럼 누구나 걸릴 수 있는데, 감기가 면역력이 떨어진 상황에서 잘 걸리듯 빙의 장애 역시 정신적으로 쇠약해져 있거나 스트레스 받는 상황이 반복되어 면역체계가 약해진 경우, 감정적으로 예민하여 충격을 잘 받는 사람들이 걸릴 확률이 높다. 따라서 정신력이 굳건하여 마음의 상처를 잘 받지 않고 자신의 심리적 문제들을 슬기롭게 잘 해결해나가는 사람들은 빙의의 문제가 생기지 않는다.

다음은 설기문 박사의 빙의 장애 환자에 대한 최면치료 사례이다.

사례 05 알콜 중독의 원인: 알콜 중독자였던 아버지 영혼의 빙의

최근에 만난 내담자 P씨는 40대의 남자인데 심한 알콜 중독으로 나를 찾아왔다. 그는 약 10년 정도의 알콜 중독의 경력을 갖고 있었는데 5년 전부터 알콜 중독을 치료하기 위하여 다양한 방법들을 찾고 동원해봤으나 효과가 별로 없었다고 하였다. 그런 가운데 인생을 포기하려는 생각까지 해봤으나 그것도 쉽지 않다고 하였다. 최근에도 자살 시도를 하려다 가까운 친구의 도움으로 겨우 위험에서 벗어날 수 있었는데, 마침 그 친구가 최면으로 도움을 받는 것이 좋겠다고 권하여 마지막 기회라고 생각하고 나를 찾아왔다.

알콜 중독자나 그 가족들은 알콜 중독이란 단순히 술이 좋아서 술을 마시다가 중독이 되는 것으로 생각하는 경향이 있다. 물론 그 생각에는 일리가 있다. 하지만 빙의적 차원에서 생각해 보면 그것은 반드시 그런 것은 아니다. 다시 말해서 빙의 증상은 어느 날 갑자기 찾아오는 경향이 있다. 물론 평소에 빙의가 될 만한 심리적, 신체적, 행동적 특징이나 습관을 보이기 때문에 빙의가 되기 쉽기도 하다.

P씨의 경우에는 그가 어릴 때 알콜 중독으로 돌아가신 아버지가 빙의가 되어 있었다. 알콜 중독자들의 빙의의 문제의 경우에는 대부분 알콜 중독자의 빙의가 많다. 이번 경우처럼 특히 부모나 조부모를 비롯한 가족들 중에서 알콜 중독으로 죽은 사람이 빙의가 되는 경우가 많다는 얘기다. 알콜 중독자의 경우 가족관계를 살펴보면 일반적으로 부모나 조부모님과 같은 분들도 함께 알콜 중독인 경우가 많아 유전적인 증상으로 생각하기가 쉽다. 그래서 오히려 그것을 빙의의 차원에서 생각하지 않으려 하는 경향이 있다. 유전적인 특징이기에 빙의와 관계가 없다는 생각이다. 하지만 그런 유전적인 것도 일리가 있으면서 동시에 빙의적 차원에서도 문제가 많이 생긴다.

빙의적 차원에서 문제가 생긴다고 한다면 단순히 유전적인 문제라고만 생각될 때보다 문제의 해결이 더 쉬워진다. 왜냐하면 그 경우에는 빙의 치료를 하면 되니까… 하지만 유전적인 문제라고 생각한다면 솔직히 문제 해결은 더욱 어려워진다. 단기간에 쉽게 해결될 수 있는 방법은 없으니까 말이다. 그래서 빙의의 문제라고 한다면 무조건 거부 반응을 보이거나 언짢게만 생각할 일이 아니라고 판단된다.

최면 상태에서 드러난 아버지의 모습과 목소리에 P씨와 함께 동석한 부인은 처음에는 놀랐으나 나중에는 자연스럽게 받아들였다. P씨와 가족도 알콜 중독의 문제를 단순히 유전적인 것으로만 생각했는데, 뜻밖에 빙의의 문제로 연결되어 나왔을 땐 당황했던 것이 사실이었다. 하지만 빙의에 대한 설명을 들으면서 충분히 납득을 하는 가운데 자연스레 아버지의 빙의 문제를 받아들일 수 있었다. 그 결과 상담 진행은 잘 되었고 결과적으로 아버지 영혼은 빛의 세계로 잘 보내졌다. 그리고 P씨도 기분 좋고 개운하게 눈을 뜰 수 있었다.

다중인격장애 또는 빙의로 인해 정서 · 행동장애가 발생하는 경우는 무수히 많고, 자세한 치료 사례들은 뒤에 상세히 기술하였다.

현재 그 원인이 알려지지 않았다고 되어있는 많은 정서 · 행동장애는 위의 3가지 요인뿐 아니라 여러 가지 요인이 복합적으로 서로 연계되어 이루어져서 나타나는 현상이라 볼 수 있다. 따라서 여러 정서 · 행동장애의 원인을 알 수 없다고 되어 있고 아무리 오랜 기간 치료를 받아도 효과가 없는 많은 심리적, 신체적 증상들은 위의 이유들을 우선적으로 고려해야 한다.

2. 올바른 진단의 중요성

현재 특수교육 학계와 대부분의 정신과 의사들은 이러한 정신적 · 신체적 증상들을 겉으로 드러나는 현상만을 보고 판단하여 우울증, 불안장애, ADHD 등으로 진단하지만, 아무리 노력해도 치료 효과가 없거나 원인을 찾을 수 없는 이유는 바로 진단이 잘못됐기 때문이다. 만약 정서 · 행동장애의 근본이 되는 원인이 빙의라면 이러한 영적 존재를 무력화시키는 것이 핵심적인 치료가 되어야 하지만, 겉으로 드러나는 환각 증상이나 정서적 문제들만 보고 조현병이라고 진단하여 약물치료에 의존한다면 당연히 증상의 일부만 살짝 완화될 수는 있어도 근본적인 해결책은 전혀 될 수 없다.

예를 들면, 초기 암에 걸린 환자에게는 수술을 통해 근본적인 원인인 암 덩어리를 도려내야 하는데 만약 암인 줄 모르고 약물치료만 한다면 증상만 일시적으로 완화시킬 뿐 암세포는 더욱 증식할 것이다.

물론 신경 자체의 이상으로 생기는 정신적 질환들은 약물치료에 비교적 잘 반응하지만, 정서 · 행동장애 학생 내면에 전생을 포함한 과거로부터 축적된 심리적 상처가 클수록, 또 영적인 존재의 간섭으로 인한 증상일수록 약물치료 효과는 거의 없어지게 된다. 실제로 아무리 정신건강의학과를 오래 다니고 약물을 다른 걸로 처방 받아도 증세가 거의 호전되지 않는 경우를 자주 보았을 것이다. 이처럼 진단에 따라 처방과 치료가 달라지기 때문에 정확한 진단은 무엇보다 중요하다. 진단이 잘못되면 잘못된 처방으로 인해 시간과 비용 낭비를 초래하고 이후 각고의 노력들이 물거품이 될 수 있다.

영적 모델에 기초한 심리치료나 상담 시 널리 쓰이는 방법으로는 최면치료와 NLP가 있다. 최면치료는 정신의학 교과서에도 정식치료법으로 소개되어 있지만 이를 실제로 활용하는 정신과 의사나 상담심리사들은 많지 않다. NLP(Neuro-Linguistic Programming)는 우리말로 '신경언어프로그래밍'인데 비교적 최신 기법으로 심리치유 효과가 뛰어나 지지자들 사이에서는 각광받고 있는 상담기법이지만 역시 이를 활용하는 상담사들은 많지 않다.

본 장에서는 최면치료와 NLP 기법을 간략히 소개하고 이에 대한 다양한 치료 사례를 자세히 소개함으로써, 정서 · 행동장애 학생들의 심리상담을 위해 최면치료 및 NLP가 적극 도입되어야 할 당위성에 대해 밝히고자 한다.

3. 최면치료

1) 최면치료의 개관

최면치료는 정서·행동장애를 치료하기 위해 내담자를 최면 상태로 유도하여 암시를 통해 잠재의식에 내재된 원인을 제거하거나 변화시키는 치료방법으로서, 최면요법이라고도 한다. 최면치료는 WHO에서 인정한 정식 치료법이며 각종 정신의학 교과서에도 소개되어 있고 우리나라에서도 국가가 인정한 정식 치료법이다. 최면치료에 대해 자세히 설명하기에 앞서, 먼저 최면에 대한 이해와 원리에 대해 간단히 살펴볼 필요가 있다.

최면 상태란 '한 가지 생각이나 현상에 집중함으로서 피암시성9)이 증가된 상태'라고 할 수 있는데, 쉽게 말해 '주의가 한 곳에 집중되어 주변 상황에 대한 인식이 떨어지고 집중하고 있는 것에만 인식이 증가된 상태'를 말한다. 우리의 정신은 의식과 잠재의식(또는 무의식)10)으로 이루어져 있는데 이 중 의식은 10%밖에 안 되고 수면 아래에 가라앉아 있는 잠재의식이 90%를 차지한다. 최면은 간단히 말해, 의식을 잠시 접어두고 잠재의식과 직접 소통하는 상태라고 할 수 있다.

사실 이러한 최면 상태를 우리는 일상생활에서 자주 경험한다. 예를 들어, 드라마나 영화를 몰입해서 보느라 주변에 무슨 일이 일어나는지 모른다거나, 독서할 때 깊이 빠져서 보면 옆에서 뭐라고 말해도 안 들릴 때가 있는데 이러한 상태가 다 자연스러운 최면현상이다. 또한 친구와 깊은 대화에 집중하게 되면 주변 상황에 전혀 신경 쓰지 못하게 되는데 이러한

---

9) 무비판적인 잠재의식이 활성화되어 자극이나 암시에 민감하게 반응하고, 암시를 있는 그대로 받아들이는 경향성을 말한다.

10) 잠재의식이라는 용어는 18, 19세기에 유럽에서 널리 쓰였으나 프로이트가 무의식이라는 용어를 쓰면서 무의식이라는 용어가 훨씬 더 많이 쓰이게 되었다. 프로이트는 최면을 받아들인 초기에 잠재의식이라는 용어를 썼으나, 이후 최면에 흥미를 잃고 정신분석에 기초한 자신만의 이론을 정립하면서 잠재의식이라는 용어를 안 쓰고 무의식이라는 용어를 썼다. 보통은 '잠재의식＝무의식'으로 쓰이는 경향이 많으나, 무의식－잠재의식－표면의식으로 보기도 하며, 무의식과 잠재의식이 비슷하나 뉘앙스에서 미묘한 차이가 있다고 말하기도 한다. 프로이트는 무의식을 일반적 잠재의식을 지칭할 뿐만 아니라 어떤 동태적인 성격을 지닌 생각들까지 포함한다고 생각하였다.

상태들도 모두 최면 상태라고 할 수 있다, 최면 상태에서는 주변 상황에 대한 인식이 줄어들게 되므로 주위의 소음에도 아랑곳하지 않고 한 가지 상황에만 주의가 집중되어 피암시성이 증가하게 된다. 즉, 최면 상태에서는 의식적 긴장이 풀려 여러 가지 암시에 쉽게 반응하게 된다.

이러한 최면 상태를 이용한 최면치료는 원래 '모든 정신치료의 어머니'라 불리며 19세기 중반까지 유럽에서 성행하였다. 프로이트(Freud)도 초기에는 프랑스의 신경생리학자 샤르꼬(Charcot)로부터 최면을 배운 후에 히스테리 증상 및 실어증 등에 대해 최면연구 및 치료를 시행하였다. 하지만 그는 나중에 최면을 버리고 자신이 개발한 정신분석학을 위주로 하는 심리치료의 시대를 열었는데, 이것을 계기로 유럽에서의 최면은 빛을 잃게 되었다.

프로이트가 최면을 포기한 이유로는 여러 가지 설이 있으나 대체로 최면기법에 능숙하지 못해 최면유도에 실패했다거나, 최면유도에 성공해도 만족할만한 치료 효과를 보지 못했다거나, 최면현상 중 발생할 수 있는 돌발 상황에 대해 대처가 미숙했다는 점 등이 거론되고 있다. 프로이트의 정신분석학은 그 당시 심리학과 정신의학 분야에서 새로운 심리치료 시대를 열어가는 혁명적인 것으로 인식되어 심리치료 역사에 있어서는 선구자적 역할을 하였지만, 막상 최면치료의 역사에서는 쇠퇴기를 걷게 한 원인으로 작용하였다.

하지만 제1차 세계대전 후 전쟁 신경증 환자를 치료하는 데 유용한 도구로 활용되면서 최면치료는 다시 각광을 받게 되었다. 그리고 제2차 세계대전을 겪으며 최면치료의 놀라운 힘과 중요성을 깨달은 미국과 영국에서는 최면의학에 대한 관심이 다시 높아지면서 임상의학에서 최면치료를 활용하고 연구하기 위한 전문 학회들이 설립되기 시작하였다. 이후 현재까지 최면치료의 응용 분야도 점점 넓어져 현재 거의 모든 임상의학 분야에서 활용되고 있으며, 여러 나라의 의대와 치대, 심리학과의 교육과정에 포함되어 있다.

2) 최면치료에 대한 오해

최면치료가 그 효과에 비해 실제로 현장에서 많이 이용되지 못하는 이유는 최면에 대한 사람들의 오해와 선입견이 크게 작용하기 때문이라 생각한다. 거의 모든 사람들이 최면에 대해서 대충 알고 있음에도 제대로 된 인식보다는 단편적으로 일부만 알고 있는 경우가 많다.

최면현상은 오랜 역사에도 불구하고 사람들에게 신비스러운 영역으로 여겨져 왔다. 최면 상태에서 몸을 자유롭게 움직이지 못한다거나 몸이 뻣뻣하게 굳기도 하고 감각을 상실하며 시술자의 말에만 반응하는 모습들을 보면서 '최면은 위험한 것 아닌가'란 오해를 하기도 한다. 이것은 텔레비전 프로그램 등에서 최면을 단순히 대중의 흥미를 위한 오락거리로 많이 이용해 왔기 때문이다. 무대최면이나 순간최면을 통해 최면에 걸리면 마치 시술자의 말에만 반응하는 꼭두각시가 되는 것처럼 방송되다 보니, 대중은 흥미를 느끼기는 쉬워도 마치 이것이 최면의 전부인 양 오해를 하기 쉽다.

하지만 최면 상태에서 내 맘대로 몸을 움직일 수 없고 조종당하는 것처럼 보이는 것은 오해이다. 최면 상태가 언뜻 보기에는 살짝 잠이 든 것처럼 보이지만 표면의식은 평상시보다 더 명료해지고 각성된 상태가 된다. 수면 상태에서는 느린 뇌파가 나타나지만, 최면 상태에서는 비교적 빠른 뇌파인 알파파가 많이 나타난다. 텔레비전에서 보는 최면쇼에서 아무리 깊은 최면 상태에 들어가도 그 순간 시술자의 말에 따르고 말을 서로 주고받는 것은 의식이 또렷하게 깨어있기 때문이다. 따라서 최면은 아무리 깊게 걸려도 통제력을 잃는 경우는 없다. 아무리 깊은 최면에 들어가도 의식은 깨어 있으므로 대답하기 싫은 얘기는 감출 수 있고, 하기 싫은 행동은 안 할 수 있다.

최면 상태에서는 의식적 긴장이 풀려 시술자의 여러 가지 암시에 쉽게 반응하게 되지만 그렇다고 해서 위에 말한 것처럼 어떤 지시에 따르는 것이 아님을 알아야 한다. 최면치료자는 누구나 가지고 있는 집중력을 모아서 최면 상태로 유도하는 기술을 가지고 있을 뿐이지, 절대로 내담자를 마음대로 조종할 수 없다. 깊은 최면 상태에서도 의식은 활짝 깨어있기 때문에 평소 내담자의 가치관이나 윤리관에 어긋나는 지시는 거부하게 되고, 마음 속의 비밀도 말하기 싫으면 안 할 수 있다.

3) 최면요법이 아직 우리나라 학계에서 주류로 인정받지 못하는 이유

최면치료는 현대 의학으로는 치료가 어려운 난치병이나 심인성 질환에 효과를 나타내면서 대체의학의 한 분야로도 각광받고 있지만, 아직까지 우리나라에서는 주요 선진국들에 비해 최면치료에 대한 인식이 부족하고 학계에서도 주류로 인정받지 못하고 있다. 그 이유는 다음과 같다.

첫 번째는 의과대학 및 심리학, 특수교육 교육 과정에서 최면치료에 대한 과목이 없기 때문이다. 교육 과정에서 빙의 현상과 다중인격장애의 진단과 치료에 대해 제대로 배우지 못하기 때문에, 대다수의 정신과 의사들이 환자들을 조현병이나 우울증, 성격장애 등으로 진단해 부적절한 약물치료만 하는 경우가 대부분이다. 특수교육 전공에서도 상담이나 심리치료와 관련된 과목은 필수가 아니고 설령 관심이 있어서 찾아 듣는다고 해도 최면치료 관련된 과목은 존재하지 않는다. 즉, 제대로 배우지 못하기 때문에 제대로 된 진단과 상담이 이루어질 수 없고, 중증 장애일수록 만성으로 경과하는 경우가 많다.

둘째, 주류를 형성하고 있는 학자들 자신의 고정된 가치관과 초자연적 현상은 믿지 않으려고 하는 자세, 기존의 주류라 일컬어지는 학문체계의 신봉, 눈에 보이는 현상과 과학적으로 입증 가능한 것만 믿으려고 하는 유물론적 사고관 등이 최면치료와 같은 새로운 시도를 가로막는 요인들이다. 또한 이들은 보수적 가치관을 지니며 변화를 싫어하고 현실에 안주하며 새로운 시도를 하지 않으려 하기에, 이들이 의학계와 심리학계, 특수교육계를 주름잡으며 거대한 카르텔을 형성하고 있는 한 새로운 접근방법은 비집고 들어올 틈이 없다.

셋째, 각종 교과서에는 '최면치료의 사례가 부족하여 검증이 더 필요하다.'라고 기술되어 있는 것이 많지만, 이는 사실이 아니다. 실제 최면치료를 시행하는 의사들이 다른 병원에서는 몇 년간 차도가 전혀 없던 환자들을 완치시킨 사례가 많이 존재하지만, 기득권 세력이 지배하고 있는 주류 학계에서는 여전히 무시되다보니 발표 기회가 제한되고 교과서에도 제한적으로 실릴 수밖에 없다. 즉, 최면치료에 대한 사례가 부족한 것이 아니라 이를 시행하는 의사 수가 적은 것이고, 또한 최면치료에 대한 주류 학계의 비수용적 태도와 완고한 태도가 이를 인정하지 않고 배척한 결과, 주류 학계의 입장을 대변한다고 볼 수 있는 교과서에는 '최면치료의 사례가 부족하여 검증이 더 필요하다.'라고 실릴 수밖에 없는 것이다.

주류 학계의 입장을 대변하는 것이 교과서라고 한다면, 책에 소개되지 않으니 배울 수 없고 배우지 않으니 시행하는 의사 수가 적고 그렇다보니 사례 수가 절대적으로 부족한 것처럼 여겨진다. 여기에 기득권적 주류 세력의 보수적 가치관이 더해지면서, 최면치료가 주류 학계에서 인정받기가 힘들고 이에 따라 책에 소개되지 않는 악순환의 고리가 반복된다고 할 수 있다. 아무리 좋은 치료라고 하여도 사례 수가 적다면 일반화시키는 데 한계가 있겠지만, 최면치료는 실제 완치 사례가 많이 존재한다.

넷째는 정신과 의사들의 부족한 최면치료 경험을 꼽을 수 있다. 최면치료는 단순한 듯 하면서도 무척 복잡하다. 그렇기에 처음에는 의욕적으로 최면유도 기술을 배워 치료에 활용해 보려고 하던 정신과 의사들도 미숙한 상태에서 성급하게 덤비다가 실제 최면치료 과정이 기대했던 것보다 훨씬 어렵고 힘들다고 느끼며 자신감과 흥미를 모두 잃게 되는 경우가 많다고 한다. 프로이트가 그랬던 것처럼 말이다.

따라서 같은 최면치료를 시행해도 최면치료에 대한 이해와 의사의 적용 능력에 따라 그 치료적 효과는 다양하게 나타난다. 예를 들어, A와 B 두 병원 모두 최면치료를 시행하여도 A병원에서는 별 효과가 없거나 약간의 효과만 보았으나, B병원에서는 큰 효과를 본 사례들도 존재한다. 그러다보니 유명한 곳으로 몰리는 현상도 발생하고 있다.

최면치료를 포기한다고 하여도 먹고 살기에 부족함이 없는 대부분의 정신과 의사들은 굳이 또 힘들게 시행하려고 하지 않을 것이다. 이것은 비단 의사들뿐 아니라 주류를 형성하고 있는 모든 상담학자와 교육자에게도 해당하는 문제이다. 하지만 어떤 기술이든 숙달되려면 충분한 시간과 열정을 투자해야 하듯 여러 유형의 환자에게 적절하고 익숙하게 최면기법을 사용할 수 있으려면 많은 시간과 노력이 투자되어야 한다.

다섯째는 통합학문 추세에 비추어 의학과 심리학, 의학과 특수교육, 현대 과학과 의학, 현대과학과 특수교육 등 통합 학문적 관점에서 바라보는 시도와 노력이 부족했기 때문이다. 양자론 등 현대과학에서 새롭게 발견된 사실들이 아직 특수교육에 전혀 반영되지 못하고 있다. 모든 학문의 통합적 결합을 시도하는 자아초월 심리학, 자아초월 정신의학이 태동한지 아직 50년 정도에 불과하지만 이를 토대로 한 인간 정신의 새로운 이해와 치료 성과가 곳곳에서 보고되고 있다. 자아초월 심리학과 자아초월 심리학을 기반으로 하는 정신의학이 기존 심리학과 의학의 한계를 뛰어넘어 모든 학문을 통합적 관점에서 바라보고 인간을 이해하고자 하는 의미에서 태동하였듯이, 특수교육과 상담도 마찬가지로 다른 학문 영역에서의 새로운 발견들을 받아들이고 근본적 의미를 탐색하여야 한다.

4) 일반적인 최면치료의 사례

인간은 영적인 존재임을 인정하고 이러한 영적인 측면을 다룰 때 가장 강력한 치료 수단이 최면치료이다. 최면치료는 내담자를 잠재의식이 활성화되는 최면 상태로 유도한 뒤 심리상담, 인지행동, 정신분석 등의 치료기법을 이용하여 내담자의 증상을 개선하는 치료법이다.

최면치료는 겉으로 드러나는 증상의 완화뿐 아니라 병의 원인에 대한 직접적인 접근을 통해 치료 효과를 높이고 재발률을 줄인다. 비유하자면 인지행동중재나 여타 심리치료가 증상을 완화시키는 약물치료와 같다면, 최면치료는 아픈 부위를 직접 도려낸다는 점에서 외과 수술적인 측면이 강하다. 또한 심상(心想)을 이용해 몸이 건강한 에너지로 가득 찬다는 구체적 상상을 함으로써 정서·행동장애의 재발을 획기적으로 막을 수 있다.

일반적인 최면치료가 어떤 방법으로 이루어지는지 간단한 사례를 통해 살펴보도록 한다. 다음은 최면치료의 과정이 잘 나타난 사례들이다. 먼저 한겨레신문의 남은주 기자가 직접 체험한 최면치료의 사례이다.

사례 01 **사례 01 한겨레 남은주 기자 최면치료 사례**

"아버지가 집에 돌아오지 않아요." 쉴 새 없이 눈물이 흘러내렸다. 동시에 머릿속이 복잡해졌다. 취재원 앞에서 이게 웬 추태인가. 30년도 더 지난 일을 두고 나는 왜 이제 와서 울고불고하는가. 발끝은 어떻게든 현재를 버티려는데 의사는 자꾸 나를 아버지를 막 잃었던 6살, 그때의 어린아이에게로 데려갔다.

"죽음이 뭔지 알아요? 그 아이가 이해합니까? 그 아이는 어디로 가고 있나요?" 오랫동안 잊고 있던 광경이 떠올랐다. 장례식 도중 너무 울어서 작은어머니가 어린 나를 끌어안고 어디론가 데려갔다. 그때의 막막함과 공포, 불안이 이제 아버지의 나이에 가까워지는 나를 덮쳤다. "그 아이의 마음은 어떤가요? 어떻게 견뎌내나요?" 의사의 질문은 가차 없었다. 도망칠 곳이 없었다. 털어놓는 수밖에. "무서웠어요. 엄마도 어디론가 갈까봐 무서웠어요." 그리고, "부끄러웠어요. 사람들이 모두 우리를 불쌍하게 생각해요."

이곳은 신경정신과 의사 김영우 박사의 최면실이다. 최면에 걸리면 이런저런 계산이 없을 줄 알았다. 깜빡이는 촛불을 바라보다 무의식 상태에서 지껄이게 될 줄 알았다. 그러나 눈을 뜰 수 없을 뿐 의식은 또렷했다. 내가 다른 사람과 나누고 싶지 않았던 응축된 감정과 기억을 자꾸 말하게 된다는 것 빼고는. 애초 어떤 종류의 신비한 체험을 기대했던 나는 자꾸만 이곳에서 나가고 싶어진다.

최면에 들어가기 전 김영우 박사와 간단한 실험을 해 봤다. 김 박사는 "눈을 감아 보라."고 주문하더니 이렇게 말했다. "마음속으로 '눈꺼풀이 붙었어, 서로 떨어지지 않아'라고 생각합니다. 이제 눈을 뜨려고 해봐요." 갑자기 살아난 무의식은 힘이 셌다. 눈을 뜰 수가 없었다. 김영우 박사는 이를 '무의식 1%의 힘'이라고 불렀다. 무의식에 51%의 지배력만 허락한다면 의식은 물론 우리 육체까지 통제한다는 것이다.

의사의 주문이 계속된다. "그 아이가 자라며 상처가 됐던 또 다른 기억이 나올 거예요. 이제 무슨 일이 생각나나 보세요."

"오빠도 집에 돌아오지 않아요." 이번엔 나도 놀랐다. 1986년 무렵의 일이었을 것이다. 수배 중인 두 오빠는 나란히 집에 들어오지 않았고 경찰들이 들이닥쳤다. 빨치산으로 사라진 큰아버지 귀신이 씌었다는 집안 어른들의 말이 무성했다.

"그 아이는 무엇을 했어요?" 돌이켜보면 아이에게 기독교적 신비 체험이 시작된 것도 그 무렵이었다. "아무도 없어요. 엄마는 저만 보면 울어요. 저는 어쩔 줄을 몰라요." 장했던 어머니는 자식을 둘이나 잘못 키운 무능한 실패자로 전락했고, 엄마와 자식들 간의 끈질긴 불화가 시작되었다. 이제 나는 왜 내가 자다 말고 아이의 코에 귀를 대보는지, 질긴 가족 관계를 끊을 궁리만 하는지, 늘 어떤 종류의 신념에 매달려야 하는지 알 것 같았다. 최면으로 내가 마주친 것은 전생도 다른 인격도 아닌 가족 상실이라는 오래된 공포였다.

"이제 6살짜리 꼬마한테 갑니다. 그때의 막막한 현실로 갑니다." 의사는 다시 나를 6살의 자신에게로 데려간다. "그때의 자신에게 환하고 밝고 건강한 기운을 보내세요. 그 아이의 몸속이 깨끗하고 밝아지며 편안해지는 것을 상상합니다. 내가 그 아이를 보호하고 괴로움을 달래세요."

난처하기 이를 데 없는 주문이다. 일과 가족관계에 대한 부담이 얽혀서 긴장과 피로와 분노를 구분하지 못할 만큼 지쳐 있는 나는 한 달쯤 전부터 분석적 상담치료를 받아왔다. 자신을 달랠 방법을 안다면 상담을 받을 리 없지 않은가. 자유연상법으로 진행되는 정신분석에서 내담자는 떠오르는 장면을 이야기하고 그 이야기 속에서 의미를 찾아내는 경험을 한다. 이때의 대화가 평이하거나 논리적이라면, 최면에서는 논리가 개입할 틈을 주지 않는다.

김영우 박사는 이렇게 설명했다. "누구나 약하고 아팠던 기억을 끄집어내는 것을 싫어한다. 의식과 이성의 저항이라는 두 개의 벽을 넘는 것은 정신치료의 공통 목표지만, 최면은 환자의 많은 말과 저항과 자기 합리화를 듣는 대신 무의식으로 바로 접근하는 방법이다. 이 치료에는 시간과 공간의 구별이 없다. 타임머신을 타고 돌아가 그때의 어린아이의 정서와 느낌에 지금의 자신이 직접 접속한다." 환자가 과거에 '접속'했을 때, 최면시술자는 현재의 내가 과거의 자신에게 좋은 기운을 전달하는 장면을 상상하도록 계속 유도한다.

관계 상실로 인한 트라우마는 정신분석에서도 주요하게 다루는 주제다. 아버지가 돌아가셨을 때 6살이던 내가, 내 딸이 6살이 되고 아버지가 돌아가신 10월에 상담을 시작한 것은 우연이었을까. 적어도 6살 딸이 없었더라면 최면에서 마주친 6살의 자신을 달래기는 어려웠을 것이다.

정신분석에서 많은 사람들이 자기 안의 울고 있는 어린아이를 발견한다. 그 아이를 달래고 사랑하게 되며 치료를 끝맺는 이가 많다. 내 기억 속 6살의 온도는 한결 올라갔다. 김 박사는 "최면은 혼자서도 할 수 있고 시시때때로 할 수 있다. 앞으로도 계속 그때의 아이와 엄마에게 건강한 에너지를 보내기를 시도해 보라."며 최면을 마쳤다.

다음은 용인정신병원 이정식 박사의 우울증 환자에 대한 최면치료 사례이다.

사례 02　　**용인정신병원 이정식 박사 최면치료 사례**

20세 여자분은 항상 우울하여 최근에 어떤 즐거운 느낌을 가져 보지 못했다고 하소연하였습니다. 그녀는 자신을 과소평가하였고 자신감이 없었으며 매사에 의욕이 없어 사람들과의 접촉을 피하고 주로 집안에서 지냈습니다.

최면 상태에서 과거의 즐거운 기억을 상상해 보도록 하였는데, 그녀는 초등학교 때 우등상을 타는 장면을 경험하면서 즐거운 느낌을 생생하게 느낄 수 있었습니다. 치료자는 이런 경험들을 통해 환자에게 자신의 마음 속에는 즐거워 할 수 있는 능력이 있다는 것을 상기시켜 주었습니다.

그리고 이 여자분은 자신에 대해 지나치게 인색하여 과소평가를 하였습니다. 그래서 최면 상태에서 '이야기 기법(story telling)'을 사용하였습니다. 즉, 최면 상태를 유도한 후 "세상에서 가장 중요한 역사적 사건이 무엇이라고 생각하니?"라고 친구한테 물어보았는데 그 친구가 "내가 이 세상에 태어난 것이 가장 중요한 역사적 사건이지."라고 대답했다는 이야기를 들려주었습니다. 그리고 그녀 자신의 유일성, 중요성에 대해 간접적인 암시를 함으로써 자존감을 높이도록 하였습니다.

또한 그녀의 기대치가 항상 자신이 할 수 있는 것보다 높아서 반복되는 좌절과 실패를 경험하면서 자신감이 없어진 것으로 보여, 자기 자신에 대한 현실적인 기대를 가지도록 하여 성공하고 성취하는 경험을 하면서 즐거움을 느낄 수 있다는 암시를 하였습니다.

뿐만 아니라 당면한 문제를 너무 크고 어렵다고 과대평가함으로써 자신이 적절한 대처를 할 수 없다고 생각하고 있었습니다. 그래서 최면 상태에서 자신의 몸과 마음은 성장하고 문제는 상대적으로 작아지는 암시를 하여 문제를 손쉽게 다루는 긍정적인 경험을 하게 하였습니다. 마지막으로 최면 상태에서 푸른 안경을 쓰고 세상을 보도록 한 후 안경을 벗어던지고 다시 세상을 보게 함으로써 우울한 안경을 벗으면 세상이 다시 밝게 보일 것이라고 암시를 하였습니다.

최면 상태에서 이러한 인지치료적 접근을 한 후 그녀는 많이 편해져서 친구들도 만나고, 종교 활동도 하면서 대학입시를 준비할 수 있게 되었습니다.

프로이트의 영향을 받은 전통적 정신치료는 의식이 깨어있는 상태에서 의사소통이 이루어지므로 자신이 드러내기 싫은 치부나 감추고 싶은 이야기는 말하지 않음으로써 치료의 한계가 명확히 존재한다. 깨어있는 표면의식은 잠재의식에 깊게 감춰져있는 내면의 상처, 해소되지 못한 욕구 등에 접속하는 것을 방해하기 때문에, 정신분석적 치료로는 정서·행동장애 학생의 내재된 문제의 근본 원인을 알아낼 수 없다.

하지만 의식의 통제가 느슨해진 최면 상태에서는 변화된 의식의 자유로운 확장성과 민감성으로 정서·행동장애 학생 내면에 직접 깊이 파고들 수 있다. 또한 증상과 문제의 원인이 되는 중요한 기억과 상처들에 쉽게 접근하고 해결해갈 수 있어 스스로의 통찰을 통해 강력하고 빠른 치료 성과를 얻을 수 있다.

5) 자아초월 최면치료

최면을 이용한 각종 질병 치료의 사례 보고들이 세계적으로 매년 늘어가고 있지만, 과학은 아직 최면현상이 무엇인지 정확하게 설명하지 못한다. 각종 심리적·신체적 증상의 치료 과정에서 여전히 신비스럽게 여겨지는 것이 최면치료인데, 이것 역시 자아초월 심리학 및 양자물리학 관점에서 이해할 수 있다.

기존의 최면치료 기법에서 자아초월 심리학의 발달된 관점을 받아들여 단순한 장애의 치료뿐 아니라, 인간 의식의 우주적인 면을 다룸으로써 삶의 인식을 넓히고 삶의 근원적 의미를 탐색하게 하는 것을 '자아초월 최면치료'라고 한다. 기존의 최면치료가 건강한 정신을 회복하고 자아를 강화하는 데 초점을 둔다면, 자아초월 최면치료는 정서·행동장애인으로 하여금 과거, 현재, 미래를 관통하여 우주적 존재로서 무한한 통찰력을 지니게 하는 수단이 된다.

자아초월(초개아적) 최면치료

- 일반적인 최면기법들과 달리 자아초월(초개아적) 관점과 테크닉들을 사용하는 최면치료
- 통합 학문적 관점에서 전생퇴행, 귀신들림, 신비체험 등을 인정하고, 현대 물리학 이론들을 치료에 적용
- 예를 들면, 미래 진행이나 전생퇴행, 신비체험이나 영적인 현상에 대한 접근, 우주적 관점에서 바라보기 등을 기존의 최면기법들과 같이 사용함으로써 환자의 의식의 성장을 목적으로 함(중요한 것은 전생, 신비체험의 존재를 인정하자는 말이 아니라 **치료기법으로서의 전생 및 신비체험을 인정**하자는 것임)

표 **자아초월 최면치료에서 사용되는 구체적인 기법들**

전생요법	정서적·행동적 문제의 원인이 과거 다른 생애 속에 있을 경우 그 원인이 된 기억을 찾아냄으로써 문제를 해결하는 방법
빙의치료	정신적·신체적 고통의 원인이 영적인 영향(간섭)에 의한 경우 이들 존재의 논리와 힘을 무력화시키는 작업
내면의 안내자를 이용하는 기법	최면 상태에서 나타나는 일종의 수호신(영혼의 안내자)을 이용하는 기법. 또는 내가 어디로 가야 할지를 알려주는 직감을 따라감
타인의 인식과 생각을 통찰하는 기법	최면 상태에서 본인의 관점에서 벗어나 다른 사람의 의식 속으로 들어가 그 당시 그 사람의 인식과 생각을 알고 깨닫는 작업. 자신의 편협한 생각에서 벗어나 다른 사람의 입장에서 세상을 이해하고 통찰하게 됨
'또 다른 자아'(이중 자아)'와 대화 기법	본래 나의 모습과 다른 또 다른 자신이 있다고 믿는 것. 다중 인격장애에서 보이는 또 다른 인격체도 이에 해당하며 본래 인격체와 건전한 통합을 하는 것이 목적
신체 언어에 주의를 기울임	"만약 당신의 손이 지금 이 순간 말을 할 수 있다면, 무엇이라고 말할까요?", 어깨가 아프다고 한 내담자에게 "어깨에 집중해 보세요. 어깨의 통증에 집중하고 그 느낌을 말해 보세요. 어깨가 뭐라고 얘기하는지 말해 보세요." 등으로 신체 부분과의 대화하는 기법
초자아와의 대화 기법	자아가 현실의 원리에 의해서 지배됨에 반하여 초자아는 도덕의 원리에 의해서 지배됨. 따라서 최면 상태에서의 초자아는 자기를 객관적으로 냉철하게 관찰하고 평가하며, 스스로의 잘못을 깨닫고 다양한 고통스런 정서로 이끌기도 하지만 칭찬과 보상을 통해 자존감을 높여주기도 함

자아초월 최면치료에서는 최면 상태 즉, 잠재의식이 활성화된 상태에서는 의식이 확장되어 양자론의 영점장에서 말하는 전 우주의 모든 정보에 접속할 수 있고 서로 교류함으로써 한 차원 높은 삶의 지혜를 깨달을 수 있다고 본다. 김영우 원장은 자아초월 심리학에 기반한 자아초월 최면치료에 대해 다음과 같이 말하였다.

> 몸과 마음을 이루는 모든 요소들은 양자 차원에서부터 우주 공간의 다양한 파동 및 에너지장과 통일된 공명을 이룰 수 있으며, 홀로그램 방식으로 우주 공간 전체에 퍼져 비국소적으로 저장된 모든 정보(아카식 레코드, 정보장 이론)에 접근해 일상적 의식 수준에서는 이해하거나 풀 수 없는 여러 문제와 증상의 원인을 이해하고 해결할 수 있다.
> 이것은 마치 오감(五感)이라는 육체적 감각의 좁은 창문을 통해서만 세상을 경험하다가, 모든 장애물이 사라져 몸과 마음을 포함한 우주의 전 영역으로 감각과 인식이 확대된 것으로 비유할 수 있다. 이 상태에서의 정보 교류 방식은 양자 차원에서처럼 순간적이면서도 전체적이기 때문에 그 힘이 아주 강렬해 우리 내면에 깊이 각인되며, 즉시 큰 영향력을 발휘한다.

최면 상태에서 잠재의식은 신체 나이와 관계없이 우주적 차원에서 과거, 현재, 미래를 넘나들며 누가 가르쳐주지 않아도 인생의 목적, 삶의 의미를 순간적으로 깨닫는 경우가 많다. 따라서 자아초월 최면치료는 주로 부정적 정서 제거를 위한 암시를 이용하는 일반적 최면치료보다도 더 큰 효과를 발휘하며 정서·행동장애 학생들의 문제해결에도 큰 도움이 된다.

4. NLP

1) NLP의 개관

NLP(Neuro-Linguistic Programming, 신경 언어 프로그래밍)는 1970년대 중

반 미국에서 당대 최고의 심리치료가들의 이론 및 기법들을 통합하여 그들의 언어 패턴과 행동 양식들을 모방함으로써 나름의 독창성을 가지고 창시된 기법이다. 구체적으로는 버지니어 새티어(Virginia Satir)의 가족치료, 프리츠 펄스(Fritz Perls)의 게슈탈트 치료, 정신과 의사인 밀턴 에릭슨(Milton Erickson)의 최면치료가 NLP 탄생에 직접적인 영향을 주었다. 초창기 NLP는 이 세 가지 기법을 모방하는 데서 시작되었으며 이것들을 언어학적으로 체계화시키고 구체적으로 기법화시켰다.

NLP는 인간의 뇌가 컴퓨터 프로그램과 같은 원리로 작동한다고 가정한다. 즉, 인간의 뇌를 마치 컴퓨터처럼 프로그래밍해서 생각과 사고를 변화시킨다는 것이 NLP의 기본 원리이다. NLP는 사람의 마음을 일종의 컴퓨터처럼 생각하고, 컴퓨터 공학자처럼 감정들을 조작함으로써 생각하는 대로 말하고 행동할 수 있다는 이론을 활용한 상담 기법이다. 과학적으로는 뇌 속에 신경회로가 있는데 이 기억된 신경회로를 바꿔주면 감정이 바뀌고 감정이 바뀌면 행동이 바뀌는 원리를 이용한다.

예를 들면, 컴퓨터의 모니터(하드웨어)는 컴퓨터 안에 내재된 프로그램(소프트웨어)을 그대로 보여주는 수단에 불과하다. 컴퓨터에 내장된 프로그램의 종류에 따라 그대로 그 내용이 모니터에 인출되듯이, 인간이 밖으로 표출하는 부정적 정서와 행동은 그 사람의 마음 속에 내장된 '부정적 감정'이라는 프로그램이 그대로 밖으로 실행되는(드러나는) 것이라 할 수 있다. 따라서 인간의 마음(잠재의식)에 저장된 부정적 정서를 포맷하여 긍정적 정서로 프로그램화시키면, 이는 그대로 의식으로 표출되어 긍정적 의식과 행동으로 나타나게 할 수 있다.

NLP는 이러한 관점에 기초하여, 구체적 상상을 통해 우울, 불안, 분노, 강박 등 부정적 정서로부터 자신을 '분리'시키고, 긍정적 경험과 생각을 자신의 잠재의식에 '연합'시킴으로써 부정적 정서를 해소하고 긍정적 정서를 몸에 배게 하여 밖으로 드러나게 하는 원리를 이용한다. 여기서 '분리'는 부정적 정서라는 프로그램을 포맷하는 것에 해당하고, '연합'은 긍정적 정서라는 프로그램을 '잠재의식'이라는 소프트웨어에 입력시키는 것에 해당한다.

NLP는 다른 심리치료 이론들과는 다르게 처음부터 정통 심리학자에 의해서 만들어진 것이 아니고, 학문적 차원에서 시작된 것도 아니다. 원래는 자기개발이나 커뮤니케이션 기법 차원에서 개발되었으나 그 효과가 매우 탁월하고 심리치료 효과까지 컸기에 널리 호응을 받으면서 심리치료 및 상담기법으로도 각광받게 되었다. 1990년대부터 우리나라에도 도입되어 상담 및 심리치료, 코칭, 컨설팅, 마케팅 등 다양한 분야에서 적용되고 있다.

2) 최면치료와 NLP

NLP는 그 당시 가장 각광받던 심리치료 이론들인 가족치료, 게슈탈트치료, 에릭슨 최면치료의 영향을 받았지만, 그중에서도 에릭슨 최면의 영향을 크게 받아 최면치료와 NLP는 공통점이 많고 절대 떼어질 수 없는 불가분의 관계에 있다. 에릭슨 최면은 정통적인 최면방식과 다르게 대화 중에 내담자로 하여금 스스로 최면 상태로 들어가게 하는 독특한 방식이다.

정통적 최면은 우리가 흔히 봐온 것처럼 시술자의 일방적인 지시로 이루어지는 반면, 에릭슨 최면은 대화형 최면으로 상대방의 분석과 비판을 우회하고 선택을 주어서 긴장을 완화시키고 부정적 반응이 나와도 그걸 활용해서 상대방의 마음을 열게 한다. NLP에는 이러한 에릭슨 최면의 원리가 깊이 용해되어 있다.[11]

일반적인 최면치료와 NLP의 가장 큰 공통점은 인간의 무의식 또는 잠재의식을 다룬다는 점이다. 최면치료와 NLP는 모두 인간의 잠재의식에 기초하여 감정과 행동 변화를 이끌어낸다는 점에서 공통점이 많다. 생각이 의식이라면 마음은 잠재의식이다. 우울함을 느끼는 사람이 의식적으로 아무리 긍정적으로 생각하려고 노력해도 잘 안 되는 이유는 잠재의식이

---

11) 에릭슨 최면에 관한 자세한 내용은 <NLP 심리치료 및 상담(교육과학사, 2020)>을 참조하기 바란다.

저항하고 있기 때문이다. 그렇지만 잠재의식이라 할 수 있는 마음의 상태를 긍정적으로 바꾸면 의식은 저절로 긍정적으로 바뀌고 행동 또한 자동적으로 바뀐다. 그러므로 중요한 것은 문제의 근본적인 원인이 되는 마음의 작용을 바꾸는 것인데, 최면치료와 NLP 모두 잠재의식적 차원에서 근본적인 감정의 변화를 이끌어내기에 서로 같고 치료 효과가 탁월하다.

어느 한 대상이나 상황에 집중하여 심신이 이완된 상태를 심리학에서는 트랜스(trance)라고 하는데, 최면치료나 NLP 모두 이 트랜스 상태로 유도하여 구체적인 치료에 들어간다. 어느 한 대상이나 상황에 고도로 몰입하게 되면 잠과 깨어있는 상태의 중간에 해당하는 반(半)의식 상태가 되는데, 이 변형된 의식 상태가 바로 트랜스 상태이다.

앞에서 우리가 일상생활에서 경험하는 최면 상태로 독서나 TV시청, 영화감상 등에 깊게 빠져서 주위의 상황에 무감각해지는 것을 예로 들었는데, 이러한 얕은 최면 상태가 바로 트랜스 상태이다. 트랜스 상태에서는 주의가 한 곳에 집중되기 때문에 시간의 경과와 주변 상황을 인식하지 못하며 잠재의식과 접속될 수 있는 특별한 상태가 된다. 의식이 변형된 상태인 트랜스 상태에서 치료가 이루어진다는 점에서 NLP와 최면치료는 차이가 없다.

NLP가 최면치료와 다른 점이라면 최면치료는 증상의 원인인 '왜'를 중요하게 여기지만, NLP는 방법, 즉 '어떻게'를 중요시 여긴다. 최면치료에서는 증상의 원인이 된 요소들을 찾고 이 요인들을 제거하는 것이 일차적인 목표지만, NLP는 증상의 원인이 무엇이든 간에 상관없이 '어떻게' 치료할 것인가 방법을 중요시여긴다. 따라서 NLP는 정서·행동장애의 원인이 전생에서 기인했든, 빙의에 의해서든, 과거 기억하지 못한 상처에서 기인했든 상관없이, 행복한 정서를 잠재의식에 프로그래밍 함으로써 건강한 심신을 회복할 수 있게 해 준다.

두 번째 차이점은 트랜스 상태로 들어가기 위해 일반적인 최면유도 시에는 시간이 많이 소요되지만, NLP는 간단한 신체 이완 과정과 심상화 과정을 통해 비교적 단시간 내에 들어간다는 점이다. 최면치료에서는 최면유도를 위해 긴 시간이 소요되나, NLP에서는 편안한 상태에서 몸의 힘을 뺀 후 심호흡을 하고 몸을 최대한 이완시키는 절차 정도로 몽롱한 상태인 트랜스 상태에 들어가게 한다. 특히 어른보다도 감수성이 예민하고 감정이 풍부한 학생들은 이러한 단순한 절차만으로도 쉽게 트랜스 상태에 들어갈 수 있다. 만약 심호흡과 신체 이완만으로 트랜스 상태에 들어가지 않는다면 기분 좋고 편안한 상황에 대한 구체적 심상화(상상) 과정을 추가하여 트랜스 상태로 유도한다.

한편, NLP의 장점은 최면치료에 비해 시간과 비용을 단축할 수 있다는 점이다. 최면치료는 엄연히 국제적으로 공인된 치료법이지만 아직까지 일반 사람들은 최면과 최면치료에 대해 오해를 갖고 있는 경우가 많다. 이것은 앞에서도 말했듯이 여러 대중매체에서 최면치료의 본질과 역사에 대해 알리는 대신, 최면현상의 신비성만을 부각하여 최면을 오락화하여 다뤘기 때문이다. 최면치료가 활성화되지 못한 또 다른 중요한 이유는 치료비가 1회에 보통 15~30만 원으로 비싸고, 치료자 입장에서도 한 번 시행하는 데 50~80분의 시간이 걸려 시간과 비용 측면에서 모두 일반화되기 어려운 측면이 있다.

하지만 NLP는 역사가 짧아 사람들이 이에 대해 잘 모르는 경우가 많고 최면치료처럼 최면유도에 시간이 오래 걸리는 것도 아니며, 비용도 최면치료에 비하면 저렴하다. 또한 다른 심리치료에 비해 짧은 시간 안에 큰 효과를 볼 수 있기 때문에 치료 효율이 뛰어나고 사람들에게 거부감이 훨씬 적다.

사실 가장 좋은 케이스는 최면 상태에서 정서·행동장애 학생에게 NLP 기법들이 적용되는 것이 최상의 효과를 거둘 수 있기에 가장 좋겠지만, 굳이 깊은 최면에 들어가지 않더라도 정서·행동장애 학생이 지시에 따라 집중(몰입)만 잘한다면 똑같이 트랜스 상태에 들어갈 수 있어 큰 치료 성과를 볼 수 있다. 전생퇴행을 통한 치료 같은 경우 깊은 최면유도가 필요하지만, 일반적인 각종 정신 질환의 치료는 '얕은 최면(트랜스)' 상태에서도 가능하다고 보고되고 있다.

NLP에서의 트랜스란 거창한 것이 아니라 단순히 어느 한 대상이나 상황에 몰입한 상태이기 때문에 주의집중 훈련과 구체적으로 상상을 하는 연습을 통해 누구나 트랜스 상태에 들어갈 수 있고, 바로 그때 내가 원하는 상상을 통해 내가 바라는 정서와 모습을 성취할 수 있다.

3) NLP의 양자론적 이해

NLP의 치료 원리는 '내가 상상하는 대로 그대로 이루어진다.', '내가 상상하는 것이 곧 실재가 된다.'라는 믿음에 기초한다. 양자물리학에 의하면 집중력을 발휘하여 상상에 깊이 몰입할수록 상상을 실체화하는 것이 가능하다고 하였다. NLP는 잠재의식이 활성화된 상태에서 구체적 상상을 통해 내가 바라는 변화, 심리상태를 이끌어 내기에 생각을 실체화한다는 양자론의 원리와 일맥상통한다.

양자론에 의하면 내가 하는 생각이나 상상은 구체화할수록 단순한 관념에 그치는 것이 아니라 파동 에너지를 통해 바로 눈앞에 보이는 실체와 같으며, 의식이나 의도가 실제 현실에 영향을 미칠 수 있는 일종의 에너지로 작용함을 보여준다. NLP 또한 단순한 상상이 아니라 구체적 상상이 모아져서 거대한 파동의 에너지체를 만들어내고 이를 통해 심리적 변화를 이끌어낸다는 점에서 양자론의 원리와 같다.

양자론에 따르면 모든 만물은 입자이면서 동시에 파동의 형태로 존재한다. 우리의 생각이나 상상도 마찬가지다. 또한 만물은 모두 서로 연결되어 있으며, 관찰자효과에 따라 우리의 생각과 의도대로 실체화가 이루어진다. 우리가 하는 생각, 상상, 기도 등 보이지 않는 관념도 파동 에너지 형태로 전 우주에 즉각 퍼져 동시에 존재하며, 우리가 생각을 집중해서 할수록 물질세계에 영향을 미쳐 그대로 이루어지게 된다. 따라서 NLP의 치료 원리인 '내가 믿는 그대로 현실이 된다.'는 더 이상 허무맹랑한 소리가 아닌, 과학적 논리에 기반한 진실이라고 보아야 한다. 그리고 이는 수많은 NLP 치료 사례들로도 증명된다.

4) NLP를 이용한 주요 상담기법[12]

NLP는 사람의 뇌가 현실과 상상을 구분하지 못한다는 원리를 이용하여, 구체적 상상을 통해 부정적 정서를 제거하고 긍정적 정서를 마음에 각인시킨다. 우리 뇌는 착각의 덩어리로 어떤 상황에 깊게 몰입하면 그것을 실재라고 믿는다. 예를 들어, 마음 속에 레몬을 떠올리고 이를 잘라서 입에 댄다고 집중해서 생각하면 저절로 신맛이 느껴지고 침이 고이게 된다. 실제 레몬이 없어도 레몬을 먹는다고 실감나게 생각하면 입에 침이 고이게 되는 것이다. 이처럼 우리 뇌는 상상과 실제를 구분하지 못한다.

NLP의 핵심 원리 중 하나는 바로 이러한 실감나는 상상을 통해 우울, 불안, 분노, 강박 등 부정적 정서로부터 자신을 '분리'시키고, 다시 과거의 기분 좋았던 행복한 경험에 대한 구체적 회상을 함으로써 긍정적 정서를 몸에 '연합'하는 데에 있다. 우리가 부정적 상황으로부터 쉽게 벗어나는 방법은 우선 그 상황에서 탈출하는 것이다. 실제로 화가 나고 우울한 상황이 발생할 때 그 감정으로부터 벗어날 수 있는 한 가지 방법은 재빠르게 뛰어서 그 장소에서 벗어나는 것이다. 뛰어서 이동할수록 우리 뇌는 적극적으로 그 상황을 피한다고 인식하기에 실제로 부정적 감정이 상당히 완화됨을 경험할 수 있다. 그리고 객관적으로 자신을 돌아볼 수 있게 된다.

이탈리아 심리학자들이 이런 실험을 한 적이 있다. 공원에서 평범한 한 남자가 여자들에게 다가가 전화번호를 알려달라고 묻는 실험이었다. 날씨가 좋은 날과 나쁜 날로 나눠 실험하였는데, 날씨가 아주 맑고 화창한 날에 전화번호를 알려달라고 했을 때는 약 40%의 여자들이 전화번호를 알려주었지만, 잔뜩 흐리고 바람 부는 날에는 15% 정도만 전화번호를 알려주었다고 한다. 이것은 날씨가 기분에 영향을 끼쳤기 때문이다. 하지만 날씨가 아주 좋은 날에도 남자가 전화번호를 묻기 전에, "오늘 날씨가 참

---

12) <NLP 심리치료 및 상담>에서 일부 발췌하여 재구성하였다. 더 자세한 내용은 이 책을 참조하기 바란다.

좋네요." 또는 "오늘 날씨가 참 좋죠?"라고 말하며 전화번호를 물어보았을 때는 흐린 날 물어보았을 때와 비슷하게 15% 정도만 전화번호를 알려주었다고 한다. 이것은 자신이 기분 좋거나 나쁜 이유가 날씨 때문임을 자각하고 다음 행동(전화번호를 알려주는 행동)에 영향을 주지 않게 되기 때문이다.

이처럼 사람의 감정은 쉽게 다음 행동으로 전이가 되고, 그 감정에 계속 빠져있게 되는 경우가 많다. 우울한 감정은 계속 우울한 생각을 불러일으키고 아무리 긍정적으로 생각하려고 마음먹어도 우울한 감정에서 확실하게 '분리'가 되지 않으면 계속 우울한 생각을 하기 쉽다. 감정과 행동을 분리시켜 경계를 만들어야 하는데, 의식적으로는 계속 부정적 정서를 분리시키려고 해도 의식적으로 생각만 하여서는 쉽게 분리되지 못하고 '내가 의지력이 약한가?, 왜 뜻대로 안 되지?'라고 오히려 자책하는 경우가 생긴다.

따라서 부정적 정서나 제한적 신념에 빠져있을 때 이를 벗어날 수 있는 가장 좋은 방법은 이러한 부정적 감정과 신념에서 재빨리 멀어지는, 즉 '분리'되는 것이다. 실제로 몸이 직접 탈출하는 것이 좋지만, 몸이 탈출할 수 없는 상황에서는 이러한 부정적 정서와 신념으로부터 멀어진다는 구체적 상상을 통해 분리되는 방법을 이용한다. 뇌는 실제와 상상을 구별하지 못하기에 실감나게 몰입하여 상상을 하면 그것을 실제로 받아들이게 된다.

NLP는 바로 이러한 원리를 이용한 구체적 상상을 통해 부정적 정서로부터 자신을 '분리'시키고 긍정적 정서에 자신을 '연합'시킴으로써 부정적 정서로부터 벗어나 언제나 행복한 마음을 가질 수 있게 해준다. NLP는 대상과 주변 환경을 바라보는 마음의 관점을 근본적으로 바꿔주기에 효과가 뛰어나고 오래 지속된다.

다음은 NLP에서 쓰이는 대표적인 상담기법들이다.

가. 앵커링(anchoring)

앵커링(anchoring)이란 과거 아주 행복했던 기억이 쉽게 떠올려질 수 있도록 몸에 어떠한 신호를 설정해서 그 신호를 설정할 때마다 행복한 기분이 들게 함으로써 항상 긍정적 정서를 유지시켜 주는 기법이다. 쉽게 말해, 긍정적 기억에 연합하여 긍정적 정서를 쉽게 떠올리게 하는 기법으로, 초조함이나 불안감, 분노 같은 부정적 정서를 느낄 때 손쉽게 긍정적인 정서 상태로 마음을 바꿀 수 있도록 해 준다.

앵커링 설정 방법

1. 긍정적 기억을 떠올릴 수 있는 나만의 신체 신호를 하나 정한다. 예를 들어, 엄지와 중지 끝을 동그랗게 맞잡는 것을 나만의 신호라고 정해보자.

2. 눈을 감고 심호흡을 하면서 심호흡을 할 때마다 몸과 마음이 편안해진다고 상상한다.

3. 과거에 아주 기분 좋았던 기억, 행복했던 경험 한 가지를 떠올리고 그때의 일을 지금 일어나는 것처럼 생생하게 느끼고 행복한 감정을 오감(五感)을 통해 느껴본다. 과거에 행복했던 기억이 없다면 상상을 통해 기분 좋은 경험을 인위적으로 만들어내도 된다.

4. 행복한 감정이 최고조에 달하기 직전에 손가락을 맞잡는다.

5. 손가락을 맞잡은 상태로 행복한 감정을 충분히 느껴 본다. 그리고 손가락을 떼면서 앵커링 상태를 해제한다.

6. 눈을 뜨고 잠시 쉬었다가 또 다른 기분 좋았던 경험 1~2가지를 대상으로 위의 과정을 똑같이 반복한다. 앵커링 설정 시 손가락 신호는 바뀌면 안 되므로 계속 엄지와 중지를 동그랗게 맞잡는 동작을 취한다.

앵커링의 효과는 생각보다 강력하다. 앵커링은 내가 원하고 필요할 때 언제, 어디서든 활용할 수 있다. 스트레스를 받을 때, 기분이 우울할 때, 긴장될 때 등 행복감이나 자신감이 필요한 상황에서 손가락을 맞잡아 내게 필요한 정서 상태로 바로 들어갈 수 있다.

나. 시간선 치료(Time Line Therapy)

의식 가운데 있는 시간의 흐름은 대체로 한 줄기 선으로 되어 있고 이것을 '시간선(Time Line)'이라고 부른다. 시간선 치료는 길게 선으로 이어진 나의 인생을 보통은 우주로 올라가 바라보며 과거와 현재, 미래를 오가며 치료하는 기법이다. 공중으로 올라가기에 공간으로부터 '분리'가 되며, 과거-현재-미래를 오가기에 시간으로부터도 '분리'되는 방법을 응용한다.

시간선 치료는 현재의 시·공간에서 분리가 됨으로써 현재 나의 상황과 연결되어 있는 정서나 의미도 함께 분리가 되기 때문에 우울증, 불안감, 공포증 등 부정적 정서나 제한적 신념의 극복 등 심리 변화에 탁월한 효과를 보인다.

시간선 치료로 부정적 정서 제거 방법

1. 눈을 감고 편안한 상태에서 심호흡을 3~4회 한다.

2. 나의 부정적 정서나 트라우마, 제한적 신념이 처음 어느 때 비롯됐는지 마음 속으로 가만히 느껴본다. 기억나지 않는 과거일 수도 있고 전생일 수도 있다. 잠재의식의 대답에 따른다.

3. 현재 위치에서 높이 떠올라 하늘까지 날아가고 우주까지 떠오른다고 상상한다. 그리고 우주에서 과거에서 현재를 지나 미래로 가는 시간선을 길게 그린다. 시간선 확인하는 방법은 주관적인 느낌을 따라도 되고, 과거-현재-미래에 양치질 하는 모습을 떠올리고 연결해도 된다.

4. (시간선이 왼쪽에서 오른쪽으로 이어졌다면) 시간선을 따라 과거(왼쪽) 방향으로 날아가다 최초 부정적 정서를 불러일으켰던 사건이 발생했던 곳에서 멈춘다. 그 곳이 점으로 보이거나 색깔이 다르거나 울퉁불퉁하거나 다르게 보일 것이다. 기분도 답답하거나 불쾌하게 느껴질 것이다.

5. 과거의 그 위치에서 우주 더 높이, 100배 더 높이 날아오른다. 공간적으로 분리가 되므로 불쾌한 감정이 사라질 것이다. 불쾌한 감정이 남아있다면 더 높이 날아오른다.

6. 더 높이 날아오른 위치에서 최초 사건으로부터 얻을 수 있는 교훈을 생각해본다. 떠오르는대로, 무의식이 가는대로 그 사건(경험)으로부터 얻을 수 있는 교훈과 그 과제를 해결할 수 있는 방법이 무엇인지 생각해본다. 사건과 분리되어 있기에 제3자의 입장에서 자신을 돌아보게 되어 평상시 떠오르지 않던 해결방법과 교훈을 찾을 수 있을 것이다.

7. 이 교훈을 가지고 더 과거로 날아간다. 더 어렸을 때로 날아가 행복했었던 순간을 떠올려 본다. 행복했던 기억을 현재의 일처럼 구체적으로 느껴본다(이때 앵커링을 설정해 두면 더 좋다). 행복했던 기분을 우주 상공에서 마음껏 느끼며, 최초 부정적 정서를 불러일으켰던 사건을 바라본다. 사건 훨씬 이전으로 날아간 상태이고 우주 상공에서 바라보는 것이기에 그 사건이 보이지 않을 것이다. 만약 보인다면 더 높이, 더 과거로 날아간다.

8. 6에서 깨달은 교훈과 7에서의 행복한 기분을 가지고(이때 앵커링을 유지하면 좋다) 최초의 사건(경험) 속으로 다시 들어간다. 그 사건이 불쾌하거나 불편하지 않고 편안하게 느껴질 것이다.

9. 시간선을 따라 미래로 가본다. 변화된 상태에서 미래를 맞이하는 모습을 상상해 본다. 원하는 정서를 얻고 내가 바라는 미래가 펼쳐질 것이다.

시간선 치료는 앵커링과 함께 NLP의 필수 기법이라 불릴 만큼 거의 모든 치료 시에 활용된다. 시간선 치료는 정서·행동장애 학생의 제한적 신념과 부정적 정서, 부정적 자아상을 변화시키는 데 매우 효과적이고, 긍정적 자아상을 유지하는 데에도 큰 도움이 된다.

다. 공중분리기법

어떠한 상황이나 장소 하에서 분리와 연합을 통해 부정적 감정, 정서적 어려움을 해소하고 긍정적 정서를 몸에 체득하는 방법이다. 단순한 상상이 아니라 상황에 몰입하여 구체적으로 상상할수록 효과가 좋다. 따라서 아래의 절차를 단순히 외워서 혼자 하기보다는 상담자가 유도하는 대로 따라하거나, 혼자서 할 경우엔 녹음해서 틀어놓고 따라하는 것을 추천한다.

공중분리기법

1. 부정적 정서(우울한 기분, 고통스런 감정, 공포감, 불쾌함 등)를 경험하고 있는 자신의 상태를 오감을 동원하여 생생히 느껴 본다.

2. 자신의 몸에서 분리되어 빠져나온다고 상상하고 천장 높이로 떠올라 부정적 정서를 경험하고 있는 자신과 주변 상황을 바라본다. 자신의 모습이 어떻게 보이는가? 같이 있는 사람들의 얼굴 표정은 어떠하고, 어떤 소리들이 들리는가?

3. 더 높이 구름 높이로 올라가서 자신의 모습을 내려다본다. 당신의 모습이 희미하게 보이는가? 보인다면 당신의 표정은 어떠한가? 같이 있는 사람들의 모습은 어떠하고, 들리는 소리들이 있는가?

4. 이번엔 더 높이 우주까지 올라가 지구를 바라본다. 잠시 후 지구가 공처럼 작게 보일 때까지 더 높이 올라간다. 그리고 지구가 아예 보이지 않을 만큼 더 높이 올라가라. 지구가 보이지 않으니 자신의 모습도 보이지 않을 것이다. 아무 것도 보이지 않을 정도로 완전히 분리하라.

5. 지금 있는 곳은 아주 평화롭고 건강한 에너지가 가득 차 있는 우주이다. 우주의 건강한 공기를 마음껏 마시고 느껴보라. 우주에는 내가 좋아하는 노래가 흘러나오고 있고, 향기로운 꽃향기가 주변을 가득 채운다고 상상하라. 사랑하는 가족들의 웃음소리가 들리고 가족들과 행복한 시간을 보내고 있는 장면을 상상하라. 행복한 감정을 불러일으키는 모든 자원들을 활용하여 긍정적 정서와 연합하라(앵커링을 설정하면 좋다).

6. 다시 현장으로 내려와서 원래의 장면이 어떻게 보이는지 확인해 보라(앵커링을 유지시키면 좋다). 당신의 기분은 어떠한가? 당신의 모습과 표정은 어떠한가? 처음 상태와 어떻게 다른가? 기분 나쁜 감정이 사라졌을 것이다.

7. 아직 부정적 정서가 약하게 남아있다면 위의 과정을 1~3번 더 반복하라.

라. 분아 통합 또는 분아와의 이별

분아(分兒, Part)는 우리말로 그대로 해석하면 '나누어진 나'인데, '나의 마음을 구성하는 여러 마음들 중 하나의 마음'이란 뜻이다. 우리의 마음은 여러 개의 감정을 지닌 마음으로 이루어져 있는데 이 하나하나의 감정을 지닌 마음을 NLP에서 '분아'라고 한다. 예를 들어, 행복한 감정은 행복을 느끼는 분아(마음)로부터 기인하고, 슬픈 감정은 슬픔을 겪는 분아(마음)가 있기 때문에 발생한다고 본다.

<가시나무>라는 노래를 보면 '내 속엔 내가 너무도 많아.'라는 가사가 나온다. 여기서 '내 속의 내'가 분아를 말하는 것이다. 또한 <안네의 일기>의 맨 마지막 일기를 보면 '이중의 안네'라는 표현이 나온다. 안네가 스스로를 '꼬마 모순 덩어리'라 표현하며 자신에게는 두 명의 안네가 내면에 존재하는데, 첫 번째는 사람들이 흔히 자신을 생각하는 '고집 세고 아는 체하고 수다스러운 안네'이고, 두 번째는 '사색적이고 감상적이며 사람들에게 드러내지 않는 조용한 안네'가 그것이다. 이러한 상반된 모습도 상반된 분아로부터 기인하는 것이다. 이처럼 사람의 마음은 여러 가지 감정과 성격을 지닌 마음의 상태들이 존재하는데, 이 전체 마음을 구성하는 하나하나의 마음들이 '분아'이다.

NLP 관점에서는 누군가 심적 고통을 겪고 있다면 그것은 그 사람에게 고통을 겪는 분아가 있다는 뜻이고, 편안한 분아, 즐거운 분아 등 긍정적인 마음들도 그 사람에게 존재할지라도 지금은 고통을 겪는 분아가 마음을 차지(승리)하여 고통을 겪는 것이라 볼 수 있다. 이렇듯 분아들이 충돌할 때 긍정적인 정서의 분아가 승리한다면 문제가 되지 않지만, 부정적인 분아가 승리하게 되면 정서적으로 어려움을 겪게 된다.

NLP에서는 분아를 인격화하여 다루는 경우가 많다. 이것은 게슈탈트 치료의 영향을 받은 것이인데, 예를 들어 우울장애가 있는 내담자에게 "우울한 마음이 어디에서 느껴지나요?", "그 마음의 색깔과 크기는 어떤가요?", "그 마음을 만졌을 때 어떤 느낌이 드나요?", "그 마음이 왜 당신에게 있는지 물어보세요. 뭐라고 하나요?"라고 물어봄으로써 마음을 의인화 또는 인격화한다.

이러한 '분아의 인격화'를 정신의학에서는 빙의나 다중인격이라고 하고, 양자역학적 관점에서는 생각이 구체화(현실화)된 에너지체라고 본다. 예를 들어, 자기 통제가 심하게 안 되거나 심한 우울증상을 보이는 경우에는 마음에서 그 분아의 영향력이 훨씬 강해져서 아예 새로운 인격체가 형성되었다고 볼 수 있는데, 이것이 바로 정신의학에서는 다중인격장애 또는 빙의에 해당되는 것이다. 또한 이것을 양자역학적 관점에서 해석하면 새로운 인격체는 원래부터 존재하던 영적 존재가 아니라, 내담자 스스로가 그러한 생각을 고착화함으로써 스스로 만들어낸 에너지 파동이 실체화되어 나타나는 현상이므로, 생각의 중첩이 현실화되어 인격을 가진 존재로 나타난다고 해석할 수 있다.

분아들 간 갈등 또는 충돌로 인해 정서·행동장애가 발생할 경우 분아들 간의 적절한 통합 또는 부정적인 분아의 제거가 필요하다. 다중인격장애가 어린 시절 충격을 받은 자신을 보호하기 위해 인격이 분리되어 발생하듯이, 이러한 각각의 분아는 사실 모두 나를 위해 존재하고 스스로를 보호하기 위해 존재하는 것이다. 부정적인 마음도 사실은 다 긍정적인 의도가 숨어있고 나를 보호하기 위한 수단이 된다. 따라서 건강한 내면이 어떠한 충격과 상처로 인해 분리되어 상반되는 마음의 분아가 생기면 이를 적절히 하나로 통합시켜 주어야 건강한 인격을 회복할 수 있다.

분아 통합 방법

1. 좋지 않은 행동, 고쳐지지 않는 습관, 충동적인 행동, 선택에 있어서 갈등되는 문제를 하나 떠올린다. 그러한 행동을 부추기는 마음이나 고민되는 마음(분아, 여기선 X라고 하자)이 몸 속 어딘가에 있는지 느껴본다.

2. 이제 그 마음(X)을 몸 속에서 꺼내어 자신의 손바닥 위에 올려놓는다. 그 마음의 색깔, 형태, 크기 등의 이미지는 어떠한가? 만졌을 때 감촉은 어떠한가? 따뜻한가 차가운가?

3. 그 다음 분아 X에게 그러한 행동을 통하여 무엇을 얻으려고 하는지, 무엇을 얻을 수 있는지, 또는 이 사람에게 무슨 도움을 주는지(긍정적인 의도)를 묻는다. 분아 X에게 나를 위해 기능해 주어 고맙다는 감사를 표한다.

4. 이번에는 바람직하지 않은 행동을 고치고 바람직한 행동이나 다른 선택을 하고자 하는 자신의 다른 분아(여기선 Y라고 하자)를 떠올리고, 역시

몸 속에서 꺼내어 다른 손바닥 위에 올려놓는다.

5. 분아 X에게 했던 것과 마찬가지로 분아 Y의 이미지와 촉감, 온도 등을 관찰하고 그것의 긍정적인 의도를 묻는다. 역시 분아 Y에게 나를 위해 기능해 주어 고맙다는 감사를 표한다.

6. 이제 양쪽의 긍정적인 의도가 모두 중요하다는 것을 분아 X와 Y가 서로 인정하며 함께 이야기하도록 한다. 그런 다음, 분아 X와 Y를 천천히 하나로 통합시킨다. 즉, 양쪽 손을 마주보게 한 다음 천천히 가까이 다가가 마주잡으며 완전히 하나로 통합시킨다. 그리고 새로운 이미지를 만들어 낸다.

7. 새롭게 만들어 낸 마음(분아)은 어떤 이미지인가? 어떤 메시지를 나에게 주는 분아인가?

8. 새롭게 창조된 분아를 양손으로 천천히 가슴 속이나 머리 속으로 되돌려 넣어 그 존재를 몸으로 느껴본다. 이렇게 탄생한 통합 분아는 나의 시야를 넓혀주고 새로운 관점을 제시해 줌으로써 창조적 해법을 잃을 수 있고, 의욕과 활력이 넘치는 삶으로 이끌어 줄 것이다.

각각의 분아는 사실 모두 다 나를 위해서 기능하고 있고 나를 위해 그러한 마음이 존재하는 것이므로 이들의 긍정적 의도를 파악하는 것이 무엇보다 중요하다. 각 분아들 간 긍정적 의도가 파악된다면 결국 다 자신을 위한 것임을 알아차릴 수 있어 분아 간 통합은 쉽게 이루어질 수 있다.

하지만 분아가 내 마음에서 분리된 것이 아니라 외부로부터 들어온 영적 존재라고 느껴지는 경우에는 이러한 분아를 내 마음에서 내보내야 한다. 이때의 분아를 정신의학적 관점에서는 '외부에서 침입한 영적 존재'라는 의미에서 빙의라고 부를 수 있지만, 양자역학적 관점에서는 '상념이 반복되면서 강해지고 뭉쳐진 파동 에너지'라고 할 수 있다. 이때의 분아는 엄밀히 말해 내 마음이 나눠진 것이 아니므로 '분아'라는 표현이 적절치 않지만, '내 마음에 존재하는 또 다른 마음'이라는 의미에서 넓은 의미의 분아라고 말할 수 있다. 여기서의 분아는 내 마음이 분리되어서 생긴 것이 아닌, 나의 마음을 지배하는 부정적 정서이기 때문에 이러한 경우 분아와의 이별 또는 분아의 제거를 통해 건강한 정신을 다시 회복할 수 있다.

분아와의 이별 예시 - 우울증 극복 예

눈을 감고 편안한 상태에서 심호흡을 합니다. 숨을 내쉴 때마다 온몸의 긴장이 빠져나가고 숨을 들이쉴 때마다 밝고 건강한 에너지가 몸 안으로 들어온다고 상상합니다. 가족들과 즐거운 시간을 보냈던 때를 한 가지 떠올려 봅니다. 누구랑 무엇을 하고 있나요? 어떤 기분인가요? 따뜻한가요? 어떤 냄새가 나나요? 주변 물체의 감촉은 어떤가요?

자 이제, '난 항상 무기력하고 우울해'라고 말해봅시다. 그러면 몸 안 어딘가에 무기력하고 우울한 마음이 느껴질 겁니다. 무기력하고 우울한 마음이 어디에 있는지 한번 느껴보세요.

('다리'라고 대답하면) 무기력하고 우울한 마음이 다리에서 느껴지는군요. 그 마음의 색깔은 어떤가요? 크기는 어떤가요? 가까이 다가가 감촉을 느껴보세요. 어떤 느낌인가요? 그 마음이 당신에게 존재하는 이유를 물어보세요. 왜 나한테 있는 건지 물어보면 대답해 줄 겁니다. ('상처를 안 받게 하려고' 라고 대답하면) 아, 그 무기력하고 우울한 마음은 사실은 당신이 상처를 안 받게 하고 지켜주려고 존재하는군요. 이 분을 지켜주셔서 감사합니다. 당신도 그 마음에게 감사를 표해 주세요. 무기력하고 우울한 마음 씨, 그동안 이 분을 보호해 주시고 상처 안 받게 해 주셔서 감사합니다.

하지만 이제 이 분은 당당하고 즐겁게 살기로 했어요. 그러니 이제 무기력하고 우울한 마음은 더 이상 이 분에게 안 계셔도 될 것 같아요. 이제 하늘로 올라가 주세요. 무기력하고 우울한 마음에게 하늘로 올라갈 건지 물어보세요. (올라겠다고 대답하면) 자, 이제 무기력하고 우울한 마음 씨는 하늘을 바라보세요. 하늘에서 밝은 빛이 내려와서 당신의 머리와 연결됩니다. 제가 셋을 세면 무기력하고 우울한 마음 씨는 그 빛을 따라 하늘로 높이 올라갑니다. 하나, 둘, 셋! 내담자는 무기력하고 우울한 마음 씨를 배웅해 주세요.

NLP나 최면치료 사례들을 보면 간혹 분아가 몸에서 떨어지지 않으려고 버티는 경우도 있고, 나가기 싫다고 하며 '네가 어떻게 날 나가게 할 수 있는데?'라며 비웃는 경우도 있다. 또는 나간다고 말하고 며칠 있다 보면 다시 그 사람 내면에 그대로 존재하는 경우도 있다. 마치 사람하고 똑같이 거짓말도 하고 놀리기도 하며 행동하는 것이다. 이럴 때에는 괜히 분아의 존재와 말싸움을 하거나 에너지 낭비를 할 필요가 없고 겁먹을 필요도 없다. 단지 분아가 고통을 느낄 수 있게 최대한의 고통을 주는 상상을 하고 성령과 사랑의 기운이 몸 안을 가득 채운다는 식의 상상을 하면 분아는 고통스러워하며 언젠가는 떠나게 되어 있다.

중요한 것은 억지로 이러한 분아를 내보내려고 애쓰는 것 보다는 트랜스 상태에서 건강한 에너지로 자신의 내면을 가득 채운다는 상상을 꾸준히 하는 것이다. 그럼 부정적 마음의 분아는 저절로 밀려나게 되어 있다.

새로운 관점(영적 모델)에 기초한
정서·행동장애인의
심리치료 및 상담 사례

앞에서도 기술하였지만, 현재 특수교육학 및 심리학 교재에서는 수많은 정서·행동장애의 원인이 여전히 알려지지 않았다고 되어 있는데, 이것은 영적인 문제 또는 영적인 현상을 주류 학계가 아직 인정하고 있지 않기 때문이다. 그렇기에 빙의 장애 또는 다중인격장애로 진단 받아야 할 많은 질환들이 겉으로 드러난 증상들만을 보고 우울증이나 불안장애, 조현병, 성격장애 등으로 잘못 진단 내려지고 있다. 하지만 본 장에 소개된 사례들을 보면 해결되지 않는 많은 심리적·신체적 문제들은 상당 부분 영적 모델에 기초하여 접근할 때에 해결될 수 있음을 알 수 있을 것이다.

본 장에서는 정서·행동장애가 영적인 현상에 의해 발생하는 경우 최면치료나 NLP 상담을 통해 치료가 되었던 사례들을 소개하도록 한다. 사례를 보면 과거 전생에서의 문제나 빙의, 다중인격장애에 의해 다양한 정서·행동장애가 발생할 수 있고, 또한 영적 접근의 치료에 최면치료와 NLP가 탁월한 효과를 발휘한다는 것을 알 수 있을 것이다. 사례에 소개되는 내담자들은 오랜 기간 여러 정신과 의원 또는 상담 기관에서 약물치료, 상담, 정신분석, 인지치료 등 갖가지 치료 과정을 거쳤지만 효과가 미흡했던 분들이다. 하지만 최면치료와 NLP 상담을 통해 놀라운 치료 효과를 거두었다.

아래 최면 및 NLP를 활용한 치료 사례는 주로 김영우의 <우리는 영원히 헤어지지 않는다>와 <빙의는 없다>, 신대정·이경규의 <구속된 마음 자유를 상상하다>에서 발췌하였다. 그리고 박진여의 <당신, 전생에서 읽어드립니다>와 필자의 <NLP 심리치료 및 상담>에서도 한 사례씩 발췌하여 실었다. 통상적인 최면치료 및 NLP의 절차와, 요약된 치유 사례에 대해서는 여러 문헌과 자료들에 많이 나와 있다. 하지만 전생이나 빙의, 다중인격장애 등으로 인해 정서·행동장애가 발생한 경우 이들에 대한 과학적이고 구체적인 치료의 원리와 방법 그리고 자세한 치유 과정이 소개된 문헌은 현재까지 이들 외에는 없기 때문에 이 문헌들에서 사례를 소개하였다.

내담자명은 다 가명이고, '환'은 환자, '의'는 의사, '내'는 내담자, '상'은 상담자이다.

1. 전생요법 - 폐소공포증 치료 사례[13]

대학원에 다니는 전창기 씨는 28세의 청년으로 병을 치료하기 위해 여러 병원을 전전하다 열한 번째로 나를 찾아왔다. 어려서부터 유달리 어둠을 무서워했고, 좁은 공간에 들어가면 진땀이 나고 숨이 막혀 견딜 수 없는 증상으로 10년 이상 고생하고 있었다. 그는 "지금도 불을 끄고는 무서워서 잠을 못 자요. 어둠 속에서는 숨이 막히는 것 같구요. 택시나 지하철은 거의 못 타니까 불편해 죽겠어요."라고 말하며, 그동안 정신분석 면담과 행동요법, 약물복용은 물론 공포증 클리닉 등에서도 치료를 받았지만 전혀 도움이 안 되었다고 하였다.

첫날은 일반적인 정신과 치료를 위한 면담을 마치고 최면치료에 대해 설명해 주었다. 그리고 두 번째 면담에서는 간단한 질문을 몇 가지 한 다음 바로 최면유도에 들어갔다. "그 증상이 생긴 원인이 된 사건이나 기억

---

13) <우리는 영원히 헤어지지 않는다>에서 발췌

을 찾아보라."는 내 암시에 따라 다음과 같이 진행되었다.

의: 뭔가 보이는 게 있습니까?

환: (작은 소리로) 동굴 앞에 서 있어요.

의: 어떤 동굴이죠?

환: 입구가 큰 편이고… 깊은 동굴인가 봐요…

의: 거기서 뭘 하고 있죠?

환: 그 동굴을 탐사하려고 해요…

의: 주위에 동료들이 있습니까?

환: 저 혼자밖에 없어요. 원래는 친구와 둘이서 들어가기로 했는데… 그 친구가 갑자기 사정이 생겼어요. 그래서 저 혼자 오긴 했는데… 들어가야 할지 말아야 할지 망설이고 있어요. 저도 이번이 아니면 시간을 또 내기가 어려워요…

의: 당신은 이름이 뭐죠?

환: '도노반'요…

의: 거기가 어딥니까?

환: 스코틀랜드요…

의: 그때가 언제죠?

환: (잠시 침묵 후) 1820년요…

의: 시간이 진행되면서 어떤 일들이 일어나는지 봅시다. 자, 서서히 진행됩니다.

환: (긴장된 목소리로) 결국 혼자 들어가기로 결심을 했어요. 두려웠지만 강행했어요…

의: 계속 진행하며 얘기합니다.

환: (긴 침묵 후에) 랜턴에 불을 붙여 들고 들어갔어요. 좁은 곳은 웅크리고 간신히 지나갈 수 있을 정도였고… 얼마쯤 들어가다가 또 망설이고 있어요. 돌아갈 건지, 더 갈 건지…

의: 긴장을 풀고 천천히 진행해 봅니다.

환: (작고 긴장된 목소리로) 조금만 더 가보기로 마음먹었어요…

의: 시간이 진행되며 중요한 사건이 있었던 때로 갑니다.

환: (다급하고 겁에 질린 목소리로) 바닥이 무너졌어요! 바닥이 꺼지면서 그 틈으로 미끄러져 내려갔어요. 경사가 급하고 미끄러운데… 다쳤어요. 아! 다리가 부러졌나 봐요. 움직일 수가 없어요… (당황하여 어쩔 줄 모르고 허둥대는 몸짓과 함께 온몸을 떨기 시작해서, 잠시 긴장을 풀어주고 편안하게 상황설명과 진행을 계속하도록 함)

환: 갑자기 불안해져서 돌아 나오려는 순간에 바닥이 무너졌어요. 정신없이 미끄러지며 한참 내려갔어요… 정신을 차려보니 두 다리가… 고여 있는 물에 잠겨 있었어요. 온몸이 아프고 움직일 수 없어요. 랜턴을 잃어버렸어요… 벽이 미끄러워서 두 팔만으로는 기어 올라갈 수가 없어요. 보이지도 않구요. 그래도 어떻게든 기어 올라가 보려고 했는데 계속 미끄러져서… 포기했어요…

의: 그때의 느낌과 생각들을 떠올려 보세요.

환: (떨리는 목소리로) 너무 무서워요. 죽음이 두렵고… 도와달라고 소리를 많이 질렀어요. 혼자 들어온 걸 후회했고… 가족들 얼굴도 보이기도 하구요… 어둠 속에서 평소에 느끼던 기분과 똑같아요. 네! 바로 이 느낌이예요…

의: 시간이 가는 대로 진행합니다. 다음 장면으로 갑니다.

환: (힘없는 목소리로) 거기서 죽었어요… 등에 메고 있던 비상식량과 바닥에 있는 물을 마셨어요… 갇힌 지 17일 만에 죽었어요…

의: 죽은 다음에는 어디로 갔죠? 죽는 순간부터 볼 수 있을 겁니다.

환: (안정된 목소리로) 몸에서 빠져나왔고… 마음이 아주 편해졌어요… 밖으로 나와서… 꽃이 많이 피어있는 언덕을 지나가요. 햇빛이 아주 밝아요. 그냥 떠서 가고 있어요. (놀란 듯) 저 앞에 누가 있어요… 제 약혼녀가 저를 마중나왔어요…

의: (뜻밖의 상황에 나는 잠시 당황했다) 그 사람이 어떻게 마중을 나오죠?

환: (슬픈 듯) 그녀는… 2년 전에 죽었어요. 몸이 아팠었는데… 제가 잘
　　보살펴주지 못했어요… 그녀가 죽은 후 늘 죄책감을 갖고 살았어
　　요… 저를 무척 사랑했는데… 언제나 기다리게만 했었거든요…

의: 두 사람이 만나 무슨 얘기를 나누나요?

환: … 그녀가 제 손을 잡고 "이제 괜찮다, 당신을 마중나왔다."고 말해
　　요. 저도 그녀에게 "미안하다, 보고 싶었다."고 했어요…

의: 그 다음엔 어디로 가죠?

환: … 빛이요… 둘이 손을 잡고 밝은 빛이 있는 쪽으로 걸어갔어요.

　그는 깨어난 후 아까 느꼈던 감정과 느낌들을 말로는 도저히 설명할
수가 없다고 하였다. 나는 "혹시 그 약혼녀는 현재 아는 사람 중에 없나
요?"라고 묻자, "확실하지는 않지만 지금 사귀는 사람이라는 생각이 들어
요. 요즘도 제가 바빠서 별로 신경을 못 써주는데… 앞으로는 더 잘해줘
야겠다는 생각이 들어요."라고 대답하였다.

　이런 얘기들을 나누고 헤어진 후 두 주일 만의 약속시간에 다시 만났
는데, 그는 그동안 아무 불편 없이 지내고 공포증상도 한 번도 없었다고
하였다. 나는 평소의 긴장을 풀어주는 자기최면의 요령을 가르쳐주고 언
제라도 재발하거나 치료를 더 받아야 할 필요가 있다고 느끼면 찾아오도
록 당부하였다. 그 후 8개월이 지났을 때 전혀 증상의 재발이 없이 잘
지낸다는 얘기를 전화를 통해 들었다.

　그동안 그는 10년이 넘게 병원을 들락거렸지만 어떤 치료로도 이처럼
분명하고 만족스런 결과를 얻지 못했었다. 그러나 단 한 번의 치료 후에
겉으로 드러나던 증상들이 모두 없어졌던 것만은 분명한 사실이다.

　죽은 약혼녀가 마중나온 대목도 흥미롭다. 이와 비슷한 경우는 자주 만
나는데, 먼저 죽은 부모나 형제, 연인, 친구들이 가까운 사람의 죽음의
순간에 찾아오는 일은 세계적으로 널리 보고되고 있는 임사체험자들의
경험 속에서도 나타난다. 전생요법의 부수적인 효과로 자주 보고되는 것
중에는 가까운 사람과의 관계 개선이 있다. 평소에 왠지 모르게 불편하던

인간관계가 전생의 기억 회상 속에서 이해되고 받아들여져 해결되는 경우를 자주 보게 되는데, 이 환자도 비슷한 경험을 한 셈이다.

2. 전생요법 - 야뇨증 치료 사례[14]

박정선이란 환자는 21세의 여대생으로, 어릴 때부터 야뇨증으로 고생을 해 왔다. 자라면서 한 번도 소변을 제대로 가리지 못했고, 치료를 시작할 당시에도 밤에는 기저귀를 차고 자야만 했다. 매일 밤 예외없이 오줌을 쌌고 한방과 민간요법을 포함한 갖가지 치료를 해봤지만 소용이 없었다고 하였다.

처음에는 짧고 지지적인 면담 치료와 함께 약물요법을 시작했다. 그런데 약을 먹기만 하면 증상이 씻은 듯이 사라져 별 불편 없이 지낼 수 있었지만, 약을 끊기가 무섭게 재발했다. 약 8개월간 이런 과정을 반복한 끝에 다음 면담부터 최면치료를 하기로 하였다.

최면에 대한 교육과 한두 번의 유도연습 과정 후에 본격적으로 원인을 찾는 작업에 들어갔고, 최면 상태에서 환자의 무의식은 병의 뿌리가 과거의 기억 속에 있으며 신체적으로도 약간의 문제가 있다고 했다. 그렇지만 과거의 기억을 찾으면 증상은 호전될 것이라고 했다.

야뇨증의 원인이 된 기억 속으로 가보라는 암시에 따라 환자가 떠오른 기억들을 요약하면 다음과 같다. 그녀의 이름은 '에밀리 로스터'였고, 18세기에 런던 근교에서 살았다고 했다. 언니와 여동생, 아버지와 함께 살았으며 어머니 대신 집안일을 도와주는 친척 할머니 한 분이 같이 사셨는데, 까다롭고 잔소리가 심해 싫었다고 했다. 집안은 부유한 편이라 하녀도 한 명 있었고, 당시의 여동생은 고등학교 시절의 가장 친한 친구라고 했다. 첫날은 이렇게 마쳤고, 다음번 작업에서부터 우리는 흥미로운 기억들을 찾아볼 수 있었다.

---

14) <우리는 영원히 헤어지지 않는다>에서 발췌

의: 뭐가 보입니까?

환: (혼란스러운 듯) 움직이고 있어요. 마차 안에 타고 있는데… 달리는 중이에요…

의: 어딜 가는 거죠?

환: 파티요…

의: 누가 같이 있습니까? 자신의 모습은 어때요?

환: 친구들이 같이 있어요. 모두 화려한 드레스를 입고 있어요. 다 같이 파티에 가는 중이에요…

의: 시간이 흐르며 다음 중요한 장면을 봅니다.

환: 누군가의 집인데… 파티가 열리고 있어요. 사람들이 많고 춤을 추는 사람들도 있어요…

의: 계속 진행합니다. 다음의 중요한 장면을 봅시다.

환: (놀란 듯) 갑자기 캄캄해졌어요. 아마… 집 밖으로 나온 것 같아요.

의: 왜 밖으로 나왔죠?

환: 집 뒤의 어두운 곳인데… (흥분하여) 친구들이 제게 뭐라고 막 화를 내고 있어요…

의: 무슨 일 때문인지 알 수 있을 겁니다…

환: 친구들보다 제게 춤을 추자는 남자들이 많아서… 질투하고 있어요. 같이 온 친구가 좋아하는 사람이 있는데… 그 사람이 저한테만 자꾸 춤을 추자고 해서 그 친구가 무척 화가 났어요. 그 일 때문에 다투는데… 다른 아이들이 그 친구 편을 들고 있어요…

의: 편안하게 계속 진행합니다.

환: (흥분한 목소리로) 저는 잘못한 것이 없다고 생각했기 때문에 화가 나서 막 소리를 지르면서 따졌는데… 아… 앞에 있던 그 친구가 저를 밀어버렸어요…

의: 그래서 어떻게 됐죠?

환: (기막히다는 듯) 뒤로 밀리며 주저앉아 버렸어요. 물이 고여 있는 진흙탕 속으로 주저앉는 바람에 아랫도리가 다 젖어버렸고… 저는 놀

라고 기가 막혀서 입을 벌린 채 그냥 앉아 있어요…

의: 다음의 상황들을 천천히 얘기합니다…

환: 한참을 멍하니 앉아 있다 일어섰지만… 옷에 진흙이 묻고 젖어서 다
시 집 안으로 들어갈 수는 없었어요.

의: 그 다음에는 어떻게 됐습니까?

환: 걸어가고 있어요… 아까 마차를 타고 왔던 길인데… 젖은 옷을 입은
채 걸어서 집으로 돌아가고 있어요.

의: 무섭지는 않았나요?

환: (작고 지친 목소리로) 무섭지는 않았는데… 몹시 추웠어요. 덜덜 떨
면서 간신히 집으로 돌아갔어요. 아버지는 제 모습을 보시고 너무나
놀라 입을 벌리고 계셨어요… 저는 그대로 문 앞에 쓰러져버렸고…
온 식구가 일어나서 소동이 벌어졌죠. 물을 끓이고… 마른 옷으로 갈
아입히고… 뜨거운 차를 마시며 몸을 녹였어요. 저는 그날부터 심한
독감에 걸려 꼬박 두 주일 정도를 누워 있었어요. 다행히 회복되었
지만… 몸이 많이 쇠약해졌어요… 회복된 다음에도 한참 동안은 집
밖에 잘 안 나가고 사람들을 멀리하면서 지냈어요. 친구들에게 너무
큰 배신감을 느껴서 사람들을 만나기가 싫었던 것 같아요.

일주일 후의 다음 면담에서 그는 "지난주에는 약을 전혀 먹지 않았는
데도 증상이 한 번밖에 없었어요. 마음도 편했고… 이제 자신감이 조금
생겨요."하며 기뻐했다. 이날의 최면작업에서 나는 다시 야뇨증과 관련된
또 다른 사건이 있으면 가보라고 지시했다.

환: 강기슭의 얕은 언덕에 서 있어요. 모자를 쓰고 있고… 긴 치마를 입
고 있어요…

의: 거기서 무슨 일이 있었나요?

환: (놀란 듯) 갑자기 바람이 세게 불어서 제 모자가 날아가 강으로 떨
어졌어요. 저는 엉겁결에 모자를 잡으려다 강물에 빠졌어요. 몹시 당

황해서 어쩔 줄을 모르고 있는데… 허우적거리다… 간신히 밖으로 나왔어요. 몸이 다 젖었고… 정신이 하나도 없어요. 이웃에 사는 남자가 저를 도와주려고 달려왔는데… 그가 도착하기 전에 제 힘으로 나왔어요. 그 사람이 걱정스런 눈으로 저를 보고 있어요…

이 기억도 진흙 웅덩이에 주저앉은 것과 비슷한 것이었다. 둘 다 갑자기 당한 일이었고, 옷을 입은 채 몸이 물에 젖는 불쾌한 경험이었다. 야뇨증의 증상이 무의식 속에 새겨진 두 가지 사건에 의해 크게 지배를 받아왔다면 분명히 어떤 변화가 있어야만 했기에, 다음 면담시간까지 두 주일간 관찰하기로 했다.

다음 면담시간에 환자는 상기된 얼굴로 "한 번도 증상이 없었어요. 약을 전혀 먹지 않았는데도요. 이런 적은 한 번도 없었어요."하면서 기뻐했다. 그 후 두 달 동안 환자는 한 번의 재발도 없이 아무 만족스럽게 생활했고, 두 달이 지난 어느 날 아주 소량이었지만 한 번 재발이 있었다고 보고했다. 그녀는 당시의 학교생활이 무척 힘들었고 여러 가지 신경 쓸 일이 많았다고 했다. 나는 다시 한번의 면담을 통해 방광기능을 조절할 수 있는 자기최면 암시를 가르쳐주고 방광의 근육을 강화시킬 수 있는 훈련 요령을 상기시켜 주었다.

그 후 지금까지 1년이 넘는 기간 동안 환자는 약을 전혀 먹지 않고도 불편 없이 지내고 있다. 약물과 면담, 일반 최면암시 등을 같이 쓰기는 했지만, 약을 끊고도 오랜 기간 동안 증상이 재발하지 않은 것은 과거 삶에서의 두 가지 기억을 떠올린 다음부터였다.

3. 전생요법 – 만성적 우울증과 공포증 치료 사례[15]

아주 어려서부터 늘 어두운 성격과 우울함 때문에 고생했다는 이민숙 씨는 30세의 가정주부다. 언제나 성격의 바닥에 깔린 우울과 절망감, 자살

---

15) <우리는 영원히 헤어지지 않는다>에서 발췌

충동 때문에 한시도 마음이 편치 않다고 했다. 여러 해 동안 정신과 상담도 받고 약물도 써봤지만 별 도움이 되지 못했고, 무력감과 허무감에 빠져 있어 일상생활을 제대로 할 수 없는 날이 많아 무척 고민하고 있었다.

최면치료로 들어갔을 때 어린 시절의 기억 속에는 별다른 문제가 없어 "증상의 원인이 된 경험 속으로 가보라."는 암시를 했을 때 다음과 같은 기억들을 찾아볼 수 있었다.

환: 저는 열세 살 정도의 여자아이예요… 집 앞에 서 있어요. 작고 낡은 집인데… 아주 가난했던 것 같아요.

의: 이름이 뭐죠?

환: '루시나'요…

의: 가족들과 함께 있는 장면을 봅니다…

환: 엄마와 아버지, 남동생이 있어요… 집 안에 앉아 있고… 엄마는 아프신 것 같아요…

의: 어떤 옷들을 입고 있죠? 그때가 언젠가요?

환: 오래 전인 것 같아요… 옷은 서양식이고… 중세기라는 생각이 떠올라요…

의: 가족 중에 아는 사람이 있는지 살펴보세요…

환: (반가운 듯) 엄마요… 지금의 엄마와 같아요…

의: 시간이 흐르며 중요한 기억의 장면으로 갑니다…

환: (두려운 듯) 어떤 아저씨가 찾아왔어요. 수염이 많이 난 사람인데… 밖에서 아버지와 얘기하고 있어요. 나와 동생은 집 안에서 내다보고 있어요…

의: 무슨 얘기들을 나누나요? 얘기의 내용을 알 수 있을 겁니다. 잘 들어보세요.

환: (두려운 듯) 저를 데려가려고 하나 봐요… 아버지가 그와 함께 집으로 들어오고 계세요…

의: 다음의 중요한 장면을 봅니다…

환: (울먹이며) 그 사람과 함께 집을 떠나고 있어요… 처음에 저는 가지

않으려고 했지만… 아버지께서 어쩔 수 없다며 설득했어요. 어머니의 병치료를 위해 아버지가 돈을 받고 저를 팔았어요. 남동생이 집 안에서 울고 있고… 저도 뒤돌아보면서 울고 있어요. 아버지는 저를 외면한 채 묵묵히 고개를 숙이고 계세요.

의: 시간이 가면서 중요한 일들이 떠오를 겁니다…

환: (체념한 듯) 저는 하녀로 팔려간 거예요… 그 집은 부잣집인데… 저 말고도 일하는 사람들이 있었지만… 제가 제일 어렸어요. 수염난 사람은 그 집의 주인이에요. 너무 외롭고… 가족이 그리웠어요…

의: 자신의 지금 상황과 관계있는 기억이 있으면 떠오를 겁니다.

환: (작은 소리로) 제가 갇혀 있어요… 캄캄한 곳인데… 춥고 축축해요…

의: 왜 갇혔죠? 자신에게 일어난 일들을 모두 알 수 있습니다.

환: 안주인의 보석 반지가 없어졌는데… 그 수염난 사람이 제가 훔쳤다고 하면서 다그쳤어요. 저는 아니라고 완강히 맞섰지만… 지하실에 저를 가뒀어요. 그 사람은 저를 미워했거든요. 언젠가 밤중에 저를 찾아와 집적거린 적이 있었는데… 제가 거부했었어요. 그때부터 저를 못살게 굴었어요…

의: 갇혀서는 뭘 생각하고 있었나요?

환: 처음에는 당황하고 무서웠어요… 음식도 주지 않았어요. 나중에는 심한 분노와 증오감 때문에 괴로웠고… 외로움과 슬픔이 너무 컸어요…

의: 다음 장면을 봅니다…

환: (작은 소리로 담담하게) 결국… 저는 거기 갇힌 채 굶어 죽었어요. 제가 바닥에 웅크리고 누워 있는 모습이 보여요. 아주 초췌하고 더러운 몰골이에요.

의: 죽은 후에는 뭘 느꼈나요?

환: (잠시 침묵 후) 죽기까지 저는 그 남자와 부인을 많이 원망했어요. 그 사람들을 증오하고 저주하면서 혼자 많이 울었구요. 저는 그 삶에서 용서와 인내를 배워야 했어요… 죽은 후에는 마음이 편해졌지만 슬픔과 외로움은 남아 있었어요…

이 기억들을 떠올린 후 환자는 스스로 만족할 만큼 모든 면에서 좋아졌다. 그러나 완전히 나았다고 할 수는 없었고, 환자 자신도 강한 흥미를 보여서 두 개의 삶을 더 찾아냈다. 그 삶의 모습들은 앞에서 보았던 루시나의 삶과 공통점이 있었다.

17세기의 데이비드라는 청년의 삶에서는 전쟁에 참가해 한쪽 다리를 잃었고, 전쟁이 끝나고 고향으로 돌아왔을 때 마을은 적군의 공격으로 폐허가 되고 가족들은 어딘가로 모두 떠나버렸다. 어려서부터 사귀던 여자친구도 찾을 수 없어 절망과 실의에 빠진 채 도시의 거리에서 구걸하는 생활을 몇 년 하다가, 스물세 살의 젊은 나이에 근처의 호수로 걸어들어가 스스로 목숨을 끊었다. 그 삶에서의 자포자기한 심정과 끊임없는 자살 유혹이 현재의 자기 상태와 비슷하며, 물에 대한 두려움도 그때의 죽음이 원인이 된 것 같다고 했다. 자신이 물을 두려워한다는 얘기는 치료를 시작할 때부터 그때까지 한 적이 없었다.

조선시대의 삶에서는 어린 처녀의 몸으로 마을 청년과의 관계에서 임신을 하여 어머니에게 심한 추궁과 모욕을 당하고 고민하다가 목을 매어 스스로 목숨을 끊은 기억을 떠올렸다. 여기서도 죽기 전의 막막한 절망감이 현재의 삶에서 느끼던 절망감과 같은 것이라고 했다.

이 불행한 삶들 역시 사실이었다면 그 기억들이 겹쳐지며 깊이 남아 현재의 증상들을 일으켰으리라고 추측할 수 있다. 이 기억들을 떠올린 후 환자는 심한 공포증이나 우울을 더 이상 호소하지 않았다. 그녀는 마지막 약속시간에 나를 찾아와 이렇게 말했다.

"태어나서 처음으로 이렇게 밝은 기분을 느껴보는 것 같아요. 생명이 무엇인지에 대해서도 다시 생각하게 되었구요. 죽음에 대한 두려움도 없어졌고, 전생이 있다는 것도 믿어요. 제가 본 장면들은 분명히 저의 모습이었어요. 이제는 작은 문제들 때문에 고민하지 않고 더 대범해졌고, 죽고 싶은 생각이나 절망감도 사라졌어요."

집으로 가는 길에 그녀는 큰 꽃다발을 사 가지고 다시 돌아와 내게 감사하다는 말과 함께 전해 주었고, 이후 1년 반이 지난 지금까지 증상의 재발 없이 잘 지내고 있다.

4. 전생요법 – 알 수 없는 거부감, 우울과 불안증상의 치료 사례[16]

오진희 씨는 36세의 여성으로, 남편에 대한 이유 없는 거부감이 늘 문제였다. 결혼한 지 10년이 되었고 아이도 둘이 있었지만 그 거부감과 불편함은 세월이 가도 엷어지지 않았다. 환자는 이 문제 때문에 오래 전부터 이혼을 생각하고 있었고, 처음 방문했을 당시에도 다른 정신과 의원에서 우울과 불안증상에 대해 지속적인 치료를 받고 있었다.

최면 상태에서 찾아낸 과거의 삶에서 두 사람은 한 마을에 사는 처녀와 총각이었다. 환자는 어머니와 단둘이 살았고, 현재의 남편은 마을에서 자주 문제를 일으키던 불량스런 청년이었다. 그는 처녀를 짝사랑하여 늘 주위를 맴돌며 집 안을 자주 엿보았고, 길에서 마주치면 짓궂은 장난과 농담으로 당황하게 만들며 받아들여지지 않는 자신의 사랑을 비뚤어진 방법으로 표현했다. 청년의 사랑은 순수하고 진지한 것이었지만 처녀는 그를 마치 벌레 보듯 피하고 노골적인 혐오감을 나타내곤 했다. 세월이 흘러 같은 마을의 성실하고 따뜻한 마음을 가진 젊은이와 결혼한 처녀는 행복하게 살았지만, 그 청년은 죽을 때까지 혼자 살며 짝사랑하던 처녀를 잊지 못했다.

환자는 최면에서 깨어난 후 상기된 얼굴로 이렇게 말했다. "지금 본 것들이 사실이라면… 남편을 좀 이해할 것 같아요. 그 사람은 제가 아무리 냉정하게 굴어도 어두운 표정으로 묵묵히 참기만 하는데… 그러다가도 제게 짓궂게 심술을 부리는 때가 가끔 있어요. 제가 뭐라고 하면 '당신이 내 마음을 몰라주니까 답답해서 그런다.'고 해요. 어쩌다 잘해 주면 어린애같이 좋아하구요. 밖에서는 거칠고 화도 잘 내는 사람인데 저와 아이들에게

---

16) <우리는 영원히 헤어지지 않는다>에서 발췌

는 전혀 그러지 않아요. 지금 본 청년과 성격이 아주 비슷한 것 같아요.

그때의 남편은 제가 결혼하기 전에 사귀었던 사람이에요. 서로 좋아했는데 사정이 있어 헤어졌죠. 헤어진 다음에도 편지를 자주 주고받았어요."

그 삶에서 자기는 행복한 결혼생활을 했고, 그 청년이 자기를 잊지 못해 결혼도 하지 않고 살다 죽은 사실은 전혀 몰랐다고 했다. 이번에 만난 것이 그때의 인연 때문이라면 자기도 뭔가를 주어야 할 것 같다며 생각에 잠긴 얼굴로 돌아갔다.

일주일 후 다시 만났을 때 그는 "남편을 가만히 지켜보니까 정말 최면 상태에서 봤던 그 청년과 많이 닮았어요. 성격과 행동이 말이에요. 제 마음속에도 이상하게 따뜻한 마음이 생기구요. 자기도 우리 관계를 잘 이해 못했었는데 그 얘기를 들으니 이해가 간다고 하네요. 지난주는 정말 좋았어요. 결혼 후 처음으로 그 사람을 편하게 대한 것 같아요. 제가 먼저 따뜻하게 대해 주니까 어찌나 좋아하는지… 집안 분위기가 달라졌어요. 이젠 그 거부감도 하루하루 줄어드는 것 같아요."하며 퍽 만족해했다.

그 후 두 번의 가벼운 면담을 끝으로 치료를 종결했고, 먹고 있던 약도 끊었다. 1년 반이 지난 지금까지 우울이나 불안증상의 재발이 없었고, 부부관계도 무척 원만해져 행복하게 지내고 있다.

5. 전생요법 – 품행장애 치료 사례[17]

성민 군은 학창시절에 전형적인 문제아였다. 친구들과 어울려 그 또래의 학생들이 할 수 있는 패싸움, 친구들 돈을 뺏는 등의 행동을 아무런 죄책감 없이 저지르고 다녔다. 어머니는 그런 자식이 너무도 걱정스러워 상담을 받으러 왔다.

리딩은 조선의 건국에 공을 세웠던 어느 신진사대부의 삶을 보여주었다. 성민 군은 당시에 갑자기 얻은 부와 권력을 남용한 무관으로서의 삶을 살았다. 원래 그는 고려시대에 매우 낮은 관직에서 기를 펴지 못하고

---

17) <당신, 전생에서 읽어드립니다>에서 발췌

가난하게 살던 집안의 자식이었다. 그런데 고려를 멸하고 새로운 나라를 건국하려는 움직임이 있자 기회를 쟁취하기 위해 조선의 건국에 적극적으로 동참했던 것이다.

그는 공로를 인정받아 막강한 권력을 누리는 신진사대부가 되었고, 소망하던 대로 백성 위에 군림하면서 온갖 향락을 즐기고 살았다. 그러나 그 과정에서 권력과 지위를 악용해 타인을 무시하고 방종한 삶을 살면서 부정적 카르마를 많이 쌓았다. 이번 생은 과거 생에서 지은 부정적인 카르마를 정화하기 위한 기회로 주어졌다. 그러나 과거 생에서 비롯된 뿌리 깊은 나쁜 습관들은 좀처럼 바뀌지 않았다.

성민이는 또래 친구들을 제압하고 지배하는 데 폭력이 매우 유용하다는 것을 알고 점점 더 폭력적으로 변했다. 어머니는 상담 당시, 친구들을 충동질해 가출해서 2주째 돌아오지 않는 성민이가 자기 삶의 제일 큰 고민이라고 괴로워했다. 실제로 두 사람은 조선시대의 전생에서도 모자관계였고, 어머니는 성민이가 권력을 남용해 얻은 부와 명예를 누리면서 편안하게 살았다.

어머니는 노년에 이르러서야 관직에 있는 아들이 그릇된 삶을 산다는 것을 비로소 알게 되었고, 바르게 키우지 못한 자신을 크게 책망했다. 그래서 아들이 과거 생의 잘못을 교정하러 이번 생을 선택했을 때, 자신도 아들을 바르게 키우겠다는 영적 약속을 하고 다시 모자지간의 인연으로 오게 되었던 것이다.

어머니는 성민이가 한술 더 떠 불량서클의 우두머리가 되자, 어떻게 이 문제를 해결할 수 있는지 그 답을 절실하게 알고 싶어 했다. 이 때문에 리딩을 한 후에 이런 조언을 드렸다.

"성민이를 지나치게 나무라지 마세요. 성민이의 문제는 어머니의 문제입니다. 아들만의 문제가 아닙니다. 오히려 말하지 말고 실천을 하세요. 성민이가 다른 사람을 아프게 하는 잘못을 저지르는 만큼, 어머니는 다른 사람의 아픔을 돕고 치유하는 봉사활동을 하세요. 그러면 성민이가 가진 그 부정적인 측면은 상쇄될 수 있습니다. 다시 말해 어머니가 타인을 위해 희생하고 봉사하면 그 긍정적 에너지가 되돌아와 다른 누군가가 성민이를 돕게 됩니다."

상담을 마치고 돌아간 그녀는 봉사 방법을 찾다가 복지관에서 시행하는 독거노인들의 목욕 봉사를 선택하고 그 누구보다 열심히 노력했다고 했다. 독거노인들의 몸을 씻겨주면서 어머니는 성민이의 상처 난 마음을 씻겨준다고 생각했다. 또 성민이에게 맞거나 돈을 빼앗긴 아이들을 떠올리며, 아들을 대신해 그들에게 사죄한다는 마음으로 노인들을 목욕시켜 주었다. 그리고 다른 봉사자들은 하지 않는 손발 마사지도 성심성의껏 했다.

어머니의 지극한 정성에도 불구하고 성민이의 가출과 비행은 되풀이되었다. 하지만 다른 때와 달리 어머니는 야단치고 간섭하기보다 묵묵하게 타인을 위한 봉사활동에 전념했다. 그 모습을 본 성민이는 처음에는 그런 어머니의 행동을 이상하게만 여겼다. 이런 어머니의 모습을 한참 지켜보게 되면서 성민이는 자신의 과거를 반성하는 마음이 생기기 시작했다고 나중에 털어놓았다.

게다가 그 시점에 마치 어머니의 노력이 보이지 않는 힘을 발휘한 것처럼, 새로 부임한 담임선생님이 유난히 아들에게 많은 관심을 보여주기 시작했다. 선생님은 성민이를 보통의 학생처럼 만드는 것이 유일한 목표인 양 열의를 다해 친자식을 대하듯이 성민이를 야단치기도 하고 달래기도 했다고 한다. 나중에 알고 보니 선생님도 학창시절 불우한 가족 문제 때문에 많은 갈등을 겪었고, 숱하게 방황을 했던 비행청소년이었다. 하지만 그런 자신을 포기하지 않고 끝까지 인내심을 갖고 설득하고 인도해준 좋은 선생님 덕분에 끝내 어려움을 극복하고 교사가 될 수 있었다. 그런 이유로 선생님은 비행청소년의 리더인 성민이를 변화시키면 자연스럽게 다른 아이들도 올바른 길로 이끌 수 있다고 생각하고 열과 성을 다했던 것이다.

결국 어머니의 열성적인 봉사와 선생님의 헌신적인 노력 덕분에 성민이는 자기 자신을 되돌아보고 반성하기 시작했다. 그러면서 공부도 다시 시작했다. 이후 성민이는 건축학을 전공해 건설회사에 입사했고, 저개발 국가의 건설현장을 다니면서 열심히 자기 삶을 살아가고 있다고 전해왔다.

6. 빙의 치료 - 환청에 시달리는 정신분열증 치료 사례[18]

35세의 한인철 씨는 처음 나를 방문했을 때 이미 4년 동안 정신분열증[19] 치료제를 먹고 있었다. 4년 전 갑자기 발병한 이래 계속 정신과 병원에 다니고 있지만 뚜렷하게 나아지지 않았다고 했다. 최면치료를 받으면서도 증상이 아주 심해져 입원해야 할 때가 여러 번 있었다. 그가 가장 힘들어하는 증상은 하루 종일 귓전에 들리는 환청 현상이었다.

> "약을 먹으면 조금 편한 것 같기는 한데 귀에 들리는 소리는 하나도 없어지지 않아요. 하루 종일 들리는 목소리는 제게 자꾸 무당이 되어야 한다고 말해요. 제 안에 분명히 저 말고 다른 누가 들어와 있는 것 같아요… 목소리는 여러 종류가 섞일 때도 있고 한 가지씩 번갈아가며 들릴 때도 있어요. 일상생활 하나하나를 모두 간섭하면서 욕도 하고. 약을 아무리 열심히 먹어도 소리는 줄어들지 않아요."

이 증상은 빙의나 해리성 정체성 장애를 의심할 수 있는 중요한 단서로, 같은 환각 증상도 정신분열증의 환각과 빙의와 해리성 정체성 장애의 환각은 서로 구별되는 특징이 많다. 다른 증상에도 차이가 많지만 환각 증상만 있으면 정신분열증으로 진단되어 부적절한 치료를 받게 되는 것이 현실이다. 이 환자는 수년 동안 정신과 의사의 지시에 따라 약물을 복

---

18) <빙의는 없다>에서 발췌
19) 오늘날에는 조현병이라 불린다.

용해 왔지만 환청이 전혀 줄어들지 않았기 때문에 나는 환자가 원하는 대로 약물치료와 최면치료를 병행하는 것에 동의했다. 이후의 작업은 다음과 같이 진행되었다.

환: (화난 목소리로) 이 사람은 내 건데, 왜 날 쫓아내려는 거요?
의: 너는 누구야?
환: …
의: 이 사람이 아픈 게 너 때문인가?
환: 네… 아니오! (당황한 듯) 이 사람이 죄가 많아서 그래요. 이 놈은 고생 좀 해야 돼.
의: 사람 목소리가 계속 들리는 것도 너 때문이야?
환: … (웃으면서) 그렇지. 내가 계속 이놈 귀에다 말을 하니까.
의: 이 사람을 또 어떤 방법으로 괴롭히고 있어?
환: … (빈정거리듯) 여러 가지지. 겁먹게 하고, 불안하고 우울하게 만들고, 죽고 싶은 생각을 자주 하게 하고.
의: 너만 나가면 이 사람이 좀 편해질까?
환: 아주 편해지지. 아마 다 나을 거요.

이 존재의 애기를 요약하자면, 자신은 환자가 어릴 때 몸이 약해서 쉽게 들어갈 수 있었고 환자의 몸에 들어가기 전에는 주위를 맴돌며 들어갈 기회를 기다렸다고 했다. 자신은 과거의 충격에 의해 분리되어 나온 환자 인격의 일부가 아니고 분명히 외부에서 침입한 존재이며, 자신과 같은 존재들이 수많은 환자들의 다양한 신체적/정신적 질환과 고통의 원인이 되고 있다고 주장했다. 일단 이들의 주장을 그대로 수용하고 그에 맞춰 치료를 진행하기로 했다.

의: 그렇다면 이 사람에게서 나가.
환: … (난감한 듯) 그럴 수는 없어. 이 사람은 내 거니까.

의: 그럼 내가 너를 괴롭혀서 쫓아내야 하나?

환: … (화를 내며) 당신이 왜 상관하는 거야? 어차피 이 사람은 내 손에 죽어. 치료해도 소용없어.

의: 그렇게는 안 되지. 난 이 사람을 낫게 해 줄 거야. 나가는 걸 도와주면 나갈래?

환: (대화를 피하듯 굳은 표정으로 침묵)…

환자 내면에 있는 이 존재들은 일단 발각되고 나면 쉽게 무력해져 나가겠다고 하는 경우가 많지만 끝까지 저항하며 버티는 경우도 자주 있다. 이런 경우 치료자는 동요하지 말고 침착하고 단호한 대응으로 그 존재의 기를 꺾어 환자를 안심시켜야 한다.

치료가 시작되자 환자는 즉시 몸을 크게 뒤틀며 심하게 몸 전체를 떨기 시작했다. 신체 부위에 따라 심한 경련과 근육강직 현상이 일어났고, 온몸에 힘이 들어가면서 얼굴과 목 부분을 중심으로 벌겋게 달아오르는 울혈 현상이 나타났다. 이럴 때 치료자는 옆에서 잘 지켜보면서 지나친 경련과 신체 반응을 적당히 풀어주며 치료를 진행해야 한다.

환: … (다급한 목소리로) 그만, 그만해줘요. … 나갈 테니까 시간을 좀 줘요.

의: 그동안은 이 사람을 안 괴롭힐 거야?

환: 그건 어려워요. 내가 그냥 있기만 해도 이 사람은 힘들어요.

의: 나갈 준비할 시간을 줄 테니까 최대한 편하게 해 줘.

환: (체념한 듯) 그렇게 해 볼게요.

치료를 마칠 때까지 필요한 최면작업의 횟수와 과정은 단 한 번으로 모든 것이 해결되는 환자가 있는 반면, 오랜 시간에 걸쳐 복잡하고 지루한 여러 단계의 치료 과정이 필요한 경우도 많다. 증상이 호전되었다고 문제가 다 해결되는 것은 아니다. 언제나 이런 증상의 뿌리가 될 수 있는 환자 내면의 문제들을 같이 처리하고 환자 스스로 건강하게 자기 관리를 하는 데 필요한 자기최면 기법들을 교육하고 훈련하는 것이 더 중요하다.

이 환자의 경우 환청 현상은 첫 치료 후부터 약해지기 시작했고 세 번째 치료 후로는 먹던 약을 완전히 중단했다. 심한 환청 증상이 사라지고 환자가 자신감을 회복하며 안정을 찾아감에 따라 내면에 숨어 있는 미지의 존재를 무력화시켜 내보내는 작업뿐 아니라 어릴 적 힘들었던 경험과 상처들에 대해 광범위한 대화와 최면분석치료를 병행할 수 있었다.

모두 열두 번의 상담과 최면치료 후 환자 내면의 다른 인격은 더 이상 발견되지 않았고, 환자 스스로도 다른 인격이 완전히 자신을 떠난 것 같다고 했다. 그 후 지금까지 여러 해 동안 과거와 같은 증상은 재발하지 않았고, 몹시 지치거나 힘들 때 가벼운 환청이 들릴 때가 있지만 금방 사라져 생활에 불편이 없는 상태다. 최면치료를 시작한 직후부터 지금까지 약은 전혀 먹지 않고 있다.

최면치료가 도움이 되는 정신질환은 몇 가지 안된다고 생각하는 정신과 의사가 많지만 그것은 큰 오해다. 최근까지도 일반 정신의학 교과서들이 최면의학에 관한 최신 정보들을 제대로 갖추지 못한 채 수십 년 전의 낡은 이론과 자료를 싣고 있어 이런 오해가 생긴 것이다. 또한 정신과 전문의 수련 과정에서도 최면의학 교육과 치료 경험을 얻을 기회가 없기 때문에 이런 오해가 바로잡히지 않고 있다. 환청이나 망상이 있는 정신분열증 환자에게 최면치료를 하면 증상이 더 심해질 수 있어 해서는 안된다는 주장도 있지만 그것은 사실이 아니며, 그런 환자들에게도 적절한 기법의 최면치료는 큰 도움이 된다. 각각의 환자가 보이는 증상의 특징에 따라 적절한 최면치료 기법을 신중하게 쓴다면 아무리 심한 정신분열증 환자에게도 큰 도움이 될 수 있다.

사례에서처럼 약물치료가 거의 도움이 되지 않을 만큼 심한 환각과 망상에 시달리는 정신분열증 환자 중에도 최면기법을 이용해 환청을 없애고 망상을 줄일 수 있는 경우는 상당히 많다. 환자와의 대화가 어느 정도 가능하고 새로운 치료 방법을 조금이라도 받아들일 마음을 가지고 따라온다면 최면치료는 큰 도움이 될 수 있다.

7. 빙의 치료 - 47년 동안 시달려온 사회공포증 치료 사례[20]

60대 초반의 강호철 씨는 어린 시절부터 심한 불안과 대인공포 증상을 겪어 왔고, 그동안 여러 병원을 전전하며 좋다는 치료 방법은 모두 써봤지만 별 효과를 못 봤다고 하였다.

"병원에서 약을 먹으면 잠시 편하기는 한데 그때뿐이고 낫지를 않아요. 잠도 잘 못 자겠고, 조금만 신경을 쓰면 머리도 아프고 음식도 제대로 먹을 수 없어요. 먹기만 하면 가슴과 배가 답답하게 막히는데 사진을 아무리 찍어도 이상이 없으니 진단이 안 나와요. 옛날 초등학교 시절에 생긴 병인데, 젊은 시절 내내 남들 앞에만 가면 위축되고 불안해서 뭘 제대로 할 수가 없었어요. 말이 잘 안 나오고 얼굴이 벌게지면서 손이 떨리니 직장생활도 오래 못 했어요."

약속된 첫 시간에 최면치료의 이론과 과정에 대한 설명을 마치고 바로 치료에 들어가 처음으로 공포 증상을 경험했던 과거의 시점으로 환자를 유도했다.

환: … (얼굴을 찡그리며 불안한 듯) 학교 교실입니다. 선생님이 눈을 부릅뜨고 화난 얼굴로 저를 향해 오세요. 아, 선생님 얼굴이 점점 커지더니… 제 뺨을 세게 때리셨어요. 너무 두렵습니다(숨이 거칠어짐).

의: 긴장을 풀고 편하게 진행합니다. 선생님이 왜 그렇게 화가 나셨나요?

환: … 교실에서 친구와 장난을 쳤어요. 제가 연필을 깎고 있는데 친구가 옆에서 장난을 자꾸 쳤어요. 제게 집적대면서. 그래서 친구를 제지하려고 무심코 연필 깎던 칼을 쥔 채 손을 쳐들었는데, 그때 선생님이 교실에 들어오시다가 그 광경을 보고는 제가 칼로 친구를 어떻게 하

---

20) <빙의는 없다>에서 발췌

려고 했다고 생각하신 거예요. 저를 때리기 직전 선생님의 화난 얼굴을 보면서 가슴이 철렁 내려앉는 것처럼 무섭고 놀랐어요. 그날 이후로 자꾸 위축되고 불안하고, 성격이 어둡고 우울해진 것 같아요. 그 이후로 지금까지 계속 그래요.

첫 시간이었기 때문에 우선 최면 상태에서 환자의 긴장을 더 풀도록 하고 갑자기 뺨을 맞던 공포의 순간을 잠시 지웠다. 그 후 그 충격으로 인해 환자 내면에 생긴 상처에 마음을 집중하게 함으로써 그것을 치유하고 몸과 마음의 안정감과 균형을 심어주는 방법을 가르치고 숙달시켰다. 그 과정에서 환자의 내부에 뭉쳐 있는 검은 덩어리 같은 기운을 찾아내었다.

의: 그것이 언제부터 몸속에 있었나요?

환: (놀란 듯) 화가 난 선생님 얼굴을 보고 겁에 질렸을 때예요. 제 주위에서 맴돌고 있다가 그때 제 안에 뚫고 들어왔답니다.

의: 그럼 밖에서 침입해 들어왔다는 말인가요?

환: 그렇습니다.

의: 그것이 들어온 후로 어떤 영향을 받았습니까?

환: 불안과 공포, 소화불량, 위축감 모두가 이것 때문입니다. 이것만 없으면 다시 건강해질 수 있을 것 같습니다.

의: 그 검은 덩어리의 실체가 어떤 것인지 마음을 집중해 떠올려 봅니다.

환: … (놀라며) 아주 지저분한 남자 모습이 보입니다. 겁에 질린 것 같은데 누군지 모르겠습니다.

의: '왜 내게 들어왔는가?'를 물어보세요.

환: … 제가 좋아서 따라다니면서 들어올 기회를 엿보다가 그 날 놀랐을 때 제 보호막이 깨져서 쉽게 들어올 수 있었답니다.

의: 도와주면 나갈 건지 물어보세요.

환: … 망설이고 있어요.

의: 나갈 생각이 있다면 도와주고 그렇지 않으면 쫓아내겠다고 해 보세요.

환: … 시간을 좀 달라고 합니다.

의: 시간을 주면 '더 이상 나를 괴롭히지 않고 나갈 준비를 하겠는가?'라고 물어보세요.

환: … '그렇게 하겠다'고 합니다. 자기가 발각된 것에 대해 무척 당황해하는 것 같습니다.

의: 그가 뭐라고 하건 상관없이 자신을 강화시키는 작업을 계속 하세요. 그가 나가건 안 나가건 신경 쓰지 말고 계속 그 작업을 지속해야 합니다.

이런 대화를 나눈 후 그날의 치료를 마쳤다. 일주일 후 약속시간에 진료실에 들어서는 그의 모습은 완전히 딴사람 같았다. 검게 늘어졌던 얼굴 피부는 희고 밝게 윤이 났으며 창백하던 안색은 건강한 붉은 색조를 띄고 있었다.

"지난 일주일 사이에 두 배로 건강해졌습니다. 지난번 치료를 마치고 집에 돌아가서 저 혼자 그놈을 불러내서 내보내는 작업을 아주 열심히 했습니다. 처음에는 저항하다가 나중에는 나갔습니다. 그러고 났더니 입맛도 좋아지고 불안이나 공포증도 다 나아버렸어요."

하지만 최면 상태에서 확인한 결과, 그의 믿음과는 달리 지난 시간에 느껴지던 검은 덩어리는 그 자리에 그대로 남아 있었다. 실망하는 그에게 마음의 안정을 되찾을 수 있도록 긴장을 풀어준 후 첫 시간과 마찬가지로 차분하게 내면을 정리하고 치료하는 과정을 반복하며 대화를 이어나갔다.

의: 왜 나가지 않았느냐고 물어보세요.

환: … (화난 목소리로) 저를 속였다고 합니다. 나가는 척하면서 가만히

있었답니다.

의: 나가는 걸 두려워하나요?

환: … 아니라고 하는데, 사실은 두려워 하는 것 같습니다.

의: 밝고 좋은 곳으로 갈 수 있다면 가겠는지 다시 물어보세요.

환: … 가기는 하겠지만, 아직은 더 있고 싶답니다.

자기 안에 있는 이상한 검은 덩어리를 반드시 당장 내보내야 한다는 생각은 사실상 불필요한 것이었지만 환자는 그 생각에 지나칠 정도로 집착하고 있었다. 거의 평생을 그 존재로 인해 고통받았다는 분노와 피해의식이 그를 그렇게 만든 것 같았다. 의지가 아무리 강하고 눈물겹다 해도 상황의 흐름을 파악하고 자기 힘의 초점을 어디에 맞춰야 하는지를 정확히 모른다면 문제는 해결될 수 없다.

"자신을 더 강하게 만들고 계속 잘 관리해 주면 그 존재는 적절한 시점에 스스로 떠나게 됩니다. 그러니 너무 힘들여서 쫓아내려는 생각은 할 필요가 없어요. 조급한 마음을 버리고 내면의 힘을 강화시키는 이미지를 더 많이 생각하세요. 어떤 불편함이나 증상에 대해서도 그 작업은 도움이 됩니다."

세 번째 만났을 때도 그는 "집에서 혼자 내보내려는 노력을 엄청나게 했는데 참 뜻대로 잘 안 되네요. 자꾸 저를 속이고 나가는 척은 하는데, 얼마 후에 다시 해 보면 그대로 있어요. 아무래도 그것이 어떻게 나오건 무시하고 선생님 말씀대로 해야겠어요. 지난 번과 마찬가지로 아주 잘 지냈습니다. 뭐든 자유롭게 먹을 수 있고 소화시킬 수 있으니 참 좋습니다."라고 말했다. 그 시간에는 검은 덩어리 같은 존재를 약화시키는 작업을 하면서 한편으로는 어린 시절부터 살아오면서 입었던 마음의 상처들을 치유하는 연령퇴행 작업을 병행해 나갔다.

첫 시간 이후 불안을 비롯한 힘든 증상들이 모두 사라졌지만 환자 스스로 치료의 원리와 과정을 이해하고 자신을 치료해 나갈 수 있는 기초를 충분히 다질 필요가 있었다. 그러기 위해 이 환자는 모두 5번의 면담과 최면치료가 필요했다. 마지막 시간에 확인했을 때 그 검은 덩어리는 거의 느껴지지 않았고 약간의 회색 흔적만 남아 있었다.

"충격이나 스트레스는 우리 몸과 마음의 건강한 에너지 질서에 약한 부분을 만들고 그 약점을 뚫고 병적인 에너지가 스며들 수 있습니다. 마치 피부가 찢어지면 세균이 침투해 염증을 일으키는 것과 비슷한 원리죠. 잘 없어지지 않는 검은 덩어리 같은 것을 느끼면 그것에 마음을 집중하기보다 자신을 강화시키는 작업에 의식을 집중하는 것이 더 효과적일 때가 많습니다."

"그동안 감사했습니다. 이번 치료를 통해 정말 많은 것을 새롭게 생각하고 느끼게 되었습니다. 처음엔 불안과 공포증만 좀 낫게 할 수 있어도 다행이라고 생각했는데 이렇게 몸까지 편해지니 참 행복합니다."

이런 대화를 나누고 치료를 마친 지 벌써 여러 해가 흘렀다.

8. 빙의 치료 - 만성피로증후군 치료 사례[21]

20대 초반의 여대생인 신경미 씨는 만 2년이 넘도록 만성피로증후군 전문 내과의원에서 먹는 약과 주사제로 치료를 받아왔다. 그녀가 느끼는 주증상은 항상 무기력하고 우울하며 온몸에 기운이 없어 오후만 되면 졸음을 참기 힘들고, 기억력과 집중력이 떨어져 학교 공부를 따라가기 어렵다는 것이었다.

그녀는 고등학교 3학년 때부터 이런 증상이 시작된 것 같은데 3년이 지난 지금도 전혀 나아지지 않았고, 이대로는 사회생활도 도저히 못 할 것 같다고 하였다. 그녀는 그동안 한약도 먹어보고 기 치료도 받아 보고

---

21) <빙의는 없다>에서 발췌

안 해본 것이 없다고 하였다.

가벼운 최면 상태에서 그녀는 자기 몸 전체를 채우고 있는 이상한 느낌의 어두운 기운을 찾아낼 수 있었고 그것이 자기 병의 원인이라는 직감이 들었다.

의: 그 기운이 몸의 어떤 부분에 가장 밀접해 있나요?

환: 머리와 가슴이요. 다른 부분보다 더 검고 단단한 것 같아요.

의: 그 검은 기운과 의사소통할 수 있습니다. '언제부터 거기 있었는지' 물어보세요.

환: (놀란 목소리로) '다섯 살'이라는 느낌이 들어요.

의: '내가 아픈 것이 너 때문이냐?'고 물어보세요.

환: 대답을 피하는 것 같은데… 긍정하는 것 같아요.

의: 나하고 직접 대화할 생각이 있는지 물어보세요.

환: (잠시 침묵하다가 표정과 목소리가 남자처럼 거칠게 변하며) 당신이 왜 이 일에 끼어드는 거야? 날 가만히 놔둬.

의: 너 때문에 이 사람이 고생을 하니까 그렇지.

환: (화가 나 못 견디겠다는 듯) 이년은 죽어야 돼. 아주 나쁜 년이야.

의: 왜 그래야 되지?

환: (괴로운 듯 몸을 떨며 울기 시작함) 이년이 옛날에 날 학대했어. 때리고 욕하고 발로 차고, 그러다 날 죽였어.

의: 옛날이라니, 언제를 말하는 거야?

환: 오래된 전생이지. 난 이년 집에서 일하는 하인이었는데, 그때 우린 둘 다 남자였어. 자기 부인이 보석을 잃어버렸는데, 늘 미워하던 나를 범인으로 몰아서 때리고 가둔 채 굶어죽게 했지. 난 복수하기 위해 찾아온 거야. 바로 앞의 삶에서도 내가 복수를 했어. 내가 그렇게 죽는 바람에 우리 어머니도 슬퍼하다 돌아가셨어. 이 인간은 죗값을 반드시 치러야 해.

의: 네 말이 사실이라 해도 이미 오래전 일이고, 이 사람은 나름대로 죗

값을 치르고 있을 거야. 네가 나서서 복수를 하지 않아도 영혼과 우주의 법칙은 누구에게나 공평하게 정의를 실현하잖아? 복수를 한다고 분노와 증오를 품으면 그로 인해 네 고통만 더 심해지고 풀어야 할 일들이 더 복잡해지지.

환: (고민하듯 침묵하다 존댓말을 쓰기 시작) 알고 있지만 이 사람을 편하게 놔둘 수는 없어요.

의: 네가 고통을 당했다는 그 삶의 기억들을 떠올려봐. 지금부터 그 삶의 고통들에 대해 풀어가는 치료를 할 수 있어.

환: (갑자기 몸을 뒤틀며 괴로운 듯 신음함) 아, 나는 훔치지 않았어. 내가 아니란 말이야!

의: 지금 어떤 일이 일어나고 있어?

환: (눈물을 흘리며) 사람들이 나를 둘러싸고 때리고 있어요. 그 집에서 같이 일하던 하인들인데, 내가 주인의 보석을 훔쳤다고요. 그런데 나는 절대 훔치지 않았어요! 같이 일하고 고생했던 사이인데 이놈들이 어떻게 내게 이럴 수 있어? 주인은 보이지 않아요.

의: 시간이 가면서 어떤 일들이 있었는지 기억해 봐.

환: (힘없고 작은 소리로) 그렇게 맞다가 정신을 잃었고… 캄캄한 곳에 갇혔어요.

의: 어떤 곳인지 느껴봐.

환: 흙바닥이고… 그 집에 있는 창고예요. 몸을 움직일 수 없어요. 많이 다쳐서… (담담하게) 3일 후에, 그대로 누운 채 죽었어요. 움직이지 못하고 누워 있을 때는 쥐들이 내 옆을 지나다녔는데 죽은 후에는 내 몸을 파먹었어요. 죽을 때까지 아무도 와보지 않았고 물도 음식도 넣어주지 않았어요. 죽고 나서 열흘이 지나서야 하인들이 와보고 밤에 시신을 몰래 가져다 산에 묻어버렸어요.

의: 갇힌 채 죽어가면서 뭘 느끼고 어떤 생각들을 했어?

환: (눈물을 흘리며 비통한 목소리로) 억울함과 분노, 아무것도 모르고 집에서 나를 기다리고 계실 어머니에 대한 걱정… 그들은 내가 보석

을 훔쳐서 먼 곳으로 도망갔다고 어머니에게 말했어요.

의: 죽기 직전에 자신이 뭘 생각했는지 기억해봐.

환: (몸을 떨며) 복수, 복수하겠다고 마음을 다지고 있어요.

저항하기로 마음먹은 이 인격들은 상대방의 힘과 지혜와 의지가 자신보다 강하다고 느낄 때에만 타협하거나 굴복한다. 이들은 자신에게 압박을 가하는 치료자에게 처음에는 공격적으로 대하다가도 자기 힘으로 그를 이길 수 없다고 느끼거나 치료자의 말에 설득되면 이 환자의 경우처럼 자발적으로 존댓말을 쓰며 저자세로 변한다. 치료자는 되도록 힘을 사용하지 않고 대화와 인내로 문제를 풀어가는 것이 바람직하지만, 그것이 받아들여지지 않을 때는 아주 엄격하고 강한 힘으로 이들을 통제하고 제압할 수 있어야 한다.

의: 죽음의 순간을 넘어가며 어떤 일들이 있었는지 기억해봐.

환: (몸을 떨며) 죽어 있는 내 몸이 보여요. 허공에 떠서 내려다보고 있는데, 비통하고 처참한 심정이에요.

의: 그 상태에서 자신이 어디로 가는지, 어떤 일이 이어지는지 느껴봐.

환: (성난 목소리로) 내게 빛이 다가왔지만, 따라가지 않았지. 나는 빛을 피해버렸어. 얼마 후 그 분이 내게 복수를 도와주겠다고 했어요.

의: 그 분이라니?

환: 그 분은 온 우주의 어둠을 지배하는 큰 힘을 가졌어요. 사람들이 '악마'라고 부르는 존재죠. 자기를 도와주면 내가 복수할 수 있게 해준다고 했어요.

의: 자기를 어떻게 도와달래?

환: (음흉하게 웃으며) 사람들을 괴롭히면 된대요. 서로 싸우게 하고, 죽이고 파괴하는 일이죠. 그는 내가 가진 분노를 칭찬하면서 자기가 도와줄 테니 나를 죽인 사람들을 모두 죽이라고 했어요.

의: 그래서 어떻게 했어?

환: (통쾌한 듯) 두 사람을 죽였어요. 주인 남자 그리고 나를 가장 심하게 때렸던 동료 하인을 죽였죠. 주인남자에게는 내가 들어가서 하루 종일 무서운 환청이 들리게 했어요. 그는 두려움 때문에 술을 계속 마시다가 물에 빠져 죽었고, 그 하인은 다른 하인의 칼에 죽게 만들었어요.

의: 그렇게 복수했는데 지금 왜 또 이 사람을 괴롭히는 거야?

환: (풀이 죽은 목소리로) 복수를 한 후에 나는 후회와 공허함을 느꼈고 내 행동이 잘못되었다는 사실을 깨닫게 되었어요. 빛을 따라가야 한다는 생각을 했는데, 그 분이 나를 가로막았어요. 내가 이미 자신의 말을 듣고 사람을 죽였으니 빛을 따라가면 지옥의 불 속으로 가게 된다면서요. 계속 자기 말을 들어야 지옥에 빠지는 것을 피할 수 있다고 하면서 자기 말을 듣지 않으면 내 영혼이 완전히 파괴되어 영원히 사라지게 된다고 했어요… 내키지는 않았지만 지옥에 대한 두려움 때문에 그의 말을 들을 수밖에 없었어요. 나처럼 그의 지배를 받게 된 영혼이 아주 많아요. 그는 내게 이 사람이 태어날 때마다 따라가서 죽이라고 했어요.

의: 그래서 지금 만족해?

환: (눈물을 흘리며) 아뇨.

의: 그 삶에서 너를 죽였던 주인남자와 하인들의 모습을 떠올려봐. 그리고 그들의 내면을 자세히 들여다봐. 어떤 힘이 그들을 악하게 만들고 그런 짓을 하게 만드는가 살펴봐.

환: (무척 놀란 목소리로) 그 사람들의 내면과 주위에 그 분의 부하들이 몰려와 있어요. 아, 그 어둠의 힘이 주인남자와 하인들을 부추겨서 나를 죽이게 만들었어요. 그 사람들이 나빴던 것이 아니군요.

의: 그 악마가 너를 속인 거야?

환: (울먹이며) 네, 이 사람에게 미안해요. 제가 빛을 찾아갈 수 있게 도와주세요.

의: 당장 나갈 수 있을지 잘 살펴봐.

환: 그 분이 보낸 검은 존재들이 주위를 에워싸고 막으려 해요. 그 분이
    화가 많이 났어요.

의: 상관하지 말고 두려워하지 마. 너를 어떻게 할 수 없을 테니.

환: 네, 도와주세요.

빛을 따라갈 수 있도록 마음의 준비를 시키고 주위를 에워싼다는 검은
존재들을 제거한 후 나갈 수 있는 길을 열어주자 이 존재는 곧 환자의
몸에서 빠져나가기 시작했다.

잠시 후 환자는 편안해진 얼굴로 "검은 기운이 모두 빠져나갔다."고 말
했다. 온몸을 깨끗이 정화하고 밝고 건강한 에너지를 채우도록 한 후 깨
웠을 때 환자는 눈을 동그랗게 뜨고 놀랍다는 듯이 자신이 느낀 일을 말
했다.

"제 몸에서 검은 기운이 마치 연기가 굴뚝을 타고 올라가듯 하늘로
빨려 올라갔어요. 몸속에서 이리저리 움직이던 그 검은 연기 같은 존재
는 절대 환상이 아니었어요. 하늘에서부터 제 머리 위까지 굉장히 밝은
빛이 통로처럼 연결되었고 그 빛을 따라 빠져나갔어요. 그 빛의 통로 주
변에는 짙은 어둠이 밀려왔는데 빛 자체를 뚫고 들어오지는 못했어요."

대화를 마치고 최면에 들어가 어린 시절부터 지금에 이르는 동안의 중
요했던 경험을 몇 가지 회상한 후 몸 전체와 주변 공간을 정화하고 강화
시키는 치료를 계속 시켰다. 검은 기운이 차지하고 있던 신체 부위에 남
아 있는 상처와 찌꺼기를 모두 제거하고 새롭고 건강한 질서를 회복하는
것을 끝으로 그 시간을 마쳤다.

내게 꽃을 내밀며 이렇게 말하고 돌아간 지 2년이 지난 후에 그녀는
계속 잘 지내고 있다는 연하장을 보내왔고, 그 후 4년이 더 흐른 지금까
지 건강하게 지내고 있다.

9. 다중인격장애 치료 - 만성 우울증 치료 사례[22]

35세의 미혼 직장여성인 안정숙 씨는 중학교 시절부터 시작된 만성적 우울 증상과 대인관계의 불안, 충동적 행동이 점점 심해져 가까운 정신과 병원을 찾아 치료를 시작했다. 약을 먹고 상담을 하면서 증상이 조금 호전되기는 했지만 마음속 깊이 자리잡은 우울과 불안은 없어지지 않았다. 대학에 가서는 대학병원 정신과에서 정신분석적 상담치료를 4년 동안 받았지만 별로 나아지는 것이 없었고 증상의 원인도 깊이 파악할 수 없었다.

환자 내면에 숨어있는 증상의 뿌리들은 일반 정신과 상담으로 밝혀내기 어렵다. 시간과 노력을 많이 투자해 정신분석 치료를 장기간 받는다 해도 증상의 원인들이 숨어 있는 내면의식 속으로 뚫고 들어가기는 쉬운 일이 아니다. 첫 치료 시간에 그녀는 불안이나 우울 증상과 관계 깊은 어린 시절로 자유롭게 연령퇴행이 되었다.

의: 지금 어디에 있어요?

환: (울먹이기 시작함) …

의: 거기가 어딘가요? 편안하게 살펴보세요. 어떤 상황에 있습니까?

환: … (작은 소리로 울음을 삼키며) 엄마와 아빠가 싸우고 있어요, 안방에서요. 저는 옆방에서 떨고 있어요.

의: 자신이 몇 살인지, 그리고 뭘 생각하고 느끼는지 말해 보세요.

환: … 저는 다섯 살이예요. 너무 무서워요. 엄마가 비명을 지르고, 물건이 부서지는 소리가 들려요.

의: 그런 일이 자주 있나요?

환: 네, 거의 매일 그랬어요. 저와 동생들은 아버지가 저녁에 집에 들어오시면 언제나 불안했어요. (심하게 울먹이기 시작함)

어린 시절의 괴로웠던 기억들과 그로 인해 내면에 오랫동안 쌓여온 부

---

22) <빙의는 없다>에서 발췌

정적 에너지들을 찾아 차례로 다시 경험하며 소멸시키는 것은 여러 가지 증상 해소에 큰 도움이 된다. 최면은 평소 전혀 기억하지 못하던 과거의 충격적 사실들을 찾아내는 데도 도움을 주지만, 늘 기억하고 있던 일들도 긴장이 풀린 최면 상태에서 다시 떠올리면 그 사건을 겪었을 때의 괴롭고 강렬했던 감정들을 그 당시로 돌아가 생생하게 느끼며 해소시킬 수 있다.

두 번째 치료 시간에는 환자의 입을 통해 자신이 열 살이라고 주장하는 '정희'라는 여자아이의 인격과 얘기를 나누게 되었다.

> 환: (작은 소리로) 제 머릿속에 누가 있어요. 어린아이 같은데, 저를 보고 치료를 받지 말라고 해요.
> 의: 그게 누구죠? 안에 있는 그 아이에게 말을 걸어보세요. 이름이 뭔가요?
> 환: … (목소리와 표정이 어린아이처럼 변하며) 정희요.
> 의: 몇 살이에요?
> 환: (수줍은 듯) 열 살이요.
> 의: 어디에서 왔어요?
> 환: 몰라요… 원래 여기 있었어요. 제가 이 사람이에요.
> 의: 그런데 왜 따로 살고 있어요? 지금은 이 사람이 아닌가요?
> 환: 네… 혼자 사는게 좋아요.
> 의: 왜 혼자 사는게 좋죠?
> 환: (우울한 목소리로) 엄마, 아빠가 너무 싸워서요…

해리성 정체성 장애가 생기는 이유는 어린 시절의 심한 정서적 충격과 상처가 그 사람의 정상적 인격의 일부를 마치 파편처럼 떨어져 나오게 하기 때문이라는 것이 학자들의 해석이다. 이런 식으로 인격의 일부가 떨어져 나오는 것을 '해리'라고 부르고 해리성 정체성 장애 외에도 여러 가지 정신 증상의 원인이 된다고 본다. 이 환자도 부모의 잦은 충돌과 갈등 상황이 인격의 한 부분을 해리시켜 '정희'라는 이름의 새로운 존재를 탄생시켰다고 볼 수 있다.

　정체불명의 인격들에게 나는 대개 반말로 대화를 진행하지만 겁에 질린 어린 인격인 정희에게는 상냥한 존댓말로 대화를 풀어나갔다. 물론 정희라는 존재도 치료자와 환자를 혼란에 빠뜨리기 위해 꾸며낸 다른 인격의 가면일 수 있었지만 그것은 대화를 이어가다 보면 저절로 드러나기 때문에 처음부터 신경 쓸 필요는 없었다.

　의: 그렇게 힘든데 정희는 어떻게 견디나요?
　환: (작은 소리로) 그냥 참아요.
　의: 누가 같이 있나요?
　환: 아니요. 저 혼자 있어요.
　의: 이젠 엄마 아빠가 안 싸우니까 무서워하지 않아도 돼요. 괜찮으니까
　　　그 방에서 나올래요?
　환: (아주 작은 소리로) 못 나가요… 여긴 문이 없어요… 내가 다 막았어
　　　요.
　의: 그럼 문을 만들어주면 나올래요?
　환: (망설이며 주저함) …

　나는 환자로 하여금 그 방에 햇살이 들어오는 작은 창문을 만들어 방 전체가 조금씩 밝아지는 모습을 상상하도록 했다. 그리고 정희가 열고 나올 수 있도록 출입문도 만들도록 했다.

　의: 아무 일 없으니 이제 나올 수 있어요. 원래 자기 자리로 돌아가면
　　　돼요.
　환: (겁에 질린 목소리로 울면서) 안 돼요… 못 해요… 싫어요!

　정희가 가지고 있는 불안과 공포, 의심을 우선 가라앉힌 후 나는 환자의 건강한 성인 인격에게 그 방으로 들어가서 정희를 따뜻하게 가슴에

안고 달래주며 안심시키도록 했다. 그리고 편안해진 어린아이 모습의 정희가 건강한 성인 모습의 인격 속에 녹아들어가 하나가 되는 모습을 그리도록 했다. 마무리 작업을 마친 후 깨어난 환자는 눈물을 흘리며 "그 아이의 모습이 제 어릴 때와 똑같았어요. 자라면서 저는 그때 그 악몽 같은 시간들을 전부 잊고 극복한 줄 알았어요. 그런데 그게 아니었네요. 그때의 괴로움이 하나도 나아지지 않고 제 안에 고스란히 남아 있었어요. 지금 마음은 아프지만 가슴이 참 후련하고 가벼워요."

정희는 자신이 분리되어 나왔던 때의 괴롭고 불안했던 감정 상태에 묶인 채 환자의 무의식 속에 숨어 생활 전반에 악영향을 끼쳐온 것이다. 정희가 사라짐과 동시에 그가 가지고 있던 우울과 무기력, 불안과 유아적이고 충동적인 행동들도 모두 같이 사라져버렸다.

증상이 모두 사라진 후에도 몇 번 더 이어진 치료 시간에는 연령퇴행으로 어린 시절의 중요한 상처들을 치유하면서 현실적 문제들에 대한 상담과, 생활 속에서 혼자 꾸준히 실천해야 할 자기 최면치료 기법들을 연습시켰다. 그녀는 힘든 일이 있으면 꼭 다시 찾아오겠다는 말을 남기고 떠났고 그 후 여러 해가 지난 지금까지 소식이 없다.

10. 전생 · 빙의 치료 – 경계성 인격장애 치료 사례[23]

36세의 유성준 씨는 조절할 수 없는 성적 탐닉과 계속되는 충동적이고 자기 파괴적인 행동들을 고치기 위해 병원을 찾았다. 다른 병원에서 7번의 최면치료를 받아봤지만 효과가 없었고, 정신과 상담치료 또한 몇 군데서 받아봤지만 전혀 도움이 되지 않았다고 했다. 그를 치료했던 정신과 의사들 중 2명 이상이 경계성 인격장애[24]로 진단했다고 한다.

그는 항상 자기 능력에 대한 불신과 공부에 대한 두려움이 마음을 짓눌러 섹스 관련 잡지와 책을 탐독하고 만화방과 비디오방, 사창가를 전전

---

23) <빙의는 없다>에서 발췌
24) 보통은 성격장애(personality disorders)라고 하는데, 여기서는 책의 표현을 그대로 실었다.

하며 시간을 보낼 때가 많다고 했다. 지금은 출신교의 대학원에서 박사과정을 하고 있지만 10년째 학위를 마치지 못하고 있어 1년 후에도 논문이 통과되지 않으면 학위를 포기해야 한다고 했다.

대학원에 진학한 지 얼마 안 돼 결혼을 했지만 한 달 만에 이혼했고, 그 후 재혼해 아들이 하나 있다고 했다. 어머니와 두 명의 동생이 있지만 관계가 좋지 않다고 했다. 전공이 마음에 안 드는 것도 힘들고, 사창가에서 성병이 옮지는 않을까 걱정하면서도 계속 그런 생활을 하는 자신을 이해할 수 없다고 했다.

해리 증상과 다중인격장애를 연구하는 학자들은 경계성 인격장애 환자가 보이는 증상들이 사실은 해리 현상에 의한 것이라고 주장한다. 다만 정신과 의사들이 빙의 또는 다중인격장애라는 진단에 익숙하지 않기 때문에 경계성 인격장애라는 애매한 이름으로 진단되고, 그로 인해 적절한 치료를 받기 힘들어 치료 성과도 적다는 것인데 나 역시 이 주장에 공감한다.

처음 두 번의 치료 시간에 환자는 어린 시절의 중요했던 일들과 가족관계에 대해 주로 이야기했다. 다섯 번째 치료까지는 대화를 중심으로 그의 삶 전반의 모습을 살펴보고 여러 현실적 문제 해결에 필요한 가장 합리적이고 적절한 방법들을 의논했다.

여섯 번째 치료 시간에는 환자의 내면에서 노인과 어린이의 모습과 특징으로 이루어진 정체불명의 인격들이 여럿 발견되었다. 이들은 모두 '외부에서 침투해 들어왔다.'고 주장하며 자신들이 이 환자가 겪는 여러 증상들의 가장 큰 원인이라고 대답했다. 이들을 무력화시킨 후 제거하고 환자에게 스스로를 관리하고 보호하는 자기최면 기법들을 가르쳐주었다. 그 작업이 끝나고 나서 환자는 "머리가 훨씬 맑아졌어요. 항상 뭔가 머릿속에 꽉 차서 답답했는데 그게 없어졌고 가슴도 눌리는 느낌이 없어요."라며 개운해했다.

이후 몇 번에 걸친 전생퇴행과 죽음의 경험, 영혼으로서의 기억과 현재 자아의 한계를 초월한 높은 의식의 관점에서 바라본 자신의 모습 등 여러 종류의 자아초월적 최면기법을 상담과 적절히 섞어쓰면서 환자는 하루가 다르게 변해갔다. 여러 번의 전생 기억을 떠올린 후 환자는 최면 상태에서 자신에 대해 이렇게 말했다.

> 환: 이번 삶에서 저는 앞선 삶에서의 어리석음과 이기심을 극복해야 합니다. 지금 저를 괴롭히는 동생과 어머니에게는 전생에서 제가 빚진 것이 많습니다. 제게 어려움을 주었던 모든 사람들을 저는 전생에서 이미 만났었고, 지금 그들이 제게 고통을 주는 것은 제가 그때 그들에게 고통을 주었기 때문입니다.
>
> 제 증상의 원인 중에는 빙의 현상도 있었는데, 이것 역시 제가 태어나기 전에 이미 계획되어 있던 일이었고 제 영혼의 힘을 다지기 위한 예방주사라는 마음으로 받아들였습니다. 이번 삶이 무척 힘들 것을 태어나기 전부터 알고 있었지만 제 영혼이 성장하기 위한 필수 과정이라는 사실을 알고 모든 어려움을 받아들였습니다. 이 치료 경험을 통해 저는 내면에 있는 영혼의 지혜에 점점 눈을 떠가고 있고 불안 속에서 왜곡되었던 것들을 모두 바로잡아가는 중입니다.

또 한번은 최면치료 도중 누군가가 옆에서 말하는 것처럼 "지금까지 수고했다. 이제 너는 한 단계 도약했다. 앞으로 네게는 새로운 세계가 열릴 것이다. 훌륭한 지도자가 될 수 있을 것이다."라는 목소리가 들린다고 했다. 마음이 안정을 찾아감에 따라 학교에서의 생활도 훨씬 나아져 주위의 선배 교수들로부터 능력을 인정받으며 점점 할 일도 많아졌다. 나는 그의 상태가 좋아짐에 따라 거의 포기 단계에 있었던 박사학위에도 적극적으로 도전해 보도록 권유했다.

"제가 정말 할 수 있을까요? 지도교수님이 워낙 까다롭고 저를 무능한 놈으로 찍어놔서 웬만해서는 어려울 것 같은데요. 10년 동안 제가 학위 때문에 얼마나 고민했는지 모르실 겁니다. 목에 걸린 가시나 족쇄처럼 이것만 생각하면 가슴이 답답해지죠."

"그 생각부터 버리세요. 모든 것은 마음이 만들어가는 것입니다. 그런 생각을 가지고 있다면 그 생각의 파장과 에너지가 자신을 감싸고 묶어버리게 돼요. 교수님께도 지금의 달라진 자신이 가지고 있는 안정된 파장을 텔레파시로 전해야 합니다. '저는 충분히 할 수 있고 그만한 능력과 자격이 됩니다.'라는 메시지를 마음의 파장을 통해 교수님과 심사위원들에게 자꾸 전하고 스스로도 그 생각의 에너지 속에 늘 머물러야 합니다. 그에 따르는 노력은 당연히 해야 하고요."

그 후 그는 논문 하나를 짧은 기간 안에 완성해 학술지에 싣는 데 성공함으로써 지도교수의 칭찬을 들을 수 있었다. 또한 박사학위를 위한 논문 제목에 대한 공청회와 심사위원들의 구두시험에도 지난 10년과는 달리 이상할 정도로 호의를 보이며 도와주는 지도교수의 태도로 큰 어려움 없이 통과해, 드디어 그토록 소원하던 박사학위를 손에 쥐게 되었다.

스무 번 정도의 최면치료 과정을 거치면서 그는 평생 고통을 당했던 여러 문제들로부터 벗어났고, 자신을 포함한 가족 모두가 불가능할 것으로 여겼던 박사학위까지 받음으로써 가족과 주위의 신뢰도 다시 얻게 되었다. 학위 취득 후 얼마 지나지 않아 조건과 전망이 더 나은 대학으로 직장을 옮길 수 있었고, 새 직장에서는 아주 유능한 교수로 인정받아 해를 거듭하면서 순조로운 승진과 함께 중요 보직을 두루 거치는 교수가 되었다.

경계성 인격장애 환자는 치료가 어렵다는 선입견을 가지면 이런 환자들을 적극적으로 돕기 힘들다. 여러 방법의 치료에도 잘 낫지 않는 환자들 중에는 상담과 (자아초월) 최면치료를 적절히 활용해 이처럼 성공적으로 치료될 수 있는 환자가 아주 많기 때문에 정신과 의사들은 최면치료의 여러 기법에 대해 더 관심을 가져야 한다.

11. NLP 상담 - 마음대로 움직이고 싶은 ADHD 치료 사례[25]

초등학교 5학년 남학생과 학생의 어머니가 함께 Wee에 찾았다.

"제 아들이 다른 친구들과 어울리지 못해요. 그리고 매우 산만하고 집중력도 많이 떨어집니다. 가장 큰 문제는 계속 산만하게 돌아다닌다는 겁니다." 어머니는 아들의 산만함을 호소했다. 움직임이 너무 많아 걱정이라고 했다. 하지만 독서를 할 때는 옆에서 불이 나도 모를 정도로 엄청난 집중력을 보인다고 했다.

나는 일단 산만함이 학생으로서 자연스러울 수 있으며, 에디슨도 그러한 사람이었다고 어머니를 안심시켰다. 어머니는 학생과 조금 떨어진 자리에 가서 앉았고, 나는 학생과 상담을 시작했다.

상: 어머니 말씀을 들어보니 너는 독서할 때는 집중력이 대단하다며? 그건 대단한 큰 장점이야. 계속 이어가면 아마 에디슨처럼 유명해질 거야. 그런데 지금 네가 바꾸고 싶은 것이 있을까?

내: 사실 남들과 어울리기가 싫어요. 그리고 전 여러 가지를 하고 싶어 돌아다니는 거예요.

상: 그래, 그 부분은 이해한다. 그런데 무엇 때문에 남과 어울리기 싫으니?

내: 다른 사람들이나 친구들이 욕을 많이 하고요, 비속어를 많이 써요.

상: 친구들이 나쁜 말을 많이 하는구나. 그럴 때 넌 어떤 마음이 생기니?

내: 입을 틀어막고 싶고, 귀찮아지며, 어울리기가 싫어요.

상: 넌 친구와 어울리기 싫고 혼자 있고 싶은 거니?

내: 그건 아니에요. 친구들과 어울리고 싶어요. 그런데 친구들이 욕을 하고 이상한 말을 하는 것이 싫어요.

상: 친구들과는 잘 지내고 싶은 마음이 있구나. 그런데 언제부터 이것저것 관심이 많고 돌아다니고 싶었니?

내: 여섯 살 때부터 제가 호기심이 많은 걸 알았어요. 저도 차분하게 있

25) <구속된 마음 자유를 상상하다>에서 발췌

고 싶지만 그렇게 잘 되지 않아요.

상: 너도 차분해지고 싶은 마음은 있구나. 그런데 욕하는 소리는 언제부터 듣기 싫었을까?

내: 다섯 살 때 동네 형이 나를 공격하고 욕하며 때렸을 때부터 그랬어요.

상: 혹시 학교에서 친구들이 험한 말을 할 때 마음이 어떠니? 두려운 마음도 드니? 마치 다섯 살 때 널 괴롭히던 동네 형처럼 느껴지니?

내: 네, 비슷한 것 같아요.

상: 오늘부터 어떤 일이 있어도 당당하고 떳떳하게 살겠다고 선생님하고 약속하자. 그리고 당당해져야 누가 건드리지 못하지 않겠니? 지금 약속해야 상담을 진행할 수 있어. 어떠니, 당당해질 준비가 되었니?

내: 예, 좋아요.

상: 자, 이제 눈을 감아볼까? 우리 당당해지기로 약속했지? 그럼 이제부터 약한 마음과는 이별하자. 알겠지?

내: (눈을 감고) 예.

상: 사람은 여러 가지 마음을 가지고 있단다. 너는 독서할 때를 제외하고는 몸을 움직이고 싶은 마음, 공격당할 것 같아 피하고 싶은 마음이 있는 것 같아. 그 마음을 생각해 봐. 그 마음은 얼마나 크니?

내: 많이 커요.

상: 그 마음을 느껴 볼까? 몸 어디에서 반응하니?

내: 가슴 왼쪽이요.

상: 왼쪽 가슴을 마음의 눈으로 바라볼까? 무슨 색깔이니?

내: 검고… 붉은색이에요.

상: 그 마음이 어떤 형태를 띠고 있을 것 같아. 모양은 어떻지?

내: 탱글탱글하고요… 무기가 보여요. 절 괴롭혔던 형이 보여요. 창을 들고 절 괴롭히려고 해요.

상: 그 형에게 단호하게 말해 볼까? '이제 당당하게 살기로 했으니, 내 마음에서 나가!'하고 말해 보자.

내: 형, 난 당당하게 살기로 했으니 내 마음에서 떠나는 게 좋겠어. 난

이제 당하고만 살지 않겠다고 다짐했거든.

상: 그 형이 뭐라고 답하지?

내: 안 간다고 하네요.

상: 그럼 왜 계속 네 마음속에 남아 있으려는지 물어볼까?

내: … 저에게 용기를 주기 위해서라고 하는데요.

상: 용기를 주기 위해서 있었구나. 그럼 너에게 '용기 없는 마음'이 있다는 의미겠구나. '난 용기가 없어'라고 말해 보자. 그리고 그 마음이… 용기가 없는 네 마음이 몸 어디에서 느껴지니?

내: 머리 오른쪽에서 생각나요. 배구공 만큼의 크기인 것 같아요. 6학년 여자와 비슷한 모습 같아요.

상: 6학년 여자아이 같은 마음이 네 머리에 있구나. 그럼 지금 그 아이에게 이렇게 말해 보자. '나는 당당하게 살기로 했어. 내 마음속에서 이제 떠나!'

내: 이제 떠나 줘. 난 당당하게 살기로 했어. 이제 그만 떠나!

상: 여자아이처럼 보이는 마음은 뭐라고 하니?

내: 고개를 숙이고 간다고 해요.

상: 이제 용기 없는 마음을 보내자. 용기 없는 마음에게 말합니다. 하늘을 올려다보세요. 하늘에서 광명의 빛이 내려옵니다. 제가 셋을 세면 학생의 마음속에서 나와 빛을 타고 하늘 높게 올라가 주세요. 하나, 둘, 셋! 어때, 간 것 같니?

내: 예, 갔어요.

상: 이제 네 마음속에서 용기가 없다고 한 마음은 갔어. 용기가 없는 마음이 떠났다는 건 너에게 용기가 생겼다는 의미이지. 이제 너에겐 용기가 생겼어. 그렇지?

내: 예

상: 그 형(두려움)에게 당당하게 살겠다고 말해라. 그럼 간다고 할 거야.

내: 나는 용기가 생겼어. 떳떳하고 당당하게 살 거야. 너 없어도 살 수 있어, 가!… 간다고 하네요.

보통 분아와 이별하는 과정에선 하늘에서 광명의 빛이 내려오는 것을 상상하고 그 빛을 타고 분아가 올라가도록 암시한다. 이러한 암시를 통해 '분아와 이별'하는 장면을 시각화할 수 있으며, 내담자는 시각화된 장면을 떠올리며 분아와 이별할 수 있다. 이제는 시간선 치료를 통해 자아상의 변화를 진행할 차례다.

상: 눈을 감고 상상 속에서 내 말에 따릅니다. 다섯 살 때 동네 형이 괴롭혔던 장면을 떠올려 보세요. 좋아요, 이제 그 장면에서 하늘로 날아오르세요. 아파트 10층 높이로 올라갑니다. 그 장면이 보이니?

내: 약간 보이는 것 같아요.

상: 그럼 비행기 높이로 날아올라 갑니다. 보이니?

내: 이젠 안 보여요.

상: 좋아. 그런데 나는 왜 그 형한테 당했는지… 그리고 앞으로 안 당하려면 어떻게 해야 하는지… 네 나름대로 그때 일을 겪고 얻는 교훈이 있을 거야. 생각해 보자.

내: 당당하고 떳떳하고 강해져 살면 된다!

상: 그렇지! 맞아! 이제 우주 공간까지 날아올라 간다. 그리고 타임머신을 타고 일년 전 네 살 때로 간다. 그리고 그 공중에서 힘을 기르는 거야. 강하고… 용기 있고… 누가 공격해도 방어할 수 있는 태권도도 배우고… 그렇게 점점 강해지면서 1년이 지나간다. 1년 후 다시 그 장소로 간다. 그 장면이 보이니?

내: 음… 안 보여요.

상: 그럼 넌 지금 무엇을 하고 있지?

내: 친구들과 동네 형들과 재미있게 놀고 있어요.

상: 좋아! 지금부터 10년 후로 타임머신을 타고 날아가, 네 모습을 바라보자. 셋 만에 갑니다. 하나, 둘, 셋! 지금 넌 스물 두 살이야. 무슨 모습이 보이지?

내: 군인이에요. 당당하고 씩씩해 보여요.

상: 좋아! 이번엔 마흔두 살로 갑니다. 어떤 모습이 보이지?

내: 과학자가 되어 열심히 연구해서 큰 상을 받고 있어요. 다른 나라 사람들도 참석하여 축하해 주고 있어요.

상: 이제 이 기분을 가지고 우주를 바라보면서 새로운 세계를 느껴보는 겁니다. 우주 공기는 얼마나 맑고 깨끗한가요. 숨을 크게 쉴수록… 맑고 깨끗한 공기가 내 몸 속으로 들어오면서… 자신감이 흠뻑… 더욱 강하게 채워집니다. 주변이 흰 백합과 국화꽃이 가득 있어요! 학생이 좋아하는 팝송이 흘러나옵니다. 최고의 기분입니다. '파이팅!'을 외치면서 주먹을 굳게 쥡니다. 파이팅!

내: 파이팅! 파이팅!

상: 이제 당신에게 마음대로 움직이고 싶은 마음은 사라졌습니다. 하지만 주먹을 쥐고 파이팅을 외칠 때… 이 기분이 그대로 살아나게 됩니다. 이 기분을 가지고 우주에서 내려와도 똑같은 기분이 느껴집니다. 셋을 세면 눈을 뜹니다. 하나, 둘, 셋! 눈 뜨세요. 지금 기분이 어때?

내: 자신감이 생겼고 당당해짐이 느껴져요. 평화롭습니다. 이제는 필요 없이 움직이지 않아도 될 것 같아요.

12. NLP 상담 - 나도 모르게 딸에게 소리치는 분노 치료 사례[26]

한 여성 상담교사가 날 찾아왔다. 그녀는 중학교 1학년인 딸에게 갑자기 화를 내기도 하고, 딸이 미워진다는 것이다. 딸은 생김새도 예쁘장하고 공부도 잘하고 착한 아이라고 했다. 그런데 언제부터인가 딸이 자신의 말을 듣지 않으면 분노가 느껴진다고 했다. 어떨 땐 손이 먼저 올라가고, 욕을 해야 분이 풀리는 경우도 있다고 한다. 그리고 난 후 기가 죽어 있는 딸을 보면 많은 후회를 한다고 했다. 이런 경우가 반복되니 병적인 것인지 고민되어 찾아왔다고 털어놨다.

---

26) <구속된 마음 자유를 상상하다>에서 발췌

상: 눈을 감고 심호흡을 하세요. 딸이 당신을 화나게 하는 모습을 떠올려 보세요. 어디서 어떤 행동을 하거나, 어떤 말을 합니까?

내: 제 말을 안 듣고 억지를 부리고 있어요.

상: 억지라는 것이 구체적으로 어떤 의미이지요?

내: … 지금 갑자기 생각나는데, 딸이 다섯 살에 유치원 들어갈 때부터 화를 냈던 것 같아요.

상: 딸의 어떤 모습이 떠오르죠?

내: 우리 딸이 유치원 가기 싫다고 짜증을 내고 있어요.

상: 딸이 투정부리고 싫다는 말을 들으면 당신은 어떤 마음이 듭니까?

내: 화가 나서 미치겠어요. 그때는 저도 모르게 아이의 뺨을 때리게 되었습니다. 제가 왜 그랬는지… 후회되고 죄책감이 들어요.

상: 그럼 앞으로는 아이가 짜증내고 싫다는 말을 하는 것도 기분 좋게 들어야 해요. 그리고 싫다는 표현을 할 때도 편안하게 들어줄 수 있어야 합니다. 그래야 아이에게 화낼 일이 없을 것 같네요. 어떤가요? 그렇게 하시겠습니까?

내: 정말 그렇게 될 수 있을까요? 제 아이에게 너무 미안해요. 애들이 투정부리는 건 당연한 건데… 그걸 머리로는 아는데… 화가 제어되지 않는 제 자신이 너무 싫어요.

상: 그럼 지금부터… 딸의 투정부리는 그 목소리, 딸의 싫다는 말… 편하고 사랑스럽게 들어야 합니다. 약속하시겠습니까?

내: 예, 약속하겠습니다.

상: 마구 화가 나서 미치겠고, 자신도 모르는 사이에 아이의 뺨을 때리는 모습을 바라보세요. 이런 이야기를 할 때 몸의 어느 부분에 느낌이 오나요?

내: 오른쪽 가슴 부분입니다.

상: 무슨 색깔로 보이고, 크기는 어떤가요?

내: 진한 파란색이고… 크기는 주먹만큼 되는 것 같아요.

상: 어떤 소리가 들리나요?

내: 작은 무슨 소리가 들리는 것 같습니다.

상: 만져 보면 어떤 느낌이 납니까?

내: 딱딱하고 거친 느낌입니다.

상: 그 느껴지는 마음 속으로 깊게 들어가 보십시오. 그러면 무슨 형체가 보일 수 있습니다. 어떤 사건이나 장소, 사물이 떠오를 수도 있어요. 찬찬히 들여다보십시오. 어떤 모습이 보이나요?

내: … 아기 모습? 아기 모습이 떠오르는데요?

상: 혹시 유산의 경험이 있으십니까?

내: 예… 10년쯤 된 것 같아요. 제 몸이 허약해져서… 임신 6개월째 뱃속에서 유산된 경험이 있습니다.

내담자는 눈물을 흘리며 유산 사실을 털어놓았다. 나는 어머니와 태어나지 못한 아기의 대화를 시작했다. 서로의 입장을 바꿔 가며 가슴에 맺힌 한풀이가 시작되었다.

상: 엄마의 체력이 약해 아기가 유산되고 말았네요. 태어나지 못한 아기는 어떤 마음이었을까요? 어떤 기분이 느껴지시나요? 지금… 아기에게 말씀해 보세요. 미안하다고…

내: 미안해! 미안해! 그때 엄마 몸이 좋지 않았어. 미안해! 좀 더 신경 쓰고, 건강에 유의해야 했는데… 밖에 나가서 일을 해야 하는 형편이어서… 미안해, 지켜주지 못해서… 너를 잃게 되었구나! 잊어버린 줄 알았는데 내 맘 한 곳에 남아 있었구나! 나중에 좋은 인연이 되어 다시 만나서 잘 살아보자.

상: 어머니는 마음의 눈으로 아기를 바라보세요. 그리고 지금 아이 입장이 되어… 엄마와 이야기를 나눠 보지요. 아가?

내: (아기가 되어) 예.

상: 엄마가 미안하다고 하는데, 넌 어떤 마음이 드니?

내: (아기가 되어) 저는 엄마가 절 처참하게 버린 것으로 생각했어요. 이

야기를 듣고 보니 엄마가 이해가 돼요.

상: 아가, 선생님이 궁금한 게 있어. 넌 언니(내담자의 딸)에게 '화를 내는 마음'인데, 무엇 때문에 언니가 투정부리면 화를 내니?

내: (아기가 되어) 언니는 태어났는데, 난 태어나지 못했고… 언니는 엄마 사랑을 받는데, 난 받지 못하는 것 같고… 그리고… 언니가 엄마를 힘들게 하지 않았으면 좋겠어요.

상: 언니가 엄마를 힘들게 하면 왜 안 되지?

내: (아기가 되어) 엄마가 힘들어서… 내가 태어나지 못했잖아.

내담자와 유산된 아기는 충분한 대화를 나누었다. 그리고 이제 서로 이별할 시간이 되었다. 내담자는 아기에게 작별인사를 했고, 아이도 내담자에게 작별인사를 했다. 아기는 어머니의 가슴에서 나와 하늘로 올라갔다. 어머니는 아이가 올라가는 모습을 끝까지 지켜봤다. 내담자는 아기가 하늘로 완전히 떠났다고 했다. 이제는 시간선 치료를 통해 아기를 유산한 허약하고 나약한 사람이 아닌, 당당하고 강한 사람이 될 차례이다.

상: 떠오르는 대로 이야기해 주세요. 싫어! 싫어! 이렇게 말하거나 투정을 부리면 안 된다는 신념이 있는 것 같아요. 이런 신념은 언제 생겼을까요? 원래 가지고 있던 것 같습니까, 아니면 출생 후 학습된 걸까요?

내: 학습된 것 같아요.

상: 언제 생긴 것 같지요?

내: 과거 같아요. 생각나는 일이 있어요. 어머니가 많이 엄하셨는데… 제가 싫어하는 옷을 억지로 입으라고 했어요. 전 예쁜 옷을 입고 싶었는데… 제가 싫다고 하니까 어머니가 절 많이 혼내셨어요.

상: 하늘 위로 올라가 그 장면을 보세요. 그럼 작게 보이겠지요. 더 높이 올라가 도시 전체가 보일 때까지 올라가고… 더 높은 곳… 대한민국 전체가 보일 때까지 올라가세요. 우주까지 가고… 지구가 작아지고, 점처럼 작아질 때까지 올라가세요. 지금 기분이 어떤가요?

내: 편안하고 좋습니다.

상: 좋아요, 지금 그 편안한 마음으로… 교훈을 생각해 봅시다. 당신은 어떻게 하면… 아이에게 화내지 않고, 아이를 설득할 수 있을까요?

내: 설득하지 않으면 돼요.

상: 예? 그게 어떤 의미이죠?

내: 아이를 있는 그대로 인정해 주고… 하나의 인격으로 존중하면 돼요. 그럼 아이들은 잘 성장해요. 강요하지 않고…

상: 그렇지요. 아이를 하나의 인격으로 생각하고, 아이의 의견을 존중한 다면 화낼 일이 없겠지요. 그 교훈을 가지고 당신이 그 사건을 겪기 하루 전 우주 상공으로 갑니다. 그럼 그 사건은 더 보이지 않을 겁 니다. 현재 당신의 위치는 높은 우주이고, 현재 당신이 있는 위치에서 는 아직 발생하지 않은 사건이기 때문이죠. 하지만 조금 전 깨달은 교훈은 간직하고 있을 겁니다. 그 교훈을 가지고… 당신의 딸을 만나 러 갑니다. 딸이 싫다고 하는 모습을 떠올려 보세요. 하나, 둘, 셋!

내: 괜찮아요. 아이니까… 귀엽게 들리는 것 같아요.

상: 지금부터 1년 후를… 딸을 생각하면 어떤 마음과 모습이 떠오르세요?

내: 마음이 편해졌어요. 딸이 웃고 있고, 나에게 다가와서 안아요.

상: 수고하셨습니다. 가볍게 눈을 뜨셔도 됩니다.

2주 후 내담자에게 전화가 왔다. 정말로 딸에게 화내지도 않고, 미워하 는 마음도 없어졌다고 했다. 2달 후 우연한 자리에서 그녀와 또 마주쳤는 데 딸이 투정부려도 귀엽다고 대답하였다.

13. NLP 상담 - 자신의 외모를 비하하는 자괴감, 우울증 치료 사례[27]

자신을 혐오하던 고등학교 1학년 학생이 나를 찾았다. 학생은 뭘 해도 자신감이 없고 자책을 많이 한다고 하였다. 자신이 잘생겼으면 좋겠는데

---

27) <구속된 마음 자유를 상상하다>에서 발췌

너무 못났다고 느껴져서 우울하고 재미도 없고 무엇이든 만족하지 못한다고 하였다.

상: 최초로 언제부터 우울함을 느꼈을까?

내: 초등학교 5학년 때 같아요. 친구들이 저를 놀려서 소외시킨다는 느낌을 자주 받았어요.

상: 그런 일이 있었구나. 그럼 우울함을 느낄 때, 부모님과 주변 사람들은 어떻게 하니? 널 도와주는 말을 들어본 적이 있니?

내: 아니요. 엄마, 아빠는 저와 말을 잘 하지 않아요. 그래서 도움이 되는 말은 없었어요. 친구들도 무관심했어요.

상: 그 결과는 어떻게 되었니?

내: 혼자만의 세계에 마음이 닫혀서… 전 주변에 친구가 없어요. 그래서 더 우울한 것 같아요.

학생과의 깊은 대화에서 학생은 못난 자신과 직면했다. 학생은 스스로 못났다고 여겼다. 스스로를 불만족스러워했다. 하지만 학생은 스스로 자신감이 충만하다면 사회적으로 인정받고 드라마 배우가 되는 것이 꿈이라고 하였다. 학생은 배우가 되길 희망했기에, 배우의 예를 들며 변화 의지를 강화시켰다.

상: 배우 유해진 씨 알고 있니? (휴대전화로 사진을 보여 주며) 너보다 잘생겼니? 솔직히 말해 봐.

내: (말없이 웃음)

상: 솔직히 네 이미지가 더 뚜렷하고 좋아. 너하고 비교하면 네가 더 잘났어. (사진을 보며) 이 정도 얼굴을 가진 사람이 인기 스타인데 우습지 않니? 무엇 때문에 이들은 스타가 되었을까?

내: … 잘 모르겠어요.

상: 자신감, 당당함 그리고 자신을 사랑하는 마음… 자신 있고 당당한 카

리스마가 있어야 사람들을 사로잡을 수 있지. 너도 배우가 되려면 네 얼굴에 자신감을 가져야 해. 언제부터 그렇게 할 거야?

내: 지금부터요.

상: 좋아! 자신 있게 대답해서 좋네. 그럼 치유를 시작하자. 눈을 감아 보자. 크게 호흡합니다. 들이마시고… 편안하게 내쉬세요. 마음이… 편안해집니다.

상: 조금 전에는 혼자만의 세계에서 마음을 닫고 있다고 했어, 그렇지? 지금부터 마음을 닫고 있으려는 마음을 찾아볼 거야. 혼자만의 세계에 있으려 하고, 마음을 닫고 있으려는 마음은 몸 어디에서 느껴지나요?

내: 머리 오른쪽에서 느껴져요.

상: 그 마음의 색은 어떻게 되죠?

내: 진한 하늘색이요.

상: 어떤 소리를 내나요? 또는 본인에게 그 마음이 뭐라고 말을 합니까?

내: 아무런 소리가 없는 것 같아요.

상: 느낌은 어때요?

내: 물렁거리는 느낌 같아요.

상: 닫힌 마음 대답하세요.

내: (닫힌 마음이 되어) 예.

상: 대답해 주셔서 감사합니다. 무엇 때문에 내담자에게 계시는 건가요?

내: (닫힌 마음이 되어) 사람들을 피하고 싶은 마음이 있기 때문에 생겼어요.

상: 그렇군요. 그럼 피하고 싶은 마음이 있다는 의미이군요. 학생은 '피하고 싶어.'라고 말해 보세요. 그 마음은 몸 어디에서 느껴지나요?

내: 피하고 싶어. 피하고 싶어. 왼쪽 심장 가슴 아래에서 느껴져요.

상: 색과 촉감은 어떤 것 같아요?

내: 빨간색이고… 딱딱한 것 같아요.

상: 예 좋아요. 피하고 싶은 마음은 '예'하고 대답하세요.

내: (피하는 마음이 되어) 예.

상: 그동안 ○○을 지켜주고 보호해 주고 계셔서 감사합니다. 그런데 ○○가 이제 자신감을 가지고 당당하게 산다고 했어요. 피하고 싶은 분아님, 이젠 ○○가 자신을 사랑하고 당당해지기로 했으니, 당신은 이제 필요가 없습니다. 당신은 이제 ○○와 이별하셨으면 좋겠어요. 멀리 가 주시겠습니까?

내: (피하는 마음이 되어) 예, 이제 가겠습니다.

상: 학생은 피하고 싶은 마음에게 감사하다고 말씀해 주세요. 그동안 당신을 지켜주고 있었고, 당신을 도와주고 있었어요. 그리고 이제 작별 인사해 주세요.

내: 분아야 고마워. 지켜줘서 고마워. 그리고 이제 난 당당하게 살 거야. 나에게서 나가줘. 안녕…

상: 그 마음이 하늘 높이 날아가는 걸 끝까지 봐 주세요. 그리고 완전히 다 나갔으면, 갔다고 말씀해 주세요.

내: 예, 갔어요. 이제 안 보여요.

상: 오른쪽 머리의 '닫힌 마음'에게 질문합니다. 이제 ○○의 피하고 싶은 마음이 나갔어요. 그리고 자신감 있게 당당하게 살기로 했으니 당신도 가시는 게 어떻습니까?

내: (닫힌 마음이 되어) 예, 저도 보내주세요.

상: '닫힌 마음'은 하늘을 바라봅니다. 하늘에서 광명의 빛이 내려옵니다. 당신은 ○○의 머리에서 나와 광명의 빛을 타고 하늘 높이 올라갑니다.

내: 예, 사라졌어요.

상: 이제 우울함과도 이야기를 나눠보지요. 우울함을 느껴보세요. 어디에서 느껴지나요?

내: 이마에서요. 진한 검정색이고… 부드러운 것 같아요. 특별한 소리는 내지 않아요.

상: 우울함 씨, 우선 ○○를 위해 일해 주고 계셔서 감사합니다. 당신이 ○○에게 계신 이유가 있을 거예요. 무엇 때문에 ○○에게 계신 건가요?

내: (우울함이 되어) ○○가 소외되어서… 그래서 보호해 줄 수 있어요.

상: ○○에게 보호받길 원하는 마음이 있군요. 학생에게 질문합니다. 보호받고 싶은 마음이 어느 쪽에서 느껴지죠?

내: 오른쪽 머리예요. 파란색…

상: 보호 씨, ○○가 이제 자신감을 가지고 배우가 되고 싶어 합니다. 당신이 있으면 ○○는 계속 유약하게 있어야 해요. 이제 가도 될 것 같습니다. 먼 곳으로 떠나가겠습니까?

내: 안 간다고 하는데요?

상: 그럼 네가 보호받길 원하는 마음에게 우선 감사의 표시를 해 주자. 고맙다고 하고 나를 위해 일해 줘서 감사하다고 해줘.

내: (마음 속으로 인사 후) … 그래도 안 간다고 하는데요?

상: ○○는 의식하지 않고 그냥 있어도, 손가락이 대신 대답해 줄 거야. 도움을 원하는 학생의 분아에게 질문합니다. 도움을 원하는 당신은 ○○와 혈연관계입니까? 혈연관계면 엄지, 그렇지 않으면 검지를 움직여 주세요.

내: (엄지를 움직임)

상: 혈연관계면, 당신은 누구신가요?

내: (보호를 원하는 마음이 되어) 전 ○○의 할아버지예요.

상: 할아버지가 ○○의 마음 속에 계셨군요. 할아버지?

내: (할아버지가 되어) 예.

상: ○○의 마음 속에 계신 걸 보니 ○○를 엄청 사랑하셨던 것 같아요. ○○가 요즘 교우관계도 안 좋고, 스스로 자신을 못났다고 생각하는 것 같아요. 많이 우울하다고 하고요. 위로 이야기를 해 주세요.

내: (할아버지가 되어) 우리 손자… 많이 힘들지. 용기 내고, 힘내고… 할 수 있어.

상: ○○야, 우선 '할아버지 고마워요.'라고 말해 보자. 그리고 감사했던 걸 표현해 봐.

내: 할아버지, 고마워요. 사랑해요. 할아버지가 계셔서 너무 좋았어요. 할

아버지 보고 싶어요…

상: 할아버지, ○○가 이젠 자신감 있고 당당하게 살아가겠다고 약속했습니다. ○○를 위해 가시는 건 어떨까요?

내: (할아버지가 되어) 가기 싫어요. 제 손자를 도와주고 싶어요.

상: 하지만 할아버지가 ○○의 마음속에 남아 계신다면, ○○는 어린아이처럼 살아야 해요. 할아버지가 가신다면 제가 ○○의 마음속에 자신감과 당당함을 넣어줄게요. 가시겠습니까?

내: (할아버지가 되어) 예, 그럼 가겠습니다.

상: 그럼 할아버지와 학생은 서로 작별인사를 나누세요. 그리고 못다 한 이야기도 나누시고요. (서로 작별인사를 마친 후) 할아버지는 하늘을 올려다 봅니다. 광명의 빛이 하늘에서 내려옵니다. 제가 셋을 세면, ○○의 마음에서 나와 빛을 타고 하늘로 올라가세요. 하나, 둘, 셋! ○○ 학생은 할아버지가 다 가시면, 갔다고 말씀해 주시면 됩니다.

내: 예, 가셨어요.

상: 이제 내담자 마음속에 남아있던 우울과 부정적인 정서들도 모두 광명의 빛을 타고 올라가십시오. 학생은 부정적 정서들이 빠져나가는 걸 바라보고, 모두 다 나가게 되면 다 나갔다고 말씀해 주시면 됩니다.

내: 예, 다 나간 것 같아요.

이제는 시간선 치료를 통해 부정적인 마음이 다시는 들어오지 못하도록 습관을 바꿔야 할 차례다.

상: 5학년 때… 친구들이 놀렸던 그 장면으로 갑니다. 거기에서 점점 높이 올라가 우주 공간까지 올라갑니다. 이제 아까 그 장면이 보이나요?

내: 안 보여요.

상: 보이지 않는다는 건, 그때 느꼈던 부정적 정서도 느껴지지 않는다는 의미군요. 그렇죠?

내: 예.

상: 이제 교훈을 찾아봅시다. 난 어떻게 하면 인정받는 멋진 사람이 될 수 있을까요?

내: 그때는 친구와 생각이 달라서… 말이 달라서… 그걸 이해하지 못했던 것 같아요.

상: 좋아요 사람은 원래 모두 다르죠. 이제 우주 공간에서 2년 전, 즉 3학년 때로 갑니다. 하나, 둘, 셋! 그곳에서 5학년때 장면이 보이나요?

내: 안 보여요.

상: 예, 보이지 않지요. 그렇지만 우린 아까 좋은 교훈을 깨달았어요. 내가 사람들은 원래 다르다는 걸 이해하면 날 좋아하는 사람들이 당연히 나타날 거란 것을 말이죠. 그 교훈을 가지고 3학년 우주 상공에서 2년간 살아갑니다. 그리고 5학년 때로 갑니다. 하나, 둘, 셋!

내: 같은 동네 학생들하고 놀고 있어요. 친하게 지내고 재미있어요.

상: 좋아요. 그럼 상담이 끝나고 지금부터 10년 후, 26세 때의 당신을 떠올려 봅니다. 어디에서 무엇을 하고 있지요?

내: 성공한 모습이에요. 연예인 대상을 받고 있는 것 같아요.

상: 이제 이 장면을 가지고 우주로 갑니다. 하늘 끝까지 올라갑니다. 우주로 가면 신선한 공기가 있어요. 이 신선하고 깨끗한 공기를 크게 들이쉬고… 편안하게 내쉬세요. 기분도 너무 좋아요. 이 순간을 담아서 주먹을 쥐는 순간 '파이팅'하세요.

내: (주먹을 쥐고) 파이팅!

상: 이젠 주먹을 쥘 때마다 지금 이 강한 자신감이 생겨납니다. 이 기분을 가지고… 우주에서 내려옵니다. 파이팅! 제가 하나에서 셋까지 세면 자신감이 점점 강해지며… 눈을 뜹니다. 하나… 자신감이 넘칩니다. 둘… 자신감이 세 배로 커지고… 셋! 눈 뜨세요. 기분이 어때?

내: 최고예요. 지금도 느껴져요. 기분이 아주 좋아요.

14. NLP 상담 - 폐소공포증 치료 사례[28]

50대의 김영희 씨는 동굴이나 봉고차 맨 뒷자리 같은 꽉 막힌 느낌이 나는 곳에 있으면 종종 죽을 것 같은 답답함과 공포감을 느낀다고 한다. 최근에도 병원에서 MRI를 찍는데 그냥은 도저히 통 안에 들어갈 수가 없어서 1박 2일 입원하며 반수면으로 찍었다고 하였다. 좀 더 이야기를 나눠보니 어렸을 때 오빠와 놀이 중에 오빠가 영희 씨를 장롱에 가두고 문을 닫고 한참동안 열어주지 않았다. 그때 엉엉 울면서 살려달라고 애원했던 기억이 플래쉬백으로 남아 있다고 했는데, 그때 일이 트라우마로 남아 있어 원인으로 작용한 것 같았다.

물론 NLP에서 원인은 중요하지 않다. '어떻게'의 방법이 중요하다. 원인이 어떻든 마음의 프로그래밍을 다시 세팅하면 되는 것이다.

상: 자, 눈을 감고 심호흡을 합니다. 들이마시고 내쉬고.. 들이마시고 내쉬고.. 들이마시고 내쉬고… 몸의 긴장을 풀어주시고 편안한 마음이 되어 저와 대화합니다. 며칠 전 병원에서 MRI 영상을 찍던 그 장면으로 돌아갑니다. 지금 의료기기 통 앞에 서 있다고 상상합니다. MRI 의료기기의 색깔과 크기, 모습을 구체적으로 그려봅니다. 지금 느낌이 어떠신가요?

내: 아직 괜찮은데요.

상: 그럼 의료기기 바로 앞까지 가보세요. 괜찮으신가요?

내: 네.

상: 자 그럼 영상을 찍기 위해 의료기기 안으로 들어갑니다. 천천히… 통 안으로 들어왔습니다. 지금은 어떠신가요?

내: 답답하고 불편해요.

상: 그 장면을 병원 천장으로 올라가 바라보세요… 그리고 하늘 더 높이 올라가서.. 구름 높이로 올라가 아래를 내려다보세요. 그 장면이 보

28) <NLP 심리치료 및 상담>에서 발췌

이나요?

내: 네 아주 조그맣게 보여요. MRI 의료기기도 아주 약간 보이구요.

상: 좋습니다. 이제 비행기 100배 높이로 올라가서 아래를 내려다 봅니다. 어떻게 보이나요?

내: 아주 희미하게 점같이 보입니다.

상: 좋아요. 그럼 이제 우주까지 올라가… 지구가 안 보일 때까지 우주 높이 올라갑니다. 병원이 보이나요?

내: 아뇨 안 보여요.

상: 그렇죠. 여기는 우주 한가운데입니다. 우주의 공기는 아주 맑고 깨끗하며 마시면 마실수록 기분이 상쾌해집니다. 심호흡을 하면서 마셔 봅니다. 기분이 어떠신가요?

내: 마음이 편안하고 상쾌합니다.

상: 현재 우주 공간은 온통 보라색(내담자가 좋아하는 색깔 사전 파악)으로 덮여 있습니다. 주변에는 선생님이 좋아하는 꽃들도 피어 있구요. 우주의 밝고 건강한 기분을 맘껏 느껴보세요. 어떠신가요?

내: 기분 좋습니다.

상: 자 이제 우주 상공에서… 아드님 어릴 때로 돌아가 아드님 애기 때로 돌아가 아드님 목욕시키는 장면을 떠올려 봅니다. (여기서 내잠자는 살짝 미소를 지어 보임) 목욕시키는 장면을 구체적으로 상상해 보세요. 그때 예쁘죠? 아기한테 뽀뽀 한번 해 보세요. 부드러운 촉감을 느끼고… 그 다음 이제 손가락으로 그 아기 입술을 한번 만져 봐요. 어때요? 부드럽고 좋죠? 그래요. 이번에는 아기를 꼭 안아 보세요. 아기의 향기를 맡으며… 꼭 안아보세요. 그리고 그 따뜻하고 부드러운 촉감을 느껴봅니다. 어떠세요? 느낌이 어떠신가요?

내: 부드럽고 예쁘고… 행복해요.

상: 만지면 부드럽고 따뜻하지요. 예쁘다는 것은 보는 것이고… 부드럽고 따뜻하고 촉촉하고… 자 이제 왼 손가락의 엄지와 검지를 서로 붙이고 있고 상상으로 아기를 다시 안아보는데, 따뜻하고 부드러운 아기

의 그 살결을 다시 한번 느껴보세요(앵커링 1: 부드러운 따뜻한 아기
의 느낌). 손가락을 동그랗게 잡고 상상으로 아기를 이렇게 안을 때
촉촉하고 부드러운 그 느낌을 느껴보세요… 좋지요?

내: 네.

(순간에 상담자는 조금 전에 붙여두었던 내담자의 두 손가락을 분리
하여 떼어놓는다. 그것은 조금 전에 설정했던 nlp 앵커링을 해제시키
는 것이며 동시에 이후에 또 다른 앵커링을 설정하기 위하여 준비하
는 과정이다)

상: 자, 그 다음에 우리 아가 목욕시킬 때 비누칠을 하면서 피부를 이렇
게 만지는데 느낌이 어떤가요?

내: 말랑말랑하고 부드러워요.

상: 기분 좋죠?

내: 네.

상: 자, 그 느낌… 역시 손가락을 이렇게 하면서 다시 느껴봅니다.

(앞의 장면에서 상담자는 떼어져있던 사례자의 두 손가락을 다시 붙
여주었다. 이것은 두 번째 앵커링을 설정하는 것이다. 앵커링 2: 말랑
말랑하고 기분 좋은 피부의 느낌)

자, 손가락을 이렇게 동그랗게 잡고 말랑말랑한 우리 아가의 피부를
만지고 느낍니다… 좋아요. (앵커링 상태를 해제하기 위해 손가락을
분리시켜 줌)

상: 이번에는 목욕을 다 하고 아기랑 같이 이불 속에 들어가… 같이 눕
습니다. 아기를 옆에 뉘이고 아기를 꼭 안아줍니다. 꼭 안아주세요…
아기를 꼭 안고… 온몸을 피부로 접촉해서 느낍니다. 느낌이 어때요?

내: 따뜻하고 매끄럽습니다.

상: 좋아요. 다시 손가락 동그랗게…

(상담자는 조금 전에 떼놓았던 내담자의 손가락을 세 번째로 다시 붙
여준다. 앵커링 3: 따뜻하고 매끄러운 피부의 감촉)

상: 매끄럽고 말랑말랑하고 부드럽고 따뜻한 그 느낌… (내담자가 느낌에

몰두할 수 있도록 몇 초의 시간을 둠) 됐습니다. (앞의 장면에서처럼 다시 사례자의 손가락을 떼어줌으로써 세 번째 앵커링 설정작업을 완료함)

상: 자, 이제 손가락을 이렇게 쥐기만(붙이기만) 해도 말랑말랑한 느낌과 기분 좋은 느낌, 부드러운 느낌이 올라올 거예요. 자, 심호흡을 하고 손가락을 이렇게 쥐어보세요. 느낌이 어떤지 말해 보세요.

내: 매끄럽고 따뜻하고 행복합니다.

상: 좋지요?

내: 네.

(이로써 앵커링이 잘 설정되었음을 확인하였음. 만족스런 결과를 얻었기에 다시 손가락을 떼어 앵커링 상태를 해제시켜줌)

상: 이제 한쪽으로는 아가 입술을 만지면서… 만지는 그 느낌… 그 느낌을 느끼는데 이게 입술 또는 피부의 그 자체이고, 입술 그 자체이기 때문에 아주 매끄러워요. 그죠? 아주 매끄러워요. 우리 아가의 피부. 아드님의 매끄러운 피부, 매끄러운 입술, 아니 촉촉한 입술 그게 바로 엄마의 행복이고 엄마의 사랑입니다. 다시 손가락 동그랗게!

(여기서 상담자는 내담자에게 다시 손가락을 맞잡게 하였다 → '앵커링 발사')

상: 우리 아기의 매끄러운 입술과 촉촉한 입술과 매끄럽고 부드러운 피부의 그 느낌… 그게 바로 사랑이고 그 사랑이 엄마의 온몸으로 느껴져 옵니다. 자 이제 손가락 다시 뗍니다.

(내담자에게서 어느 정도로 앵커링 상태가 조성되었다고 판단했기 때문에 치료자는 이 시점에서 그녀의 손가락을 떼어줌으로써 앵커링 상태를 해제하여 앵커링 상태에서 벗어나게 하였다)

상: 언제라도 두 손가락을 맞잡으면 그 기분이 살아날 것입니다. 우주에서 밝은 에너지를 들이마시고 아기의 사랑을 느끼고… 이제 하나, 둘, 셋을 세면 땅으로 내려갈 것입니다… 하나, 둘, 셋 하는 순간 땅에 도착할 거예요. 그리고 땅에 도착하는 순간에 바로 손가락 맞잡

으세요! 하나, 둘, 셋. 자 이제 땅에 도착했습니다. (이때 상담자는 내담자의 두 손가락을 맞잡게 해준다. 이것은 곧 앞에서의 앵커링을 발사하는 과정인데, 그렇게 함으로서 내담자에게 행복과 편안한 마음을 느끼도록 할 수 있다) 혹시 기분이 어떠신가요?

내: 조금 불안한 것 같은데요.

(앵커링 설정 작업이 불완전하다고 판단되어 다시 위의 앵커링 설정과 해제 작업을 한번 더 반복함)

상: 자 이제 기분이 어떠신지요?

내: 편안해졌어요.

상: 손가락을 다시 동그랗게 맞잡고… 느낌이 어떤가요?

내: 좋아요.

상: 아기랑 같이 누워서 그 따뜻함을 느끼고… 아기의 사랑을 느끼며… 풋풋한 향기가 온몸으로 느껴집니다. 지금 어디에 계시지요?

내: 이불 속이요.

상: 이불 속이죠? 그런데 사실 그곳은 MRI 의료기기 통 안이예요. 의료기기 통 안. 이불속이 의료기기 통 안. 통 안이 이불 속. MRI 의료기기 속이 사실은 이불 속과 같은 따뜻하고 편안한 곳이예요. 의료기기 통 안이 이렇게 편안하고 좋구나. 따뜻하고 좋은 곳이구나… (상담자는 내담자에게 손가락 앵커링 상태를 유지하는 가운데, '이불 속'과 '의료기기 통 안'이라는 두 단어를 왔다 갔다 하면서 '의료기기 통 안이 편안하고 좋다'는 긍정적 암시를 반복해 주었다)

상: MRI 의료기기 통 안은 어떠신가요 이제?

내: 답답하지 않고, 편안하게 느껴지네요.

상: 자, 이제 다시 하늘 위로 높이 올라가 봅니다. 더 높이 날아오릅니다. 우리나라가 한 눈에 들어올 만큼 날아오르세요. 이제 우주까지 날아가고… 지구가 작아지고… 눈 앞에서 사라질 때까지 날아오르세요.

내: 네, 사라졌습니다.

상: 지금 당신이 있는 공간은 현재의 우주 상공이예요. 그럼 느낌대로

당신의 과거에서 현재를 지나, 미래로 가는 선을 왼쪽에서 오른쪽으로 길게 그려보세요. 왼쪽이 과거이고 오른쪽이 미래라고 생각하고 왼쪽에서 오른쪽으로 길게 이어지는 시간선을 그려보는 겁니다. 그리셨나요?

내: 네.

상: 좋습니다. 지금 그린 선이 당신의 시간선입니다. 이제 왼쪽 즉, 과거 방향으로 계속 날아갑니다. 선 위를 따라 계속 날아가세요. 계속 날아가다 보면, 과거의 선 어딘가에서 둘째 오빠가 선생님을 장롱 속에 가두었던 그 부분이 보일 것입니다. 그 지점의 선이 어떻게 보이지요?

내: 선이 느슨해져있고 길게 늘어진 것 같아요.

상: 좋아요. 이제 그 선 위까지 날아가세요. 지금 기분이 어떤가요?

내: 답답한 기분이 들어요.

상: 그 시간선 위에서 답답함이 사라질 때까지 더 높이 날아오릅니다. 100배 더 높이 우주 더 높이 날아오릅니다… 그 부분이 보이나요?

내: 아뇨 안 보여요.

상: 지금 이 상태에서 둘째 오빠의 그런 심한 장난으로 어떤 교훈을 얻을 수 있는지 생각해 봅시다. 떠오르는 대로… 무의식이 가는 대로… 불현듯 떠오르는 교훈이 있는지 말해봅니다.

내: 장롱에서 나오고 나서도 '다음부턴 그런 장난 치지 마'라고 크게 소리쳤어야 해요.

상: 맞습니다. 본인이 원하는 게 있으면 욕구를 충분히 표현하셔야 합니다. 원하는 바를 당당히 말해야 합니다. 자, 이 교훈을 가지고 더 과거로 날아갑니다. 더 어렸을 때로 날아가 행복했었던 순간을 떠올려봅니다. 그 곳은 행복했던 순간의 우주 상공이에요. 그렇지요? 지금 선생님 댁에서는 무슨 일이 일어나고 있나요?

내: 둘째 오빠가 저랑 동생에게 선물을 줘서 기뻐하고 있어요.

상: 선물을 받고… 그 행복했던 기분을 마음껏 느껴봅니다… 지금 이 위치에서 장롱에 갇혔던 사건을 바라보세요. 보이나요?

내: 아뇨, 안 보여요. (만약 보인다면 더 높이, 더 과거로 날아간다)

상: 그렇지요. 그 사건이 일어나기 한참 전이니까 당연히 보이지 않겠지요. 하지만 선생님은 '내가 하고 싶은 말은 나중에라도 꼭 표현해야 한다.'는 교훈을 가지고 있습니다. 그 교훈을 가지고 다시 그 장롱 속에 갇혔던 사건 속으로 들어갑니다. 하나, 둘, 셋!… 생각나는 대로 얘기해 주세요.

내: 그냥 편안한 것 같아요. 예전에는 그때 일을 생각하면 답답하고 무서운 느낌이었는데… 지금은 편안해요.

상: 좋습니다. 그럼 이제 상담이 끝나고 미래로 갑니다. 시간선을 따라 5년후 미래로 가봅니다. 어떤 장면이 보이시나요… 아드님의 모습을 떠올려보시겠습니까?

내: 대학원 다니는 것 같아요.

상: 아드님 얼굴이 어때 보이나요?

내: 좋아 보여요.

상: 맞습니다. 본인이 하고 싶은 일 하면서 당당하게 살면 행복해집니다. 따님 얼굴도 떠올려보시겠습니까?

내: 아르바이트 하고 있어요.

상: 따님 얼굴 표정이 어떤가요?

내: 행복해 보여요.

상: 그렇지요. 자녀분들 모두 하고 싶은 일 하면서 행복하게 살고 있네요. 선생님은 어떤 일을 하고 계시나요?

내: 열심히 강의 하고 있어요.

상: 네 선생님도 선생님 위치에서 열심히 강의하고 계시군요. 행복한 가족의 모습이 그려집니다. 그렇게 행복하게 살면 되는 것입니다. 지금처럼 자신감을 가지시고 행복한 마음 간직하며 사시기 바랍니다. 그러실 수 있습니다. 파이팅입니다! 자, 이제 눈 뜨세요.

이상의 최면치료와 NLP 상담 사례들은 주로 성인 대상이 많다. 이것은 일반적으로 정신과 의원이나 상담센터를 찾는 사람들이 학창기 시절에는 '그냥 그러려니' 하고 참고 넘기다가, 증상이 상당 기간 진행된 후인 성인이 되어서야 찾는 경우가 많기 때문이다. 따라서 이같은 사례는 오늘날 정서적·행동적 어려움을 겪는 많은 학생들에게도 똑같이 적용될 수 있고, 원인 불명이라 여겨지는 많은 문제들이 사실은 영적인 문제 또는 영적인 현상에 의해 기인하는 것이다. 이것은 정서·행동장애의 원인을 밝히고 치료를 함에 있어서 인간은 영적인 존재임을 인식하고 영적인 접근을 해야 상당 부분 해결이 가능하다는 것을 보여 준다.

최면과 NLP를 활용한
정서·행동장애 학생 상담

정서·행동장애 학생들의 심리적 치유와 지원을 위해 최면치료나 NLP를 상담에 활용할 수 있다. 최면상담은 일반적으로 최면치료나 최면요법이라는 용어와 의미에 큰 차이는 없다. 최면치료가 의료법에 규정된 주로 정신과 의사들이 시행하는 전문적인 심리치료 기법이라면, 최면상담은 최면의 여러 치료 원리와 절차들을 상담 시 보조수단 또는 촉매제로 활용하는 것이다.

최면상담과 NLP는 모두 의식의 변형 상태인 트랜스 상태에서 치료가 이루어지므로 그 치료 원리는 똑같다. NLP가 최면상담보다 시간이 적게 드는 장점이 있지만, 보다 많은 효과를 거두려면 고도의 주의 집중력이 필요한데 이것 역시 주의집중 훈련을 통해 가능하다. NLP에서는 심상화(시각화)를 잘할수록 즉, 상상을 구체화할수록 큰 효과를 볼 수 있기 때문이다. 따라서 평소에 주의집중 훈련과 심상화 훈련을 꾸준히 하면 좋다.

일반적으로 학생들은 성인보다 감수성이 풍부하고 감각이 예민하므로 쉽게 트랜스 상태에 들어가는 경향이 있다. 학생들은 몸에 힘을 빼고 마음을 편안하게 한 후 심호흡에 몇 차례 집중하는 것만으로도 트랜스 상태에 들어가는 경우가 많다. 따라서 바로 이때부터 분리와 연합, 생각의 구체화 등 NLP를 이용한 치료를 할 수 있는데, 만약 상담 시 심상화가 잘 안 되거나 주의 집중이 잘 안된다면 최면상담과 비슷한 충분한 이완 절차를 거치고 NLP 상담에 들어가면 된다.

본 장에서는 정서·행동장애 학생들을 위한 효과적인 최면상담의 절차와 자기최면 기법에 대해 설명하고, 분리와 연합을 이용한 NLP 상담 방법에 대해 설명하고자 한다.

1. 최면상담의 절차 및 최면유도문

최면을 활용한 상담은 일반적으로 기초 단계, 심화 단계, 최대 이완 단계, 치료 단계, 각성 단계 등 5단계를 거친다. 이를 간략히 정리하면 다음과 같다.

표 최면상담의 절차

1. 기초 단계	• 관념운동(손바닥 붙이기, 손가락 붙이기, 눈 감기기 등) • 전신 이완(온몸의 긴장 빼기)
2. 심화 단계	• 최면 상태를 더욱 깊게 함(엘리베이터 기법 등)
3. 최대 이완 단계	• 선호하는 장소를 구체적으로 상상하는 기법 등
4. 치료 단계	• 연령퇴행 및 전생퇴행 • 다중인격장애 및 빙의 치료 • 성격관련 치유(다이어트, 잠재능력개발 등 자기암시 주입) • 후최면암시(각성 후에도 치료의 효과가 계속될 것이라는 암시)
5. 각성 단계	• 신호어(다음에 다시 최면유도 시 특정 단어를 말하면 곧바로 깊은 최면으로 들어갈 수 있게 하는 방법) • 깨어나기

첫 번째는 최면 상태로 들어가기 위한 기초(도입) 단계로, 관념운동과 전신이완 단계로 나누어진다. 관념운동은 상상의 집중을 통해 우리 몸의 신체 일부가 달라붙는다거나 무겁게 느껴지게 한다거나 눈이 스르르 감기게 하는 것이다. 그리고 전신 이완은 온몸의 힘을 빼고 긴장이 풀리며 평화로워진다고 상상함으로써 전신을 이완시키는 방법이다.

편안하게 앉은 상태에서 눈을 감고… 심호흡을 합니다. 숨을 크게 들이마시고… 내쉬고… 다시 한번 크게 들이마시고 내쉽니다… 자, 이제 팔꿈치를 옆구리에 붙이고 두 손바닥은 가슴 앞으로 살짝 내밉니다. 양 손바닥 사이의 간격은 풍선 하나가 들어갈 정도로 마주보게 하여 놓습니다. 이제 벌어진 두 손바닥 사이에 강력한 자석이 있다고 생각합니다. 강력한 자력이 두 손바닥을 서로 강하게 잡아당깁니다. 점점 잡아당깁니다. 강력한 자력의 힘에 이끌려 두 손바닥이 점점 가까워집니다. 손바닥끼리 강하게 달라붙으려고 하고 있습니다. 이제 철썩 달라붙습니다. 마치 강력한 접착제로 붙인 것처럼 강하게 달라붙었습니다. 강하게 달라붙어서 떼려고 해도 뗄 수가 없습니다.

편안히 앉아서 앞에 있는 어느 한 점을 응시합니다. 시선을 고정할 수 있는 어느 한 점이면 다 괜찮습니다. 그것을 바라보면서 눈을 깜빡깜빡 해봅니다. 눈을 깜빡깜빡하면서 그 점을 계속 바라봅니다. 무심한 상태로 눈을 깜빡깜빡하며 계속 그 점을 바라봅니다. 처음엔 그 초점이 선명했지만, 점차 그 초점이 흐려지는 것을 느낄 수 있을 것입니다. 자연스럽게 눈을 깜빡깜빡 하는 가운데… 눈꺼풀이 조금씩 무거워지고… 눈꺼풀이 점점 무거워집니다. 제가 지금부터 다섯에서 하나까지 세겠습니다. 거꾸로 세어가는 동안 눈이 점점 무거워지면서 감길 것입니다. 마지막 하나를 세면 두 눈이 완전히 감깁니다. 다섯, 두 눈이 점점 무거워집니다. 넷, 점점 피로해져서 눈꺼풀이 무거워집니다. 셋, 눈꺼풀이 파르르 떨리며 눈을 뜨기 어렵습니다. 둘, 졸음이 오기 시작하면서 눈꺼풀이 감깁니다. 하나, 눈꺼풀이 그대로 달라붙습니다. 완전히 달라붙어서 떼려고 해도 뗄 수가 없습니다.

이제 편안한 자세에서 심호흡을 해봅니다. 숨을 깊이 들이쉬고… 내쉽니다… 숨을 들이쉬고 내쉬는 동안 모든 긴장이 풀리고 몸이 이완된다고 생각합니다. 하나, 숨을 깊이 들이쉽니다. 내뱉습니다. 둘, 숨을 깊이 들이마십니다. 다시 내뱉습니다. 아주 편안해집니다. 셋, 숨을 깊이 들이마십니다. 다시 내뱉습니다. 모든 긴장이 풀립니다. 넷, 숨을 깊이 들이마시고… 다시 내쉽니다. 좋습니다. 온몸이 나른합니다. 다섯, 숨을 깊이 들이마시고… 다시 내쉽니다. 아주 편안합니다. 온몸이 이완되고 편안해졌습니다. 앞으로 숨을 쉴 때마다 긴장이 모두 사라지게 됩니다.

　이제 모든 의식을 머리 꼭대기에 집중합니다. 주변의 소리엔 신경쓰지 말고 오직 제 말에만 귀를 기울입니다. 좋습니다. 자 이제 머리의 힘을 뺍니다. 이마의 힘도 빼고… 눈꺼풀과 눈동자의 힘도 빼세요. 턱의 힘도 빼고… 목의 힘도 빼세요… 양 어깨의 힘도 빼고, 팔꿈치와 손목의 힘도 뺍니다… 양손의 힘도 뺍니다. 가슴의 힘도 빼고 배의 힘도 빼세요. 편안하게 축 늘어집니다… 그리고 이제 엉덩이와 허벅지의 힘도 빼고… 무릎의 힘도 빼세요. 종아리의 힘도 빼고, 발등과 발목의 힘도 뺍니다. 모든 긴장이 풀리고 편안하게 가라앉았습니다. 발가락과 발바닥의 힘도 모두 뺍니다. 이제 당신은 머리 꼭대기에서 발가락 끝까지 온몸의 힘이 쭉 빠지고, 아주 나른해졌습니다. 몸이 아래로 착 가라앉는 듯 느껴지며, 몸과 마음이 아주 편안합니다. 그런 느낌을 느껴 보세요.

　관념운동은 최면의 독특한 특성으로, 집중한 상태에서 실제 신체 일부가 붙는다는 강한 믿음이 있으면 누구나 붙는다. TV 최면쇼에서 몸을 뻣뻣하게 굳게 하여 그 위를 지나간다든지(인교술), 마늘을 먹어도 달게 느끼게 한다든지, 얼음물에 들어가도 따뜻하게 느껴지게 하는 것 등도 관념운동 단계에서 볼 수 있는 특성들이다. 하지만 이러한 현상은 때때로 내담자가 최면에 대한 오해를 가질 수 있고 이상하다고 여길 수도 있다. 따라서 이러한 경우 관념운동은 생략하고 전신 이완 단계를 길게 가져감으로써 최면을 유도할 수도 있다.

　두 번째는 최면의 심화 단계로, 첫 번째 단계에서 유도한 최면 상태를 더욱 깊게 유도하는 것이다. 잠재의식은 의식의 아래에 있다고 보기에 더욱 깊은 최면유도를 위해서는 점점 아래로 내려가는 심상화 작업을 많이 하는데, 보통 엘리베이터를 타고 점점 아래로 내려간다거나 계단을 밟고 아래로 내려가는 상상 기법을 씀으로서 최면 상태를 더욱 깊게 한다.

바닷가에 10층짜리 호텔 하나가 있습니다. 현재는 그 호텔 10층의 엘리베이터 앞에 서 있다고 상상해 봅니다. 엘리베이터가 어떻게 생겼나 천천히 둘러봅니다. 이제 엘리베이터 앞으로 다가가서 내려가는 버튼을 누릅니다. 잠시 후 문이 열리고 엘리베이터 안으로 들어갑니다… 당신이 타고 있는 엘리베이터의 내부는 어떻게 생겼는지 마음의 눈으로 천장을 한 번 올려다 보십시오. 그리 좌우측도 살펴보십시오(눈동자의 움직임을 관찰하여 이완과 집중의 상태를 파악한다). 현재 10층에 있는데 1층까지 내려갈 것입니다… 1층까지 다 내려가서 문이 열리면, 당신의 잠재의식의 문도 활짝 열리게 됩니다. 엘리베이터가 아래로 내려갈수록 더욱 깊은 휴식을 취하게 되고, 내면세계에 더욱 몰입하게 됩니다.

자, 이제 시작합니다.

10층입니다. 위에 숫자 표시판을 잘 봅니다. 10이라는 숫자를 분명하게 떠올립니다. 이제 9층입니다. 아래로 내려갑니다. 내려가면서 살짝 진동도 느껴집니다.

8층입니다. 숫자 표시판에 8이라고 떠 있습니다. 점점 아래로 내려가는게 느껴집니다.

7층입니다. 점점 깊숙이 내려갑니다. 내려가면서 몸도 묵직해지고… 점점 편안해집니다.

6층입니다. 점점 내려가면서… 몸과 마음도 이완됩니다.

5층입니다. 이제 반쯤 왔습니다. 점점 깊숙이 내려갑니다.

4층입니다. 숫자 표시판에 4라고 떠 있습니다. 계속 내려갑니다. 아주 편안합니다.

3층입니다. 점점 깊어집니다.

2층입니다. 거의 다 내려왔습니다. 이제 한층 남았습니다.

1층… 다 내려왔습니다. 약간 덜커덩 거리며 엘리베이터가 멈췄습니다. 자, 이제 문을 열고 나갈 준비를 합니다.

세 번째는 최대 이완 단계로, 두 번째 단계에서 떠올린 심상을 더욱 분명하게 함으로써 몸과 마음을 최대로 이완시키는 단계이다. 즉, 잠재의식으로의 접속을 더욱 깊게 하는 단계이다. 보통 넓은 바닷가나 벌판, 꽃밭, 숲 속 등 내담자가 생각만 해도 마음이 편안해지고 기분이 좋아지는 장소에 있다고 상상하게 하고 그 환경에 몰입하는 방법을 사용한다. 내담자가 지금까지 가본 곳 중에서 정말 편안하게 느꼈던 곳을 미리 파악해 두는 것도 좋다.

선호장소 상상 기법 예시

이제 엘리베이터 문이 열리면 넓은 모래사장이 당신의 눈앞에 펼쳐질 것입니다. 엘리베이터에서 내리십시오. 그리고 당신의 눈앞에 펼쳐진 평화로운 바닷가의 모습을 떠올려 보세요. 네, 좋습니다. 천천히 주변을 둘러봅니다. 무엇이 보입니까? 수평선이 맞닿은 바다 저 편을 바라봅니다. 멀리서 돛단배도 보입니다. 하늘에서는 따뜻한 태양이 내리비추고 있습니다. 귓가에 스치는 바닷 바람을 느껴봅니다. 바닷물을 살짝 손으로 적셔서 맛을 봅니다. 어떻습니까? 짠 맛이 나나요? 이번에는 신고 있는 신발을 벗고 맨발로 모래사장 위를 걸어가십시오. 모래 위를 걷는 발바닥의 촉감을 느껴봅니다… 느낌이 어떤가요? 따뜻한가요? 약간 꺼실꺼실 한가요? 그런 감촉을 온몸으로 느끼면서 계속 걸어갑니다. 이번에는 모래 위에 한번 앉아봅니다. 모래를 만지면서… 따뜻한 모래의 촉감을 느껴봅니다. 모래의 촉감이 엉덩이를 따뜻하게 합니다. 따뜻한 기운이 온몸으로 퍼져 나른해집니다. 아주 편안합니다. 바다 저 멀리에서 시원한 바람이 불어와 온몸을 휘감고 지나갑니다. 온몸을 휘감고 지나가는 바람결을 느껴보십시오, 아주 상쾌합니다. 하늘에서는 따뜻한 햇살이 얼굴을 비추고 있습니다. 얼굴 가득 내려앉는 햇살의 따스함을 느껴보세요… 아주 기분이 좋습니다. 따뜻하고 나른한 기분을 마음껏 느껴보세요.

세 번째 단계까지 성공적으로 마치면 깊은 최면 상태로 유도된 것이다. 네 번째는 치료 단계이다. 지금까지는 최면유도를 위한 과정이었다면, 치료 단계에서는 최면상담의 핵심으로 본격적인 치유가 이루어진다. 앞 장의 사례에서 보았듯이 전문적인 최면, NLP 기법들이 많이 활용된다. 학교 현장에서 활용할 수 있는 최면상담은 학생의 심리적 안정과 치유, 태도의 변화, 행동의 개선 등을 목적으로 하므로, 최면치료에 관한 전문적인 기술이 요하는 부분은 의료법에 따라 심리치료 전문 정신과 진료를 받게 한다. 구체적인 상담 기법들의 예시는 다음과 같다.

예시 ① - 네, 좋습니다. 그렇게 포근하게 느껴지는 모래사장에 편안하게 누워 보세요. 등에서 따뜻한 모래의 촉감이 올라옵니다. 모래찜질을 한번 해볼까요? 모래를 파고 그 속에 드러누운 자신을 봅니다. 모래의 촉감이 온몸을 따뜻하게 합니다. 아주 편안합니다. 그리고 눈을 감으세요. 온몸이 나른하고 달콤한 잠에 빠져들고 싶은 기분입니다.

이제 열에서부터 하나까지 숫자를 거꾸로 세겠습니다. 숫자가 하나씩 줄어들 때마다 더욱더 깊은 휴식과 최면 상태에 몰입되는 자신을 경험하게 될 것입니다. 내 목소리를 귓전을 스치고 지나가는 자장가처럼 편안하게 들으세요. 열… 아홉… 더욱 더 깊은 휴식에 몰입됩니다. 여덟… 일곱… 점점 더 깊어집니다.. 여섯… 다섯… 넷… 점점 더 깊고 편안해집니다. 셋… 둘… 하나… 이제 깊은 휴식과 최면 상태에 도달되었습니다. 이제 잠재의식의 문이 활짝 열렸습니다. 잠재의식은 나의 모든 것을 알고 있고, 내가 의식하지 못한 일들도 전부 기억하고 있습니다. 또한 나의 과거분 아니라 나의 전생의 일들도 전부 기억하고 있습니다.

이제 셋을 세게 되면, 당신의 현생에 가장 많은 영향을 미친 당신의 전생이 눈앞에 떠오를 것입니다(또는 현재 증상의 원인이 되는 과거의 기억 속으로 들어가게 될 것입니다). 자 준비하세요. 그 먼 곳으로 여행을 갑니다. 하나… 둘… 셋… 떠올려 주세요… 무엇이 보이나요?

예시 ② - 네, 좋습니다. 그렇게 편안한 느낌을 간직한 채 계속 앞으로 걸어가십시오. 마음이 아주 평화롭고 행복합니다. 그런 느낌을 충분히 느끼면서 앞으로 걸어갑니다. 걷다보니 이제 지하로 내려가는 넓은 계단이 나옵니다. 바닥에 빨간 카페트가 펼쳐져 있고 주위가 아름답게 장식된 계단입니다. 그 계단 앞에 당신은 어떻게 서 있습니까? 아래로 내려가는 계단은 모두 열 계단입니다. 이제 계단을 내려가겠습니다. 계단을 한 칸씩 내려갈수록 더욱 더 깊은 휴식과 내면세계에 몰입하는 자신을 느낄 것입니다. 편안한 마음으로 계단을 내려간다고 상상하고 제 목소리의 안내를 받으십시오. 열… 이제 계단을 내려가기 시작합니다. 아홉… 점점 더 아래로… 아래로 계단을 내려갑니다. 여덟… 계단을 한 칸씩 내려갈수록 더욱더 편안해지는 기분을 느껴보세요. 일곱… 점점 더 아래로 여섯… 점점 더 아래로… 내 마음도 점점 더 깊어집니다. 다섯… 넷… 점점 더 깊숙해 집니다. 셋… 다 내려와 갑니다. 둘… 거의 다 내려 왔습니다. 하나… 이제 깊은 휴식과 내면 깊숙한 곳에 도달했습니다.

> 바로 앞을 보니 당신 앞에 커튼이 하나 쳐져있습니다. 가만히 손을 내밀어 그 커튼
> 을 만져 보세요, 커튼의 감촉을 느껴 보세요. 어떤가요? 좋습니다. 이제 셋을 세게
> 되면 그 커튼을 젖히고 힘차게 앞으로 걸어 나가세요. 그러면 당신의 현생에 가장
> 많은 영향을 미친 당신의 전생(과거)을 만나게 될 것입니다. 자, 준비하세요. 앞으로
> 나아갑니다. 하나… 둘… 셋… 커튼을 젖히고 앞으로 천천히 걸어가세요. 천천히 둘
> 러보세요. 무엇이 보이나요?

만약 유도 중 괴로워하는 장면이 나오거나 감정이 격해져서 힘들어하
면하면 그 장면에서 벗어나서 마치 TV나 영화의 한 장면처럼 멀리 떨어
져서 편안하게 보라는 암시를 준다. 그리고 자신의 능력 이상으로 최면을
유도하지 않도록 한다.

연령퇴행이나 전생퇴행은 깊은 최면 상태에서 유도하여야 하지만, 다중
인격장애나 빙의에 대한 치료는 보통 얕은 최면 상태에서도 가능하다. 최
대 이완 단계까지 오지 않고 기초 단계에서 몸을 이완시키는 것 만으로
도 몸 안의 다른 인격체 또는 영적 존재가 발견되는 경우가 많다. 기초
단계나 심화 단계의 가벼운 최면 상태에서 잠재의식에게 내 몸 안에 다
른 영적 존재가 있는지 묻는다거나, 마음의 눈으로 온몸을 스캔하면 빙의
나 다중인격장애에서 발견되는 인격체를 발견할 수 있다.

이러한 부정적 정서를 지닌 인격체들이 발견되면 한 번에 나간다고 하
는 경우도 많지만, 안 나가려고 버티는 경우도 많다. 안 나가려고 하는
경우에는 예를 들어, 뜨거운 불을 갖다 댄다는 암시를 하거나 밝고 건강
한 빛 또는 성령의 기운이 몸을 가득 채운다는 등의 암시를 하면 영적
존재들은 몹시 괴로워함을 느낀다. 이러한 현상이 불가사의하게 보일지
몰라도 양자론의 관점에서는 생각을 포함한 만물은 파동이고 우리의 생
각도 집중한 상태에서는 그대로 실체화하여 나타나기 때문에 자연스럽게
이해될 수 있다. 그리고 상담자는 영적 존재에게 "여기서 이러고 있으면
안 되는 거 알지? 하늘로 올라가는 것이 신의 뜻이라는 거 알고 있지?"라
는 식으로 말을 하는 것이 좋다. NLP에서는 이러한 영적 존재를 '분아'라

고 하여 일단 감사를 표하고 이제 떠나가 달라고 말한다.

중요한 것은 앞에서도 말하였지만 이러한 영적 존재들을 아무리 내보내려고 해도 나가는 척하고 다시 있는 경우도 있기 때문에, 억지로 내보내려고 하는데 에너지를 쏟는 것 보다는 '내 몸과 마음이 건강하고 밝은 성령의 기운으로 가득 찬다.'는 식으로 암시를 하여 내면을 강하게 단련하는 것이 중요하다. 그러면 이러한 에너지체는 언젠가는 떠나거나, 존재의 흔적만 살짝 남을 정도로 없어지게 된다.

치료 단계 | 빙의 치료

예시 ① - (1단계 또는 2단계 최면유도까지 마친 후) 이제 내면에 있는 잠재의식의 문이 활짝 열렸습니다. 잠재의식에게 물어봅니다. 의식하지 않고 가만히 있으면 잠재의식이 알아서 대답해 줄 것입니다. 현재 증상의 원인이 빙의나 다중인격장애에 의한 것이면 엄지손가락을 까딱이고, 그렇지 않으면 중지손가락을 움직여 주세요! (엄지손가락을 까딱이면, 외부에서 들어온 영적 존재이거나 부정적 정서를 지닌 에너지체일 경우 앞 장의 사례에서처럼 이들을 몸 밖으로 내보내는 치료를 진행함과 동시에 몸 안이 건강한 에너지로 가득 채워진다는 암시를 한다)

예시 ② - (1단계 또는 2단계 최면유도까지 마친 후) ○○증상을 말해 봅시다. (내담자가 증상을 말하면) 몸 속 어디에서 ○○증상이 느껴지나요? 또는 마음의 눈으로 ○○증상을 바라봅시다. ○○증상이 몸 어디에서 느껴지나요? (내담자가 머리와 가슴이라고 대답하면) 무슨 색인가요? 어떤 모양인가요? (내담자가 검은색 덩어리 같다고 대답하면) 그 검은 기운과 의사소통할 수 있습니다. '언제부터 거기 있었는지' 물어 보세요. 왜 거기에 있는지 물어보세요. '내가 아픈 것이 너 때문이냐?'고 물어보세요. '어디에서 온 존재인가요?'라는 식으로 질문을 하면 내담자는 영적 존재와 대화를 통해 그 대답을 알려주거나, 영적 존재가 직접 대화에 끼어들게 된다. 이후 절차는 역시 앞 장의 사례에서처럼 이들을 몸 밖으로 내보내는 치료를 진행함과 동시에 몸 안이 건강한 에너지로 가득 채워진다는 암시를 한다.

최면의 치료 단계에서는 내 마음속 깊은 곳에 접속하여 잠재의식이 크게 활성화된 상태이므로 각종 심리적 증상 및 정서적 어려움, 부정적 감

정, 끊고 싶은 습관, 제한적 신념 등의 문제 해결이 가능해진다. 예를 들어, 머리가 오랫동안 지끈지끈 아팠던 경우 "이제부터는 머리가 아주 맑아지고… 깨끗해지고… 시원해집니다… 머리에 건강하고 밝은 에너지가 가득 들어와 내 머리 속을 가득 채웁니다… 머리가 깨끗하고 시원해졌습니다… 머리가 아주 편안해졌습니다…"라는 암시를 준다.

우울함으로 인해 힘들다면, 과거 행복했던 경험을 구체적으로 떠올리게 한 후 그 행복한 감정이 나의 몸을 가득 채운다고 상상하게 한다. 그리고 "당신은 소중한 존재이고 보호받을 가치가 있습니다… 당신은 신의 축복을 받고 태어났습니다. 그러므로 소중한 존재이고 행복할 권리가 있습니다. 당신은 이미 행복해졌습니다. 당신은 앞으로도 잘 할 수 있습니다."라는 식으로 자신감을 북돋워 준다. 덧붙여 우주 높이 올라가 밝고 건강한 에너지가 나를 가득 채운다고 상상하게 하면서 "이번 생의 교훈은 무엇인가요?"라고 물으며 삶의 목적을 깨닫게 할 수도 있다.

이 밖에도 치료 단계에서 내가 원하는 이미지를 만들어 내거나 그런 상상을 함으로써 여러 부정적 정서나 제한적 신념에서 벗어날 수 있다. 가능하면 오감을 다 활용하여 내가 원하는 문제 해결의 방향을 이미지로 떠올리거나, 내가 원하는 자기 암시, 문제 해결에 도움 될만한 상황을 이미지로 만들어 상상하면 이러한 장면들이 잠재의식 속에 깊이 각인되어 긍정적인 감정의 변화와 행동의 변화를 가져온다. 예를 들어, 누구와 갈등 관계에 있을 때 서로 화해하거나 좋은 관계로 발전해 나가는 이미지를 그려본다거나, 시험을 앞두고 불안하다면 편안하게 시험을 잘 치는 이미지를 상상할 수 있고 그 결과로 좋은 성적을 거두어서 즐거워하는 모습의 이미지를 만들면 훌륭한 성과를 얻을 수 있다. 이미지 기법을 사용하여 담배 끊기를 위한 예시는 다음과 같다.

자, 이제 담배를 한 대 꺼내서 피우는 모습을 상상합니다. 담배를 피우는 순간 이전에 싫어했던 냄새가 납니다. 그 냄새가 점점 강해져서 도저히 담배를 피울 수 없게 됩니다. 앞으로도 담배를 피우려면 이 냄새가 나서 머리가 어지럽고 속이 안 좋게 됩니다.

그리고 이번에는 평소에 봤던 담배로 인해 손상된 폐나 장기를 떠올려 봅니다. 이 과정을 좀 더 체계적으로 하기 위하여 담배를 피우는 과정을 한번 떠올려봅니다. 자, 이제 담배를 한 모금 빠는 순간 시커먼 담배연기가 기관지를 지나서 폐 속으로 들어가고 있습니다. 폐 속이 점점 시커멓게 되어가고 있습니다.

그럼 이제 담배를 내던져버립니다. 그리고 상쾌한 바람을 콧속으로 들이마십니다. 시원한 바람이 몸 속으로 들어와서 몸에 새로운 활력을 넣습니다. 숨을 들이쉴 때마다 맑은 공기가 내 몸 속으로 들어옵니다. 맑은 공기가 폐를 건강하게 해줍니다. 앞으로는 이렇게 신선한 바람만 들이마시게 됩니다. 그렇게 할 수 있습니다. 나는 건강해야 합니다. 자, 이제 건강한 자신의 모습을 힘차게 그려봅니다.

치료 단계의 마지막은 '후최면암시'이다. 후최면암시는 상담과정에서 얻는 치료적 성과가 현실생활에서도 적용될 수 있도록 만드는 것으로, 각성 상태(최면에서 깨어난 상태)에서도 최면의 효과가 지속되도록 암시를 주는 것이다. 예를 들어, 특정 대상에 공포증을 갖고 있는 내담자에게 최면 상태에서 공포반응에 대처할 수 있는 수단을 훈련시킨 다음 실제 생활에서 공포증 상황을 맞닥뜨리더라도 지금 연습해 둔 수단을 적용하도록 암시를 주면, 내담자는 기억하지 못할지라도 실제 생활에서 이러한 상황이 발생 시 훈련받은 수단을 그대로 시행함으로써 공포증을 없앨 수 있다.

다이어트의 경우엔 이미지 기법을 써서 음식에 혐오감을 느끼는 장면과 다이어트에 성공한 모습을 상상하게 하고 "최면이 깨어서도 음식에 대한 혐오감은 그대로 느껴질 것이다."라는 암시를 주면, 실제 깼을 때도 음식을 보면 저절로 혐오감이 들게 되어 다이어트에 효과를 볼 수 있다. 마찬가지로 치료 단계의 끝에서 "최면이 깨어서도 행복한 기분이 일상생활에서 계속 유지될 것이다."라는 암시를 주면, 실제로 일상생활을 더 즐겁고 행복하게 할 수 있다.

최면상담의 마지막 절차는 각성 단계다. 각성 단계는 신호어를 설정하는 것과 깨어나기로 구성된다. 신호어는 각성 상태로 돌아오기 전에 어떤 특정 문구를 정하여 다음 최면상담 시에 바로 깊은 최면 상태로 빠르게 유도하기 위해 사용하는 것이다. 즉, 흔히 사용하지 않는 특정한 말을 정하고, "다음 상담 때 이 문구를 사용하면 곧바로 깊은 최면 상태로 들어오게 됩니다."라는 암시를 주면, 다음 상담 시 최면유도를 위한 긴 과정을 거치지 않고 이 문구를 사용하여 곧바로 깊은 최면 상태로 유도할 수 있다.

이때 사용하는 신호어는 자주 쓰이는 말로 정할 시 일상생활 중 갑자기 최면에 빠질 수도 있으므로, 특이한 문구로 정하는 것이 좋다. '레드 썬', '블루 스카이' 등 특이한 신호어가 애용되는 이유다. 예를 들어, "다음 상담 때 '블루 스카이'라고 말하면 곧바로 깊은 최면으로 들어가게 됩니다."라는 암시를 주고, 이제 깨어나기 단계로 넘어간다. 깨어나기는 최면 상담을 마치고 의식 상태로 돌아오기 위한 암시를 하는 것이다.

각성 단계 ｜ 깨어나기

예시 ① - 이제 의식 상태로 돌아오겠습니다. 제가 셋을 세면 의식이 돌아오고 눈을 뜰 수 있습니다. 하나… 눈을 뜨겠다고 생각하고… 둘…의식이 점점 돌아오며 머리가 맑아지고 있습니다… 이제 마지막 셋을 세면, 머리가 아주 상쾌해지고 눈을 뜨게 됩니다. 셋(조금 억양을 높여서)! 자, 눈을 뜨세요.

예시 ② - 이제는 돌아갈 시간입니다. 하나에서 다섯까지 천천히 세겠습니다. 다섯을 다 세면 당신은 모든 것을 기억한 채 깨어나게 됩니다. 몸과 마음이 상쾌하고 새로운 활력이 넘칠 것입니다. 그리고 오늘 보았던 영상이나 느낌들의 의미는 시간이 흐를수록 더 또렷하게 떠오를 것입니다. 하나… 둘… 상쾌합니다… 가벼워집니다… 셋… 더 가벼워집니다… 넷… 머리가 맑아집니다… 다섯… 눈을 뜨고 활짝 깨어납니다. (깨어난 후에도 머리가 무거우면 깨우는 과정을 천천히 반복해서 시행한다)

2. 자기최면

성공적인 상담을 거두려면 상담 시간뿐 아니라 그 외 시간에 학생이 배운 내용을 혼자서 스스로 연습하는 것도 매우 중요하다. 자기최면은 말 그대로 상담사가 유도하는 것이 아닌 '자기가 스스로에게 최면 거는 법' 이다. 상담 시 내면에 건강한 에너지가 가득 채워진다는 상상을 많이 하는데, 이러한 상상을 혼자서 할 때에는 자기최면 유도문을 틀어놓고 충분히 이완된 상태 즉, 트랜스 상태에서 해야 효과가 뛰어나다.

자기최면은 자신이 원하는 시간에 원하는 장소에서 손쉽게 할 수 있으므로 간단한 방법과 원리를 익힌다면 일상생활 속에서 긴장이나 불안감, 스트레스를 해소할 수 있고, 자신감 향상, 행복감 증진 등의 효과를 얻을 수 있다. 또한 자기최면 연습을 꾸준히 하면 심상화 능력과 주의집중력이 향상되므로 실제 최면치료나 상담 시에도 트랜스 상태에 더 쉽고 빠르게 들어갈 수 있다. 최면감수성이 높지 않으면 트랜스 상태에 들어가지 않는 경우가 많아 최면상담이 이루어지기 힘든데, 이 경우에도 자기최면을 꾸준히 연습하면 최면감수성이 높아져서 최면상담이 가능해진다.

타인최면과 자기최면은 최면 상태로 유도하는 주체만 다를 뿐이지 유도문의 내용에는 차이가 없다. 따라서 혼자서 할 때에는 최면상담의 절차에 있는 유도문의 내용을 녹음해서 그대로 틀어놓고 해도 상관없다. 시간과 장소의 구애를 받지 않고 손쉽게 할 수 있는 자기최면의 보다 효과적인 기법들을 소개하면 다음과 같다.

자기최면 방법

1. 조용히 눈을 감고 천천히 심호흡을 한다.
2. 온몸의 힘을 천천히 뺀다.
3. 오른팔에 힘이 완전히 빠져서 축 늘어진다. 오른팔이 매우 무거워진다는 암시를 한다.
4 왼팔에 힘이 완전히 빠져서 축 늘어진다. 왼팔이 매우 무거워진다는 암

시를 한다.

5. 양팔이 편안하게 축 늘어지며 매우 무거워졌다는 암시를 한다.

6. 자신이 좋아하는 장소를 떠올려 그곳에 있다고 상상한다(2~3분 정도 그 기분을 충분히 느낌).

7. 부정적 정서를 없애는 자기최면 암시를 하거나, 스스로를 변화시킬 수 있는 긍정적인 암시를 한다.

8. 내가 바라는 상태가 이미 이루어졌음을 충분히 느끼고 상상한다.

9. 암시를 충분히 받아들이고, 마음속으로 하나, 둘, 셋을 외치며 깨어난다.

예시 자기최면

눈을 감고 천천히 심호흡을 합니다. 숨을 깊게 들이마시고… 내쉽니다. 또 숨을 깊이 들이마시고… 천천히 내쉽니다… 숨을 들이마실 때마다 건강과 평화의 에너지가 들어오고, 숨을 내 쉴때마다 모든 긴장과 불안이 빠져나간다고 생각합니다. 자, 숨을 크게 들이쉬고… 내쉽니다… (1분 정도 심호흡) 온몸의 긴장이 풀리고 편안해졌습니다.

온몸의 힘을 뺍니다… 온몸의 힘이 쭉 빠지고 편안합니다. 몸의 모든 근육의 긴장을 풀리고 편안하게 이완됩니다. 자, 이번에는 오른팔에 집중합니다. 오른팔에 힘이 완전히 빠져서 축 늘어집니다. 오른팔이 축 늘어지면서 매우 무거워집니다. 오른팔이 아주 무거워집니다. 오른팔이 아주 무거워지고 편안해졌습니다. 이번에는 왼팔입니다. 왼팔에 힘이 완전히 빠져서 축 늘어집니다. 왼팔이 축 늘어지면서 매우 무거워집니다. 왼팔이 매우 무거워집니다. 왼팔이 아주 무거워지고 편안해졌습니다. 이제 양팔의 긴장이 모두 풀리고 매우 무거워졌습니다. 양팔이 편안하게 축 늘어지며 아주 무거워졌습니다.

자, 이제 평화스러운 벌판을 마음의 눈으로 떠올려보세요. 잔디가 포근하게 깔려있고 꽃도 예쁘게 피어있는 그런 벌판의 모습을 상상해 보세요. 네, 좋습니다… 지금 그 벌판의 한가운데에 서 있습니다. 신고 있는 양말을 벗고… 그 벌판 위를 천천히 걸어가 봅니다. 발바닥에 느껴지는 잔디의 감촉을 느껴보세요. 그 느낌은 부드러운가요? 까칠까칠한가요? 그런 느낌을 온몸으로 느끼고 받아들이세요. 그런 느낌을 느끼면서 계속 산책을 합니다… 벌판 저 멀리에서 시원한 바람이 불어와 온몸을 휘감고 지나갑니다. 온몸을 휘감고 지나가는 바람결을 느껴보십시오. 그리고 코끝을 스치고 지나가는 풋풋한 풀내음도 맡아보세요… 향기가 어떤까요? 하늘에서는 따뜻한 햇살이 얼굴을 비추고 있습니다. 얼굴 가득 내려앉는 햇살의 따스함을 느껴보세요. 햇살의 따스함이 목덜미를 타고 온몸으로 퍼져갑니다. 아주 따뜻하고 편안합니다.

이제 나의 잠재의식은 활짝 깨어났습니다. 나의 잠재의식은 활짝 깨어나 나의 의식과 접속되었습니다. 잠재의식은 언제나 나를 위해 존재하고 나를 위해 기능을 하는 고마운 존재입니다. 잠재의식은 나에 대한 모든 것을 알고 있고 나에게 필요한 도움을 기꺼이 줄 것입니다.

(우울, 불안 등 부정적 정서를 변화시킬 경우) 나는 비록 (불안, 우울)했지만 이제는 점점 편안해집니다. (불안, 우울)한 상황을 한번 생각해 보세요. 그러한 상황을 충분히 받아들이고 이해할 수 있습니다. 이제는 점점 편안해지고 안정됩니다. (불안, 우울)한 상황을 다시 생각해 보세요. 나는 비록 (불안, 우울)했지만 이제는 점점 편안해지고… 안정됩니다… 나는 (불안, 우울)했었지만 이제는 편안해지고 행복해집니다. 아주 편안하고 행복해집니다. 나는 편안하고 안정되었습니다. 나는 편안하고 행복해졌습니다.

(집중력을 기를 경우) 나는 집중력이 매우 강해집니다… 나는 원래 집중력이 강했습니다. 다만 알아차리지 못했을 뿐입니다. 잠재의식은 나의 주의집중력이 높아질 수 있게 도와줄 것입니다… 나의 집중력이 매우 강해집니다… 나의 집중력이 매우 강해집니다… 나는 집중력이 매우 강해졌습니다. 나는 이해와 암기를 매우 잘 할 수 있습니다. 나는 이해와 암기를 매우 잘 하게 됩니다. 나는 이해와 암기를 매우 잘하게 됩니다. 나는 이해와 암기를 매우 잘 합니다. 나는 주의집중력이 향상되었기에 성적도 목표한 대로 올라갈 것입니다. 집중력이 향상되어 암기와 이해를 잘하기에 성적도 쭉쭉 올라갈 것입니다. 성적이 목표한 대로 올라갑니다. 성적이 목표한 대로 올라갑니다. 성적이 목표한대로 올라갔습니다.

내가 바라는 모습이 이루어졌음을 생생하게 떠올려보세요. 나는 매우 기쁘고 행복해하고 있습니다. 나는 얼굴에 웃음을 가득 띠고 있고 아주 행복한 상태입니다. 가족들도 나의 성취를 기뻐하고 축하해 주고 있습니다. 나는 행복한 존재입니다. 마음이 아주 편안하고 날아갈 듯이 기쁩니다. 행복한 기분을 오감으로 마음껏 느껴봅니다…

내가 원하는 방향으로 변화되었습니다. 변화된 정서가 나의 잠재의식에 깊게 각인되었기 때문에 내가 깨어나더라도 내가 의식하지 않더라도 저절로 의식적인 노력으로 연결될 것입니다… 이제는 깨어날 시간입니다. 숫자를 다섯부터 하나까지 거꾸로 세겠습니다. 다섯을 다 세면 나는 모든 것을 기억한 채 깨어나게 됩니다. 몸과 마음이 상쾌하고 새로운 활력이 넘칠 것입니다. 다섯… 점점 가벼워집니다. 넷… 더욱 가벼워집니다… 셋… 상쾌합니다… 둘… 머리가 맑아집니다… 하나… 눈을 뜨고 활짝 깨어납니다.

정서적 안정에 도움되는 자기최면 요법

편안히 누워 눈을 감고 숨을 깊이 들이마십니다. 숨을 길게 내쉬며 온몸의 긴장을 풀어줍니다. 팔 다리와 온몸의 근육을 모두 풀어주세요. 자신의 호흡의 느낌에만 마음을 집중하고 숨을 깊이 들이마시고 내쉽니다. 규칙적으로 고르게 호흡하면서 긴장을 풀어주세요. 숨을 내쉴 때마다 몸 안의 긴장과 불안이 모두 밀려나가고 숨을 들이마실 때마다 주위의 평화와 안정감이 나를 가득 채웁니다.

이제는 눈앞에 아름다운 풍경을 상상해봅니다. 내가 좋아하는 바닷가나 잔디밭이나 어느 장소나 좋습니다. 나는 그곳에 누워 햇빛을 받으며 편안히 쉬고 있습니다. 푸른 하늘을 보고, 따스한 햇볕을 느껴보세요. 온몸을 스치는 따스한 바람도 느껴보세요. 마음이 아주 평온하고 착 가라앉습니다.

이제는 온몸의 근육들을 하나하나 풀어주겠습니다. 우선 두 발과 발목의 근육들을 모두 풀어줍니다. 두 발과 발목의 근육들을 완전히 풀어주어 두 발이 묵직하게 가라앉는 느낌이 듭니다. 두 발이 묵직하게 느껴지며 점점 무거워집니다. 이제는 그 묵직한 느낌이 발목을 타고 위로 올라와 종아리 근육들을 완전히 풀어줍니다. 무릎 아래의 두 다리가 무겁게 가라앉습니다. 그 무거움이 무릎을 타고 올라와 양쪽 허벅지의 근육들을 완전히 풀어줍니다. 그 근육들이 모두 풀리는 모습을 머릿속에 그려보십시오. 이제는 두 다리가 완전히 이완되어 묵직하게 가라앉습니다. 두 다리가 점점 무겁게 느껴져 마치 납덩이처럼 무거워집니다. 숨을 내쉴 때마다 완전히 긴장을 풀고 무거움을 느껴보십시오. 두 다리의 무거움이 허리를 타고 위로 올라와 숨을 내쉴 때 배와 가슴의 긴장이 모두 풀어집니다. 배와 가슴의 근육들이 완전히 이완되며 몸속의 모든 장기들이 편안하게 이완됩니다. 그 무거움이 등줄기를 타고 올라와 척추와 그 주위의 근육들을 모두 편안하게 이완시킵니다. 등 근육들이 모두 이완되며 나른하고 졸리는 느낌이 느껴집니다. 가슴과 등의 근육들이 완전히 풀려 나의 몸은 깊은 휴식 속으로 점점 깊이 가라앉아 갑니다.

　마음은 평화롭고 나른하게 쉬면서 목과 턱의 근육들을 완전히 풀어줍니다. 입 주위와 얼굴의 근육들을 완전히 풀어줍니다. 이제는 감고 있는 눈과 눈 주위의 근육들을 모두 풀어줍니다. 이마와 뒷 머리의 근육들, 뒷 목의 근육들까지 모두 풀어주십시오. 이제 나의 몸은 머리에서 발끝까지 모든 근육이 완전히 풀어져서 나른하고 무겁게 가라앉아갑니다. 마음도 깊은 휴식 속으로 점점 깊이 빠져 들어갑니다.

　이제는 밝고 강한 흰 아름다운 빛이 위로부터 비추어 나의 머릿 속으로 들어가는 모습을 상상해 봅니다. 그 빛줄기를 보고 느껴 보십시오. 그 빛은 나의 머릿 속을 가득 채우고 머릿 속을 희게 비추고 있습니다. 그 빛은 물이 흐르듯 아래로 흘러내리며 온몸의 구석구석까지 가득 채웁니다. 하얀 빛이 아래로 내려오며 얼굴과 목을 지나고 어깨를 타고 내려와 양손 끝까지 가득 채웁니다. 또한 그 빛은 가슴과 배를 타고 내려와 두 다리를 타고 양쪽 발 끝까지 가득 채웁니다. 그 빛은 나의 몸과 마음을 감싸고 보호합니다. 그 빛이 와닿는 몸 속의 모든 기관과 세포들이 피로와 긴장에서 완전히 회복됩니다. 그 빛은 나의 휴식을 더욱 깊게 해 주고 몸의 이완을 더 완전하게 해 줍니다. 심장에 가득한 그 빛은 맥박이 뛸 때마다 혈관을 타고 온몸 구석구석까지 스며듭니다. 어떤 부정적인 감정이나 불쾌한 위험도 그 빛의 보호막을 뚫고 들어올 수 없습니다. 나는 그 빛 속에서 완전한 보호를 받습니다. 이제 나는 빛에 싸인 채 깊이 휴식하고 있습니다.

　이제 나는 아주 깊고 나른한 이완 상태에 들어왔습니다. 마음 속 깊이 있는 내부의 문도 활짝 열렸습니다. 나는 앞으로 언제나 눈을 감고 숨을 고르게 한 다음 '편안하다… 편안하다… 편안하다…' 이렇게 세 번 되풀이하여 마음속으로 말을 하면 지금과 같이 깊은 최면 상태로 곧바로 들어갈 수 있습니다. 지금과 같은 최면유도를 거듭 연습할수록 나는 더 빠르고 깊은 최면 상태에 도달하게 될 것입니다.

　이제는 의식 상태로 돌아오겠습니다. 내가 셋을 세면 의식이 돌아오고 눈을 뜰 수 있습니다. 하나… 눈을 뜨겠다고 생각하고… 둘… 의식이 점점 돌아오며 머리가 맑아지고 있습니다… 이제 마지막 셋을 세면, 머리가 아주 상쾌해지고 눈을 뜨게 됩니다. 셋(조금 억양을 높여서)! 자, 맑고 상쾌한 상태로 눈을 뜹니다.

　자기최면은 반복적으로 꾸준히 연습할수록 효과가 좋다. 처음에는 심상화가 잘 안될 수도 있지만 가벼운 마음으로 꾸준히 연습하다보면 몰입도가 향상되어 잠재의식에 내가 원하는 정서를 각인시킬 수 있게 된다. 꾸준히 반복적으로 연습하다보면 어느 순간 나도 모르게 긍정적인 변화가 반드시 일어나게 된다.

자기최면 시 절차를 외워서 속으로 혼자 하는 것보다는, 귀찮더라도 스크립트를 녹음해서 들으면서 할 것을 추천한다. 혼자서 상상만으로 하는 것보다 들으면서 하는 것이 주의집중이 더 잘되고 더 잘 받아들이게 되기 때문이다. 물론 여러 번 시행하여 충분히 익숙해지면 혼자서 상상만으로 해도 충분한 효과를 거둘 수 있다.

3. NLP에 의한 부정적 정서 제거 방법

앞에서도 설명하였지만 NLP를 활용한 상담기법은 크게 '분리와 연합', 그리고 '분아와의 이별 또는 통합'으로 나눌 수 있다. 즉, 첫 번째는 부정적 상황과 분리하고 긍정적 정서와는 연합을 통해 부정적 정서를 제거하는 방법이 있고, 두 번째는 내 마음을 구성하는 하나의 마음인 분아와의 이별 또는 통합을 통해 건강한 인격을 회복하는 방법이다.

'분아와의 이별이나 통합'의 절차와 사례에 대해서는 앞에서 자세히 소개하였으므로, 여기서는 '분리와 연합' 기법의 스크립트에 대한 예시를 소개하도록 한다.

예시   분리와 연합을 통한 부정적 정서 제거

자, 눈을 감고 심호흡을 합니다. 들이마시고 내쉬고… 들이마시고 내쉬고… 숨을 들이쉴 때마다 건강한 에너지가 들어온다고 생각하고, 숨을 내 쉴 때마다 긴장과 불안이 빠져나간다고 생각합니다. 숨을 깊게 들이마시고 내쉬고… 다시 한번 깊이 들이마시고… 내쉽니다… 몸의 긴장을 풀어주며 편안한 마음이 되어 저와 대화합니다.

부정적 상황(우울한 마음, 불안한 마음이 생기는 상황 등)을 구체적으로 떠올려 봅니다. 그 상황 속에 지금 있다고 생각하고 불쾌한 감정을 느껴봅니다. 지금 느낌이 어떤가요? 그 장면을 천장으로 올라가 바라보세요… 그리고 하늘 더 높이 올라가서… 구름 높이로 올라가 아래를 내려다보세요. 그 장면이 보이나요? 좋습니다. 이제 비행기 100배 높이로 올라가서 아래를 내려다 봅니다. 어떻게 보이나요? 하나도 보이지 않지요? 좋습니다… 그럼 이제 우주까지 올라가… 지구가 안 보일 때까지 우주 높이 올라갑니다. 여기는 지구와도 아주 멀리 떨어진 우주 한가운데입니다. 그 장면이 보이나요? 당연히 보이지 않습니다.

여기는 우주 한가운데입니다. 우주의 공기는 아주 맑고 깨끗하며 마시면 마실수록 기분이 상쾌해 집니다. 심호흡을 하면서 마셔 봅니다. 기분이 어떤가요? 현재 우주 공간은 온통 학생이 좋아하는 색깔로 덮여 있습니다(좋아하는 색깔 사전 파악). 주변에는 학생이 좋아하는 노래가 울려 퍼지고 있구요(좋아하는 노래 사전 파악). 또한 주위에는 학생이 좋아하는 꽃들도 피어 있네요(기타 좋아하는 것들을 사전에 파악해서 주위에 있다고 상상하게 하면 좋음). 우주의 밝고 상쾌한 기분을 맘껏 느껴보세요. 어떤가요? 우주에서 건강한 에너지를 들이마시며… 주변에는 내가 좋아하는 것들로 가득합니다. 기분이 최고로 좋습니다… 엄지와 검지손가락을 동그랗게 맞붙여 이 행복한 기분을 몸에 간직합니다(행복한 기분을 앵커링시킴).

이 기분 좋은 우주에서 과거에 행복했던, 아주 기분 좋았던 경험을 한 가지 떠올려 봅니다. 무슨 일이 생각나나요? 주변에는 누가 있나요? 어떤 소리들이 들리나요? 그때의 기분을 오감을 동원해서 충분히 느껴봅니다. 이 행복한 기분을 엄지와 검지를 맞붙여 몸에 충분히 기억시킵니다. (과거 행복했던 경험을 1개 정도 더 떠올리게 한 후) 그 행복한 기분을 몸으로 충분히 느낍니다. 기분이 아주 좋습니다. 기쁨이 충만하고 아주 행복합니다. 엄지와 검지손가락을 동그랗게 맞붙여 이 행복한 기분을 몸에 간직합니다(행복한 기분을 앵커링시키고 다시 손가락을 떼어준다).

방법 ① 언제든지 손가락을 맞잡으면 이 행복한 기분이 되살아날 것입니다. 이제 하나, 둘, 셋을 세면 땅으로 내려가 그 상황 속으로 들어갈 것입니다… 하나, 둘, 셋. 하는 순간 땅에 도착할 거예요. 그리고 땅에 도착하는 순간에 바로 손가락 맞잡으세요(앵커링 발사)! 그럼 지금의 행복한 기분이 되살아날 겁니다. 하나, 둘, 셋 자 이제 땅에 도착했습니다. (이때 상담자는 학생의 두 손가락을 맞잡게 해준다. 이것은 곧 앞에서의 앵커링을 발사하는 과정인데, 그렇게 함으로써 학생에게 행복과 편안한 마음을 느끼도록 할 수 있다) 부정적 상황(정서)을 생각해봅니다. 혹시 기분이 어떤가요? (대부분 좋아졌다고 대답할 것이다. 그렇지 않다면 다시 우주로 올라가 1~2회 이 과정을 더 반복하면 좋아졌다고 대답할 것이다) + 이후 시간선 치료 시행

방법 ② 언제라도 두 손가락을 맞잡으면 그 행복한 기분이 되살아날 것입니다. 밝고 건강한 에너지가 가득 찬 우주에서… 기분이 최고로 좋습니다. (두 손가락을 맞잡

게 하고) 지금 어디에 있지요? (우주라고 대답하면) 우주지요? 그런데 그곳은 사실 부정적 정서가 일어난 상황 속이예요. 부정적 정서가 일어난 상황 속. 우주 공간이 부정적 정서가 일어난 상황 속. 부정적 정서가 일어난 상황 속이 사실은 우주 공간이예요. 부정적 정서가 일어난 상황이 사실은 우주 공간과 같은 따뜻하고 편안한 곳이예요. 학생이 경험하는 부정적 상황이 사실은 우주 공간 같이 이렇게 편안하고 좋구나. 따뜻하고 좋은 것이구나… (상담자는 학생에게 손가락 앵커링 상태를 유지하는 가운데, '우주 공간'과 '부정적 정서가 일어난 상황 속'이라는 두 단어를 빠르게 왔다 갔다 하면서 '부정적 정서가 일어난 상황이 사실은 편안하고 좋다.'라는 긍정적 암시를 반복해서 준다) 이제 부정적 정서를 생각하면 어떤가요? (대부분 편안하게 느껴진다고 대답할 것이다. 그렇지 않다면 이 과정을 1~2회 더 반복한다) + 이후 시간선 치료 시행

09
기타 기법들을 활용한
정서·행동장애 및 발달장애 학생 상담

본 장에서는 정서·행동장애 및 발달장애 학생들의 심리적 안정과 정서적 지원을 위한 호흡법, 명상, 긍정확언, 감사일기 쓰기, 기타 자존감 향상 방법들에 대해 설명하도록 한다.

1. 불안 및 스트레스 해소를 위한 호흡법

손쉽게 불안감을 해소하고, 화가 나서 참기 어려울 때 마음의 안정을 얻는 방법으로 호흡법이 있다. 자신의 호흡에만 집중하며 천천히 심호흡을 하는 것은 몸에 산소를 공급하고 주의를 환기시킴으로써 부정적 생각을 억제하는 효과가 있다. 호흡법은 불안한 생각들이 끊임없이 이어지고 마음이 진정되지 않는 경우에 특히 효과적이다.

1) 기본적인 호흡법

기본적인 방법은 숨을 깊게 들이쉬고 내쉴 때 깊고 부드러운 호흡을 하는 것에 마음을 집중하는 것이다. 숨을 최대한 들이쉬고 몇 초 동안 폐에 들어온 공기를 느껴보도록 한다. 그리고 천천히 편안함을 느끼면서 내쉬도록 한다. 호흡에만 집중하기 위해 들이쉬고 내쉴 때 속으로 숫자 세기를 하면 더 좋다. 몇 초 동안 들이마시는지 숫자를 세고 잠시 폐에 들어온 공기를 느껴본 후, 다시 천천히 내쉬면서 숫자를 센다. 호흡을 한 번 하고 나서는 잠시 이완된 기분을 느껴본다. 이렇게 들이쉬고 내쉬는 과정을 10~20회 정도 반복한다. 불안함을 조성하는 생각은 잠시 잊고, 자신의 호흡과 공기의 느낌에만 집중한다. 심호흡이 끝나면 본인이 화를 내고 있었는지, 불안해했는지 잊을 수 있을 것이다.

2) 응용된 호흡법

응용된 호흡법으로 복식호흡법이 있다. 먼저 머리를 기댈 수 있는 편안한 의자에 앉아서 몇 초간 마음을 안정시킨다. 그리고 한 손은 가슴 위에 다른 한 손은 배꼽 위에 놓는다. 그런 다음 가슴 위의 손은 움직이지 않고, 배 위의 손만 오르내리도록 하며 호흡한다. 숨을 들이쉴 때 신선한 공기가 들어온다고 상상하고, 내쉬면서 '편안하다.'라고 생각한다. 이렇게 10~20회 정도 복식으로 호흡한다. 복식 호흡에 익숙해지면 똑바로 누워서 배 위에 책을 올려놓고 한다. 복식호흡은 화를 누그러뜨리고 부정적 정서를 해소해 심신을 편안하게 이완시키는 효과가 있다.

3) 심장 호흡법

심장 호흡법을 설명하기에 앞서, 신경심장학에 대해 먼저 살펴볼 필요가 있다. 심장은 혈액을 신체 구석구석으로 순환시키는 순환계의 대표적인 기관이다. 그런데 심장에 대한 연구가 진행될수록 심장의 '지적', '영적'인 능력에 대한 과학적 결과들이 속속 밝혀지고 있다. 1991년 앤드루 아모르 박사는 <신경심장학>이라는 책에서 '심장 두뇌(heart brain)'라는 개념을 도입하여 심장 고유의 신경계를 집중적으로 설명했다. 심장은 단순히 순환계를 담당하는 기관이 아니라, '또 다른 두뇌'라고 불리며 두뇌와 마찬가지로 내분비계, 신경계의 일부라는 것이다.

신경심장학은 심장을 뇌처럼 신경기관의 하나로서 연구하는 학문 분야이다. 신경심장학에 따르면 심장은 뇌에서 내려오는 신호(명령)만 받고 전달하는 것이 아니라, 뇌에 명령을 주기도 하고, 뇌처럼 독립적인 판단을 하기도 한다. 즉, 심장과 뇌는 서로 독립적으로 정보를 밀접하게 주고받으며 소통하므로 뇌의 판단에 따라 심장 박동수가 달라지기도 하지만, 심장에서 보내는 특정 신호가 감정이나 인지 능력에 영향을 미치기도 한다. 따라서 화가 나면 심장박동수가 불규칙해지기도 하지만, 반대로 선천적으로 심장이 약하거나 이상으로 심장 박동이 불규칙해지면 역시 그 사람을 불안하고 화나게 만들 수도 있다.

최신 연구에 따르면 심장에서도 뇌세포가 발견되어 심장도 뇌처럼 독자적으로 기억하고 판단하고 결정을 내리기도 한다는 것이 밝혀졌다. 심지어는 심장에서 뇌로 전달하는 정보가 뇌에서 심장으로 전달되는 정보보다 10배 이상 많다고 한다. 실제로 심장이식 수술을 받은 사람이 원래 심장 주인이 했던 취미를 갖게 되는 사례가 보고되고 있다. 예를 들어, 70대 할아버지가 심장이식 수술을 받고 나서 다양한 운동에 취미를 갖게 되었는데 알고 보니 원래 심장 주인이 젊은 스턴트맨이었다는 식이다. 심장을 이식함으로써 기억이 이전된 사례는 게리 슈왈츠라는 교수가 수집한 사례만 해도 70건이 넘는다. 이것은 심장에 기억을 하는 세포가 있다는 증거이다.

아모르 박사에 따르면 심장에는 4만개 이상의 독특한 신경세포들의 단위와 함께 신경전달물질, 단백질, 지지세포들의 복잡한 조직망으로 구성되어 있는데, 이것은 뇌에 있는 수많은 주요 부위에 버금가는 규모이다. 이 '심장 두뇌'의 정교한 회로 덕분에 심장이 두뇌에 의지하지 않고 독자적으로 배우고, 기억하며, 심지어는 감지하고 느낄 수도 있는 것이다.

실례로 누군가 당신에게 "사랑을 어디로 느낍니까?"라고 물으면, 당신은 머리나 배가 아니라 가슴 왼편, 심장이 있는 자리를 손으로 가리킬 것이다. 그리고 사랑의 느낌을 설명해 보라고 하면, 심장이 기쁨으로 충만하거나 기쁨으로 터질 것 같다고 말할 수 있는데 이것이 바로 심장이 느끼는 사랑이다. 또한 우리가 흔히 이야기하는 '머리로는 이해가 되는데 가슴으로 받아들여지지가 않아.'라든지, '머리로 계산하면 분명 이렇게 결정해야 하는데, 마음이 다른 결정을 내렸어.'라는 생각들은 심장에서 결정을 내렸기 때문에 하는 행동들이라고 할 수 있다. 사람들이 객관적이고 이성적인 판단을 하는 것 같아도 사실은 대부분 주관적이고 감정적인 판단을 한다는 연구 결과는 수도 없이 많다. 두뇌가 이성이라면 심장은 마음인 것이다.

오랫동안 심장은 피를 돌게 하는 펌프라고만 인식되어 왔지만, 최근 30년간의 연구에 의하면 심장은 그보다 훨씬 더 중요한 의미를 지니는 독립적인 기관이며 또 하나의 두뇌이자 마음의 집이다. 이러한 신경심장학의 발전에 기초한 심장호흡법은 미국 하트매스 연구소의 롤린 맥크러티(Rolline McCraty) 박사가 개발한 검증된 호흡법이다. 시간은 약 20~30초밖에 걸리지 않는다. 심장호흡을 하면 우리가 자연 속에 있는 것 같은 편안한 파동을 느껴서 가장 창의력 있는 상태(정합 상태)가 된다고 한다.

심장호흡법

1. 심장 집중 - 눈을 감고 두 손을 심장에 대고 심장 주변으로 마음을 집중한다.
2. 들이 쉬기 - (심장 주변으로 숨을 들이마신다는 생각으로) 편안하게 약 5초 동안 천천히 들이마신다.
3. 내쉬기 - (심장 주변으로 호흡을 내보낸다고 생각하며) 약 5초 동안 천천히 숨을 내쉰다.

평소보다 약간 깊고 약간 고르게 호흡하는 것이 요령이며, 이런 밸런스를 유지하며 3~4회 실시한다. 별거 아닌 것 같지만 이렇게 하면 우리 심장이 가장 편안함을 느끼는 상태(정합 상태)가 되어 순간적인 화나 스트레스가 해소된다. 하트매스 연구소에서는 11,500명의 사람들에게 하루 3번 심장호흡을 꾸준히 하게끔 하는 연구를 진행하였는데, 그 결과 거의 모든 지표에서 긍정적인 방향으로 점수가 향상되었다.

심장호흡법을 이용하여 학생의 심리상태를 변화시키기 위한 에너지를 학생에게 보내줄 수 있다. '마음 햇살 보내기'는 심장호흡을 한 후 상대방에게 의식의 에너지를 전달하여 상대방의 정서를 변화시키는 방법이다. 우리가 타인을 위해 좋은 에너지를 보내면, 에너지가 두 배 이상 강력해진다는 것이 롤린 맥크러티의 연구에서도 드러났다.

마음 햇살 보내기

> 1. 심장호흡을 3~4회하여 몸을 정합 상태로 만든다.
> 2. 호흡하면서 변화를 바라는 학생을 향해 긍정적인 에너지(사랑, 감사, 배려 등)를 보낸다.

이때 보내는 긍정적인 에너지는 따뜻한 햇살의 형태로 밝고 건강한 에너지라고 상상하며 그 에너지를 자신과 학생에게 보내는 것이다. 반복하여 할수록, 또 여러 사람이 같이 할수록 그 효과는 강력해진다. 따라서 정해진 시간에 학부모의 도움을 받아 같이 마음 햇살 보내기 훈련을 지속적으로 하면 학생의 긍정적인 감정 변화가 일어난다.

4) 웃음 기법

웃음으로써 불안감을 해소하는 방법도 있다. 사실 불안감을 해소하기 위한 가장 자연스럽고 쉬운 방법 중 하나가 바로 웃는 것이다. 우리가 심각하다고 여기는 많은 삶의 문제들은 사실 매우 심각하거나 트라우마가 되는 것들이 아니다. 단순히 우리가 흔한 문제들에 과잉 반응을 했을 때 불안감을 느끼는 것일 뿐이다. 따라서 상황 속에서 웃긴 면을 찾아보도록 한다. 그리고 농담을 하거나 웃어보거나 미소를 지어보자. 억지로 미소를 지을 때, 행복함을 느낀다는 연구 결과도 있다. 나를 미소를 짓게 하고 웃게 만드는 친구들과 어울리도록 한다. 그러면 내가 처한 상황을 더 재미있는 관점으로 바라볼 수 있게 될 것이다.

2. 불안을 낮추는 하칼라우 명상

잠시 현실에서 벗어나 바닷가에 가서 수평선을 바라보면 마음이 탁 트이며 평온해진다. 넓게 트인 시야와 푸른 바다, 시원한 바람, 꺼끌거리는 모래, 따뜻한 햇살을 느끼며 넓은 바다를 바라보면, 가슴이 뻥 뚫리고 마음이 평온하게 가라앉는 기분을 느낄 수 있다. 우리는 시야를 넓히는 것만으로도 마음이 안정되고 평화로워짐을 느낄 수 있다.

바로 이런 특성을 이용하여 고대 하와이에서 사용된 심리치료 기법으로 "하칼라우"라고 하는 주변시야법이 있다. 사람은 무언가에 집중하거나 흥분하면 시선이 중앙으로 모이는 특성이 있다. 이를 중앙시야 또는 터널시야라고 부른다. 이것은 집중하는 대상(전경)을 제외한 나머지 배경은 차단하며 거기에 몰두할 수 있도록 신경적인 도움을 주는 것으로, 주로 불안, 공포, 흥분 상태에서 발현된다.

하지만 평화롭거나 멍하거나 아무 생각이 없는 상태에서는 신경이 느슨해지고 시야가 넓어지게 된다. 이땐 마치 수평선을 바라보는 것처럼 멍해져서 흔히 '멍 때린다'라고 하는 상태가 된다. 이것을 주변시야라고 부른다. 드넓은 수평선을 바라보고 있으면 마음이 차분하게 가라앉는데 이것은 바로 초점을 둘 대상이 없기 때문이다. 자동적으로 주변시야가 되며 신경이 느슨해짐에 따라 일종의 멍한 상태가 되고 생각도 감정도 차분해진다. 가슴이 답답하거나 안 좋은 일이 있을 때 바다나 산을 보고 싶어하는 이유도 여기에 있다. 이러한 원리를 이용하여 의도적으로 주변시야를 넓히는 기법이 바로 하칼라우이다. 하칼라우 명상은 부정적 정서 제거와 상처 치유, 긴장 완화, 분노 조절 등에 탁월한 효과를 발휘한다.

하칼라우 명상 방법

1. 시선은 앞을 향하여 바라본다.
2. 눈동자는 움직이지 않은 상태에서 시야각 가장 끝 자리에 어떤 물체가

있는지 확인한다(즉, 한 지점을 응시하며 주변으로 시야를 최대한 넓힌다). 시야 양쪽 끝에 아무 물체가 없거나 의식하기 힘들다면, 손을 주먹 쥔 채로 양쪽 눈 옆으로 어깨너비 정도 떨어뜨려놓고 주먹이 시야 맨 끝에 들어오게 하면 된다.

3. 양쪽 모두 의식이 된다면 그 상태에서 턱의 힘을 뺀다.

4. 마음이 가라앉을 때까지 현재의 상태를 지속시킨다. 생각이 사라지는 맑은 상태를 경험할 수 있을 것이다.

하칼라우 명상을 하고 있는 모습을 옆에서 보면 마치 멍하게 있는 바보처럼 보일 수도 있지만, 눈은 앞을 응시한 상태에서 시야를 최대한 넓힘으로써 멍한 상태를 유지하는 것이 바로 이 기법의 핵심이다. 방법은 매우 간단하지만, 실제로 감정뿐만 아니라 때론 통증이나 생리적 작용에도 영향을 미칠 만큼 큰 효과를 발휘한다. 평상시 명상의 목적으로 사용해도 좋고, 분노 조절이나 두려움이 들 때 사용해도 즉각적인 효과를 볼 수 있다.

하칼라우 자체로도 효과가 있지만, 이를 좀 더 적극적으로 응용할 수 있다. 예를 들어, 우울, 불안, 공포증 등의 부정적 정서나 통증이 있을 경우 "나는 우울하다, 나는 불안하다, 나는 개가 무섭다, 나는 머리가 아프다." 등을 말하면서 하칼라우를 실시하는 것이다. 이때 부정적 정서, 통증을 그대로 페이싱하며 말하는 것이 중요하다. 만약 긍정적으로 변화시킬 목적으로 "나는 행복하다, 나는 안정된다, 나는 개가 좋다, 나는 머리가 안 아프다."라고 말하면 무의식적 저항이 거세게 일어나 오히려 역효과가 난다. 잠재의식은 그렇지 않은데 의식적으로 자꾸 바꾸려고 하면 의식과 잠재의식 간 심리적 충돌이 일어나 역효과가 나는 것이다. 따라서 그냥 현재의 상태를 그대로 인정해 주어야 잠재의식은 편하게 느끼고 부정적 감정이나 정서, 통증이 점차 사라지게 된다.

만약 부정적 정서나 통증 지수가 처음에 10이었는데, 이렇게 부정적 정서나 통증을 그대로 인정하며 하칼라우를 실시하면 2~3 정도로 떨어뜨릴 수 있다. 이 상태에서 다시 한번 내가 좋아하는 대상이나 상황을 이용해 하칼라우를 실시하면 부정적 정서나 통증 지수를 0으로 떨어뜨릴 수 있다. 예를 들어, NLP에서 했던 것처럼 '우울한 감정을 유발했던 상황'과 '행복했던 과거 경험의 상황'을 빠르게 왔다 갔다 하면서 혼란스럽게 하면 부정적 정서가 제거된다. 즉, 하칼라우를 하는 상황에서 '우울한 기분이 사실은 행복한 기분, 행복한 기분이 사실은 그 우울했던 상황'으로 생각하면 우울한 기분, 통증에서 벗어날 수 있다. 혼자서 하기 힘들다면 옆에서 가족이나 친구가 스크립트를 만들어 말을 대신 해 주면 더 좋다.

3. 부정적 정서를 해소하는 알아차림 명상

알아차림은 불교의 수행 전통에서 기원한 심리학적 구성 개념으로 '마음 챙김'의 중심 요소인데, 현재 순간을 있는 그대로 수용적(비판단적)인 태도로 자각하는 것을 말한다. 여기서 중요한 단어는 '현재', '수용적인 태도', '자각'이다. 즉, 현재 내 생각이나 감정, 감각을 있는 그대로 인정하고 수용하면서 바로 자각하는 것이 알아차림이다.

알아차림은 자신의 고통스러운 생각이나 감정에 매몰되지 않고 지금 이 순간 내 마음의 상태를 알아차려 균형(중용)을 이루는 것을 말한다. 여기서 중요한 것은 어떤 사건을 마주했을 때 자동적으로 일어나는 감정, 생각, 판단이 사실이 아님을 깨닫는 것이다. 알아차림에 관한 다음 사례를 보자.

> 지난주 지하철 이동 중에 이런 일이 있었어요. 제 앞에 한 여자분이 오셨는데 굉장히 피로한 낯으로 서 계시는 거예요. '임신하신 분이신가 보다.'라고 생각하고 얼른 자리를 내어 드렸어요. 그랬더니 고맙다는 기색도 없이 그냥 그 자리에 앉아 맥을 놓고 있더라구요. 그 순간 울컥 올라오는 거예요. '아니 이거 뭐야. 내가 자리를 비켜줬는데 고맙다는 인사 한 마디 없어?'

얼굴이 달아오르려는 즈음 알아차림이 시작됐어요. '내게서 화가 올라오는구나. 어디서 오는 감정이지? 그렇지. 내가 자리를 양보한 이유는 저분이 너무 피곤해 보였기 때문이야. 상대가 편해지면 좋겠다는 바램이었지. 고맙다고 인사를 받으려는 의도는 없었다고. 근데 지금 난 내 행위를 감사로 보상받지 못했다고 화가 나고 있어. 웃겨 ㅎㅎㅎ. 이 상황에 화를 내는 건 맞지 않아. 화를 내면 상황은 악화될 뿐이야. 그래, 오늘은 당신이 내 스승이구나. 당신에게 자비를. 당신도 평안하기를.'

화가 날 때 그것을 밖으로 분출하면 그 순간은 통쾌할지 모르나 나중에는 '다음엔 그러지 말아야지'라고 후회하면서도, 또 화를 내게 되고 화를 내는 것이 습관화가 될 수 있다. 반대로 화를 참고 내면에 억누르면 고행주의가 되어 스트레스가 쌓이면서 각종 병의 원인이 될 수 있다. 우리는 대개 이 둘 중 하나의 선택을 하게 되지만, 붓다가 발견한 제3의 길 '중도'는 위의 사례에서처럼 화를 내지도 않고 참지도 않는 것, 즉 '알아차림'에 있다. 화가 날 때 '아, 지금 화가 나는구나, 이 화는 어디서 오는 감정이지?'하고 알아차리는 것이다. 이것은 밖으로 화를 내는 것도 아니고 그렇다고 화를 참는 것도 아니다. 다만, '화가 나는구나.'하고 알아차리는 것이다. 자신의 현재 감정을 알아차리는 것만으로도 부정적 정서는 상당히 제거된다.

알아차림을 통한 마음 챙김 방법

1. 현재 내 마음의 상태(감정, 생각)가 어떤지 스스로 깨닫는다.
2. 습관적으로 찾아온 감정, 생각에서 잠시 벗어나, 이러한 감정, 생각의 원인을 짚어 본다.
3. 진짜 나의 마음과 욕구를 알고 지금 내게 찾아온 감정, 생각이 사실이 아님을 알아차리게 되면 고통에서 자유로워질 수 있다.

예를 들어, 화가 나는 순간 '아 내가 화가 나는 구나', '나는 무엇 때문에 화가 날까?', '내가 진짜로 원하는 건 뭐지?', '지금 화가 나는 건 내가 진짜 원하는 것과는 상관없는 거야.', '그러니 화를 낼 필요가 없지.'라는 식으로 생각하는 훈련을 하면, 부정적 감정에서 자유로워질 수 있다.

알아차림은 의식이 잠재의식에 영향을 주는 통로 역할을 한다. 알아차림은 이성(의식)에서 출발하지만 지속적으로 하면 결국 잠재의식에 영향을 끼쳐 행동에도 긍정적인 변화를 가져온다. 따라서 부정적 감정이 느껴질 때 '아 지금 부정적 감정이 느껴지는구나, 부정적 감정이 났구나.'라고 알아차림을 지속해야 한다. 알아차림을 지속하면 부정적 감정이 저절로 누그러진다. 알아차림을 한 번만 하면 잠재의식에 영향을 끼치지 못하지만, 지속적으로 하면 할수록 잠재의식에 깊게 각인되어 의식하지 않아도 부정적 정서는 저절로 가라앉게 되어 있다.

4. 정서적 안정과 행복, 성공을 부르는 긍정확언

확언은 '내가 바라는 상태가 꼭 이루어진다.'는 일종의 자기암시이자 자기충족적 예언이다. 의식적인 확언 쓰기와 그러한 확언이 꼭 이루어진다는 생각을 계속하면 결국에는 무의식적인 변화를 일으켜 불가능해 보이던 정서적·행동적 변화는 물론이고 소원 성취도 가능해진다.

우리가 하는 말과 의식(생각)에는 보이지 않는 힘이 존재한다. 양자물리학에 따르면 말과 생각도 일종의 에너지적 존재이며 파동의 형태로 퍼져나가기 때문에, 잠깐 하는 말과 스쳐가는 생각은 금방 사라져 버리지만 글씨로 써 놓거나 중첩된 생각은 영적 존재라 할 수 있는 덩어리 형태의 에너지적 존재를 만들어 낸다. 그리고 주위의 비슷한 기운의 에너지를 빨아들여 점점 더 큰 파동 에너지를 형성하여 다시 나에게 영향을 끼치게 된다. 따라서 확언을 자주 말할수록, 글로 써 놓고 자주 볼수록, 또 내가 바라는 모습을 자주 구체적으로 그릴수록 그 효과는 강력해진다.

프랑스의 약사이자 심리치료사였던 에밀 쿠에(Emile Coue, 1857~1926)는 어느 날 우연히 위약효과(placebo effect)를 발견하고 자기암시를 치료에 이용하면 큰 효과를 볼 수 있다는 사실을 입증하였다. 어느 날 밤 병원에 가지 못한 사람이 그에게 약을 지어달라고 부탁한 적이 있다. 그는 처방 해줄 만한 약재가 없어 처음엔 거절했지만, 환자는 통증이 너무 심하다며 간절히 부탁하였다. 더 이상 거절할 수 없게 된 쿠에는 고민 끝에 진통 효과는 없지만 사람에게 해를 주지는 않는 포도당 알약을 만들어주었다. 그런데 놀랍게도 환자는 그 약을 먹고 병이 나았다. 약효가 있다고 철석 같이 믿었기 때문이다.

쿠에는 이에 관심을 갖고 많은 환자들을 관찰하고 연구한 결과 약을 복용한 사람들의 치료 효과가 포장이나 광고에 크게 좌우된다는 사실을 알게 되었다. 이같은 위약효과를 바탕으로 한 자기암시의 놀라운 힘을 알게 된 쿠에는 사람들의 심리치료에도 자기암시를 적극 활용하였고 뛰어난 효과를 거두었다. 그가 자신을 찾아온 환자 또는 내담자들에게 주문한 대표적인 암시문은 다음과 같다.

> **"나는 날마다, 모든 면에서, 점점 더 좋아지고 있다."**
> (Day by day, in Everyway, I am getting better and better.)

쿠에는 모든 시술을 시작할 때와 마칠 때 위의 자기암시문을 환자들에게 반복하고 각인시켰다. 그리고 집에 가면 벽에다 붙여놓고 자주 들여다보게 하였다. 그는 암시문을 환자들에게 아침, 저녁으로 20~30회 반복하게 함으로써 기적적인 치료 결과를 얻을 수 있었다. 실제로 의사들이 치료하지 못할 거라고 말한 환자들도 쿠에의 자기암시 요법을 적용한 후에 병을 극복한 사람들이 많았다.

당시 보수적이고 권위적인 의료계의 질시와 반발로 비판과 외면을 받기도 했지만, 실제로 나타나는 놀랄 만한 치료 성과에 쿠에의 자기암시 요법은 전 유럽에 엄청난 파장을 불러일으켰다. 그의 상담실과 진료실은 늘 사람들로 넘쳐났고, 자기암시의 힘은 그 어떤 치료 약보다 효과적이었다.

여러 정신 증상을 치료하고 원하는 상태를 성취시켜주는 이러한 긍정적인 자기암시문을 긍정확언이라고 한다. 앞에서도 여러 번 기술하였지만 말과 글씨, 생각은 모두 파동 에너지의 형태로 뻗어나가고 이를 반복하고 몰입할수록 더 큰 에너지적 존재를 만들어 우리의 무의식을 변화시킨다. 따라서 내가 바라는 긍정적인 자기암시에 대한 확언을 매일 일기처럼 쓰고 되뇌이며 상상한다면 그 효과는 더욱 강력해진다.

일본 소프트뱅크의 손정의 회장은 번지가 없는 불법 판잣집에서 태어나 매우 힘겹고 궁핍한 어린 시절을 보냈다. 또한 '조센진'이라며 친구들에게 차별과 멸시를 받았으나, 그는 이에 기죽지 않고 늘 긍정적인 자기암시를 하고 다녔다. 그는 10대 때부터 남들이 허풍이라 할 정도로 터무니없는 목표를 공개적으로 호언장담하는 버릇이 있었다. 손정의의 아버지는 항상 그에게 "너는 천재다."라고 자신감을 북돋워 주었는데 이처럼 아버지의 신뢰를 듬뿍 받으며 자신 스스로를 성공한다고 믿었기에 그는 항상 자신감이 있었고 미래에 대한 확신을 가질 수 있었다. 2018년 9월 <포브스>에 따르면 손정의 회장의 재산은 24조 5000억 원으로 일본 부자 1위를 기록하고 있다.

ABC엔터테인먼트 대표이자 출판기획자인 김태광씨는 집안의 가난과 열등감, 주변에서 무시하는 조롱 등을 긍정확언을 통한 자기암시로 이겨내고 현재 200권 이상을 집필한 베스트셀러 작가가 되었으며 100억 원대 재산을 가진 부자가 되었다. 그는 **"나는 매일 조금씩 모든 면에서 나아지고 있다."**라는 긍정확언을 수시로 함으로써 열등감을 극복하고 모든 일을 긍정적으로 생각할 수 있게 되었으며 그 결과 오늘날 성공을 이룰 수 있었다고 말하였다.

긍정확언의 예

- 나는 날마다, 모든 면에서, 점점 더 좋아지고 있다(나아지고 있다).
- 나는 매일 조금씩 모든 면에서 나아지고 있다.

- 내가 하는 모든 일들은 나에게 도움이 되고, 나를 성장시켜 준다.
- 나는 어제보다 나은 오늘을 보낸다.
- 나는 날마다 정서적으로 점점 더 안정되고 차분해진다.
- 나는 장점이 많은 사람이고, 있는 그대로의 나를 사랑한다.
- 나는 늘 사람들에게 긍정적인 에너지를 방사한다.
- 나는 행복하고 평화로운 에너지가 나를 향해 들어오는 것을 즐긴다.

긍정확언의 효과를 극대화하려면 내가 바라는 상태를 입으로 말하고, 글로 쓰고, 구체적으로 상상해야 한다. 긍정적인 자기 암시문을 단순히 쓰기만 하는 것보다 말로도 같이 되뇌이면 효과가 더 좋고 여기에 내가 바라는 상태를 실제처럼 상상하면 무의식에 각인이 더 쉽게 되어 실제로 그렇게 이루어질 확률이 훨씬 더 높아지게 된다.

| 표 | 긍정확언 방법 |

1. 긍정확언 정하기	자신에게 필요한 긍정적인 자기 암시문을 몇 개 정한다.
2. 긍정확언 말하기	매일 아침과 잠자기 전에 10~20번씩 말한다.
3. 긍정확언 쓰기	매일 아침에 일기 쓰듯 공책에 2~3회씩 적어 나간다.
4. 긍정확언 붙여놓기	눈에 잘 띄는 몇 군데에 큰 글씨로 써서 붙여 놓는다.
5. 긍정확언 상상하기	매일 잠들기 전 긍정확언이 이루어진 상태를 구체적으로 상상한다.

변화를 이루려면 무의식이 변화를 일으켜야 하는데, 긍정확언을 많이 할수록, 반복해서 할수록 무의식에 각인이 되어 진정한 변화를 이룰 수 있다. 긍정확언은 정서 상태, 공부, 건강, 습관, 대인관계, 사업 등 모든 분야에서 긍정적 효과를 발휘한다.

긍정확언 쓰기를 2~3년 동안 꾸준히 해온 사람들의 현재를 보면 그들이 2~3년 전에 이루고 싶었던 목표를 이룬 사람들이 대부분이었고, 이루지는 못했어도 목표에 가까이 도달한 사람들이 많았다. 정서·행동장애 학생들에게도 긍정확언 훈련을 통해 정서적 안정과, 행복, 마음의 평화를 얻기 바란다.

5. 긍정적 정서 함양과 유지를 위한 감사일기 쓰기

감사일기 쓰기를 다루기에 앞서 긍정심리학에 대해 살펴볼 필요가 있다. 정서·행동장애 학생을 다루는 심리학 관점이 현재까지는 이상심리학 기준이었다면, 이제는 긍정심리학 관점으로 바뀌어야 한다. 이상심리학이 장애가 있는 학생들의 원인을 밝히고 치료법을 연구하는 과거 심리학이라면, 긍정심리학은 장애가 있어도 비장애 학생과 동일한 관점에서 보고 이들을 지금보다 더 행복해지게 만드는 방법을 연구하는 현대 심리학이다.

긍정심리학은 1998년 당시 미국심리학회 회장이었던 펜실베니아대학교 심리학 교수인 마틴 셀리그만(Martin Seligman)에 의해 창시되었다. 긍정심리학은 쉽게 말해 불행한 상태를 행복한 상태로, 행복한 상태라면 지금보다 더 행복한 상태로 만들 수 있도록 돕는 학문이다. 20세기까지 수많은 심리학자나 교육학자들이 이상심리학에 기초해 우울, 걱정, 불안, 분노 등 부정적 정서나 감정을 '0'인 상태로 만들기 위해 노력해 왔다면, NLP나 긍정심리학자들은 부정적인 정서나 감정을 0으로 만드는데 그치지 않고 플러스(+)로 만들기 위한 방법을 연구한다.

긍정심리학의 핵심은 '긍정적인 정서 함양'과 '성격 강점 살리기'에 있다. 평소에 긍정적 경험을 통해 얼마나 긍정적 정서를 확장하고 구축해 놓는가와, 평소에 자신의 대표적인 강점(장점)을 얼마나 활용하고 발휘하느냐에 따라 사람마다 행복의 차이를 가져온다고 본다. <마틴 셀리그만의 긍정심리학> 책을 보면, 긍정적인 정서가 행복한 삶에 미치는 영향에 대한 연구 사례가 나온다.

- 종신서원을 하는 수녀들에게 자신을 소개해달라는 짤막한 글을 부탁했을 때 '참으로 행복하다.'거나 '크나큰 기쁨' 등의 감격적 표현을 사용한

수녀가, 긍정적 정서가 전혀 들어 있지 않는 내용의 글을 쓴 수녀보다 훨씬 오래 살았다. 즉, 수녀의 수명에 대한 사전 지식이 전혀 없는 연구자들이 긍정적 정서의 합계를 기준으로 조사한 결과, 가장 활기 넘치는 수도원에서 지낸 수녀들은 90%가 85세까지 산 반면, 가장 무미건조한 수도원에서 지낸 수녀들 중 85세까지 산 사람은 34%에 불과했다.

- 밀스 대학의 1960년도 졸업생 141명의 졸업 사진에서 뒤셴 미소(마음에서 우러나온 진짜 미소)를 지은 사람은 절반 정도였다. 이 여학생들을 27세, 47세, 52세가 될 때마다 모두 만나 결혼과 생활 만족도를 조사했다. 그 결과 놀랍게도 졸업 사진에서 뒤셴 미소를 짓고 있는 여학생들은 대부분 결혼해서 30년 동안 행복하게 살고 있었다. 긍정적 태도가 곧 행복한 삶과 직결된다는 것을 증명하는 결과인 것이다.

평소에 긍정적인 정서는 건강하고 행복한 삶과 직결된다. 셀리그먼은 인터넷을 통해 많은 사람들을 모집하여 네 그룹으로 나누고 행복감 유지와 관련된 다음과 같은 4가지 실험을 진행하였다.

① **첫 번째 그룹**: 감사하는 사람에게 편지를 쓰고 전달하게 하였다. 평소에 감사하다고 느꼈으나 표현을 못했던 사람에게 편지를 쓰고 직접 전달하게 하였다.

② **두 번째 그룹**: 매일 저녁마다 감사일기를 쓰게 하였다. 하루 중 기쁘고 행복했던 일, 감사했던 일 세 가지를 매일 저녁마다 적게 하였다.

③ **세 번째 그룹**: 매일 저녁마다 하루 중 가장 컨디션이 좋았던, 가장 최상의 상태가 어땠었는지를 생각해서 적게 하였다.

④ **네 번째 그룹**: 자신이 잘하는 강점이나 장점을 찾아서 그것을 실생활에 활용하게 하였다.

이렇게 네 그룹으로 나눠 6개월 동안 각각의 행동들을 실행하게 하고, 1개월, 3개월, 6개월로 기간을 나눠 행복도가 증가하는지, 떨어지는지, 아니면 얼마나 유지되는지를 측정하였다. 이 중 두 번째 그룹과 네 번째 그룹, 즉, '저녁마다 감사했던 일 세 가지를 적었던 그룹'과 '자신의 강점을 찾아서 활용했던 그룹'은 행복도가 처음보다 증가하였으며, 그 행복도가 없어지지 않고 6개월 이상 꾸준히 지속되었다. 상식적으로도 자신이 잘하는 일을 끊임없이 한다면 그 행복도는 증가할 것이다. 또한 감사일기를 매일 적는 다는 것은 긍정적인 정서를 함양시켜주기에 조그만 일에도 감사함을 여길 줄 알게 되어 행복도가 줄어들지 않고 유지된다고 할 수 있다.

첫 번째 그룹 즉, '감사한 분에게 감사 편지를 전달한 그룹'도 행복도가 많이 증가하였지만, 6개월까지는 지속되지 못하고 2~3개월 만에 원래대로 돌아왔다. 그리고 '하루 중에서 가장 최상의 상태를 적었던 그룹'도 행복감 유지에 별로 영향을 미치지 못하였다. 이 실험 결과를 통해 오랫동안 행복하기 위해서는 매일매일 감사일기를 쓰는 것과, 나의 강점을 발견하여 실생활에 활용하는 것이 무엇보다 중요하다는 것을 알 수 있다.

심리학과 교수 로버트 에먼스(Robert Emmons)는 매일매일 감사일기를 쓴 그룹과, 일반적인 일기를 쓴 그룹을 비교하였다. 그 결과 감사일기를 쓴 그룹의 75%가 행복지수가 높아지고, 숙면에도 도움이 되었으며 업무 성과까지 높아진 것으로 나타났다. 즉, 감사일기를 꾸준히 쓴다는 것은 긍정적 감정을 느끼는 두뇌를 활성화시켜서 행복감을 증진시킬 뿐 아니라 오랜 기간 유지시키는 것이다.

미국 하트매쓰(Heartmath) 연구소의 론린 매크러티(Rolline McCraty) 박사는 여러 가지 연구를 통해서 사람의 몸과 마음을 최상의 상태로 편안하게 유지시켜 주는 방법에는 어떤 것들이 있는지 찾아보았다. 그 결과, 심신을 최상의 상태로 편안하게 유지시켜 주는 방법에는 휴식, 긴장 풀어주는 명상, 자기최면 등이 있음을 발견하였지만, '진정으로 감사함'을 느낄 때 심신이 가장 편안해진다는 사실을 발견하였다.

기존의 연구들은 이완, 명상, 자기최면 등을 하면 사람의 마음이 평온해지고 긍정적인 정서가 높아진다는 것을 보여준다. 그러나 2000년대 이후 그 어떠한 명상이나 즐거운 상상보다 사람의 몸과 마음을, 심장을, 호흡을, 모든 신체기능을 완벽하게 아름답게 만들어주는 그런 훈련이 있음을 발견하게 되었는데 그것은 바로 '감사하는 마음'을 갖는 것이다.

명상, 자기최면, 행복한 상상을 하는 것보다, '일상에 감사한 일이 참 많구나.'를 느끼는 것이 훨씬 몸과 마음을 완벽하게 긍정적인 상태로 만들어 준다는 것이 의학적으로 증명되었다. 아래 그림을 보면, 좌절을 느낄 때 심장 박동이 변화가 불규칙하게 빨리빨리 변하지만(윗 그래프), 감사함을 생각할 때는 심장 박동 빠르기가 아래 그래프에서 보듯이 규칙적으로 아름답게 변화하는 것을 볼 수 있다.

그림 좌절을 느낄 때와 감사함을 느낄 때의 심장 박동 변화

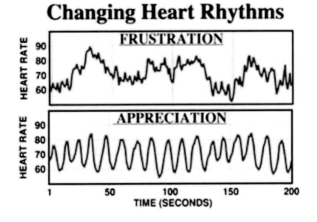

또한 다음 그림을 보면 감사하는 생각을 하는 순간, 호흡(맨 위 그래프), 심장 박동(가운데 그래프), 혈압 변화(맨 아래 그래프)의 리듬이 모두 규칙적으로 아름답게 변하는 것을 볼 수 있다. 즉, '감사하다'는 생각을 하는 순간 신체의 모든 기능과 리듬이 규칙적으로 비슷한 주기를 유지하는 아름다운 상태로 변하는 것이다.

감사함을 느낄 때 호흡, 심장 박동, 혈압의 변화

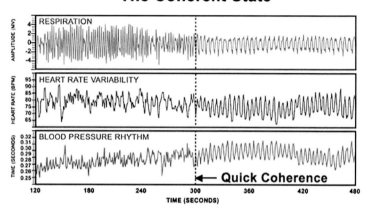

이상의 연구들을 통해, 우리가 행복감을 높이고 유지시키기 위해서는 평소 모든 일에 긍정적인 태도를 가지고 감사한 마음을 갖고 생활하는 것이 중요하다는 것을 알 수 있다. 우리는 본능적으로 상대방의 단점을 보고 비판하기 쉽기 때문에, 평소 감사한 생각을 갖기 위해서는 훈련이 필요하다. 가장 좋은 방법은 다음과 같이 감사일기를 쓰는 것이다.

감사일기 쓰기를 통해 긍정적인 뇌를 만드는 법

1. 매일 밤 잠자리에 들기 전에 쓴다. 하루를 정리하며 매일 쓰는 것이 중요하다.

2. 하루동안 있었던 감사할 만한 일 3~5가지를 적는다. 먹고, 자고, 입는 것 등 주변의 모든 것들이 감사함의 대상이 될 수 있다. 생각만 하면 안 되고, 반드시 공책에 직접 써야 뇌에 오는 자극을 극대화시킬 수 있다.

3. "~감사합니다."라고 끝을 맺고, 왜 감사한지 그 이유를 앞에 간단하게 작성한다. 이유를 쓰지 않고 사건만 단순히 늘어놓아서는 긍정적인 감정이 강화되지 않는다.

4. 이유를 쓸 때 '~때문에'가 아니라 '~덕분에'로 쓴다.

5. 최소 3개월간 지속한다.

감사일기를 며칠만 쓰면 뇌가 여기에 적응되어 무의식적으로 아침부터 감사할 거리를 찾게 되고 저절로 주변의 모든 일들에 대해 감사하게 생각하게 된다. 이따 밤에 적을 것을 찾아놔야 하니까 아침부터 감사한 일을 찾으면서 하루를 시작하게 되고, 그리하여 감사한 마음으로 사는 습관을 들이게 된다.

감사일기 쓰기의 예

- 아침에 등교할 때 엄마가 배웅해 주셔서 감사합니다.
- 등교할 때 시내버스를 타고 앉아서 갈 수 있어서 감사합니다.
- 오늘 아침에 우산을 갖고 나가게 해 주셔서 감사합니다. 우산을 갖고 간 덕분에 비를 맞지 않을 수 있었습니다.
- 친구가 내 말을 잘 들어줘서 감사합니다.
- 3월까지만 복도 청소를 하게 된 것에 감사합니다. 더 오래 청소를 하게 됐더라면 가족들과 즐거운 오후를 보낼 수 없을 것이기 때문입니다.
- 학교에서 따뜻한 점심밥을 먹을 수 있어서 감사합니다.
- 교장선생님께 상장을 받고 다른 학생들이 박수 쳐주는 것에 감사합니다.
- "네가 정말 자랑스러워"라고 아빠가 말했습니다. 나는 가족 덕분에 사랑을 받을 수 있어서 감사합니다.
- 항상 맛있는 저녁을 차려주시는 엄마께 감사합니다.
- 내가 시험을 잘 볼 수 있도록 응원해 준 친구들에게 감사합니다.
- 친구에게 물건을 빌려 달라고 부탁했는데 친구가 물건을 빌려줘서 감사합니다.
- 오늘 이 치료를 했습니다. 내가 아플 때 치료해 주시는 의사님이 계셔서 감사합니다.
- 오늘도 우리나라를 지켜주는 든든한 군인이 있어서 감사합니다.
- 우리가 음식을 먹을 수 있도록 해 주신 농부, 어부들에게 감사합니다.
- 창 밖의 아름다운 풍경을 볼 수 있도록 해 준 내 눈에게 감사합니다.

우리가 입고 있는 옷, 신고 있는 신발, 먹고 있는 음식들은 모두 누군가가 만든 것을 내가 향유하고 있는 것이다. 따라서 당연한 것이라 여겼던 내가 향유하는 모든 것에 대해 감사한 마음을 갖는 것은 권리이자 의무이다.

감사일기 쓰기는 긍정적 정서 조성에 가장 효과적이고, 긍정적 정서는 심신의 안정과 행복감을 유지시켜주는 가장 중요한 원천이다. 처음에는 쓰기가 어색하고 어렵게 느껴지지만, 일단 쓰기 시작하면 놀라운 마음의 변화가 일어나기 시작한다. 따라서 정서·행동장애 학생들에게도 감사하기 훈련을 통해 정서적 안정을 도모하고 학교 생활을 즐겁게 만들 수 있다. 행복해야 웃는 것이 아닌 웃으면 행복해지는 것처럼, 행복은 성공의 결과가 아니라 원인이다.

6. 자신의 강점과 장점 활용하기를 통한 자존감 향상 방법

정서·행동장애 학생들은 지나친 우울과 불안, 염려, 부주의 또는 과잉 행동과 지나치게 많은 실패의 경험 때문에 자신이 할 수 있는 것도 하지 않으려고 하는 학습된 무기력(learned helplessness) 현상이 나타날 수 있다. 학습된 무기력에서 학습의 의미는 학생이 원래부터 능력이 없어서 무기력하다는 것이 아니라, 부정적 정서 및 경험의 누적과 반복된 실패의 경험 등으로 무기력해졌다는 뜻이다. 따라서 정서·행동장애 학생들은 무엇인가를 해결할 능력이 충분히 있음에도 불구하고 그것을 실천하지 않으려고 한다는 것이 교육적 차원에서 문제가 될 수 있다.

학습된 무기력은 학생의 자기 효능감(self-efficiency)을 낮춘다. 자기 효능감이란 자신이 어떤 일을 성공적으로 수행할 수 있는 능력이 있다고 믿는 기대와 신념을 말한다. 반복된 실패의 경험과 부정적 정서의 누적으로 정서·행동장애 학생은 자기 효능감이 낮은 경우가 많고, 이는 학생으로 하여금 자신은 비천하고 성공적으로 문제를 해결할 수 없다고 믿는 잘못된 신념을 유지하게 할 수 있다. 이것은 결국 학생의 자존감까지 낮춰 정서적·행동적으로 더욱 심각한 문제를 야기시킬 수 있다.

정서·행동장애 학생의 자존감을 높이는 것은 긍정적인 정서 회복과 행복감 증진을 위해 필수적이다. 앞에서 행복도를 증가하키고 유지시키는 두 가지 중요한 방법은 '평소에 감사한 마음 갖기'와 '자신의 강점을 활용

'하기'라고 하였다. 이 중 두 번째인 자신의 강점을 활용하는 것은 학생의 자존감을 높이는 문제와 직결된다. 스스로 잘할 수 있음에도 불구하고 자신의 능력을 활용하지 못하고 학습된 무기력으로 인해 지레짐작 포기하고 좌절감을 느끼는 학생들을 많이 보았기 때문이다.

교사는 흔히 정서·행동장애 학생들의 강점보다는 약점에 주목하고, 강점을 키우기보다는 약점을 보완하고 없애기 위해서 노력을 하지만 그렇게 해서는 평균수준에 이르는 정도 밖에 될 수 없다. 학생은 자신이 좋아하지도 않고 잘하지도 않는 부분을 집중적으로 교육받기 때문에 흥미를 느끼지 못하고 더욱 좌절감에 빠지는 경우가 많다. 따라서 실험 결과에 나타난 것처럼 못하는 부분은 과감히 포기하고 잘하는 부분에 초점을 맞추어 이를 더욱 개발하고 용기를 북돋워 주는 것이 학생의 정서적 안정과 행복을 위해 중요하다. 학생의 강점과 장점을 알고, 그것을 키우는 것이 학생의 행복과 성공을 위해서 꼭 필요한 것이다.

긍정심리학의 창시자 셀리그만은 실험을 통해 참된 행복은 자신의 대표 강점과 장점들을 주요 일상생활 속에서 날마다 발휘함으로써 얻을 수 있다고 하였다. 내가 잘 하는 일, 훌륭한 성과를 내왔던 일은 '장점'이고, 나를 흥분시키고 설레게 하는 것 그것이 바로 '강점'이다. 따라서 교사가 해야 할 일은 학생이 대표 강점과 장점을 일상생활 속에서 되도록 자주, 많이 발휘할 수 있게 도와주는 것이다. 그것이 학생에게 긍정적인 뇌를 만들어주는 가장 확실한 방법이고, 행복의 수준을 높여주는 길이다.

자신의 강점을 살리고 이를 생활 속에서 실천하면 학생의 자존감은 저절로 올라간다. 다음은 자신의 강점 및 장점을 찾고 발휘하기 위한 훈련법으로 학생 둘이서 짝지어 하는 방법을 소개한다.

자신의 자존감 향상 및 타인 존중을 위한 훈련법

1. 둘씩 짝지어 A가 B에게 자신(A)의 장점, 강점에 대해 말하고 B는 이를 받아 적는다.
2. B도 A에게 자신의 장점, 강점에 대해 말하고 A는 이를 받아 적는다.

3. 앞으로 나와서 (A는 B의 & B는 A의) 장점, 강점에 대해 전체 학생들에게 말을 한다.
4. A와 B는 번갈아가며 무릎 꿇고 "당신의 그런 장점, 강점을 참 존경합니다."라고 서로에게 말해준다.

사람은 보통 다른 사람의 장점보다 단점을 보는 데 익숙해져 있다고 한다. 따라서 의도적으로 상대방의 장점을 찾는 훈련을 하지 않으면 이런 경향은 습관화가 되어 부정적 정서에 계속 머무르기 쉽다. 나의 장점 및 강점에 집중하여 일상생활에 활용하면 자존감은 저절로 향상되고, 그러면서 동시에 상대방의 장점 및 강점을 보는 습관을 들이면 타인에 대한 존경심 역시 저절로 올라가게 되어 있다. 자존감이 높아지고 타인을 존중할 줄 알면, 나 역시 상대방에게서 존경받을 수 있다.

자존감을 높이기 위한 또 하나의 대표적인 방법으로 칭찬일기 쓰기가 있다. 칭찬일기는 말 그대로 나 자신을 스스로 칭찬하는 것이다. 위에서 하는 훈련법은 교사의 지도하에 둘 이상이 짝지어 해야 하지만, 칭찬일기는 혼자서 할 수 있다는 장점이 있다. 데즈카 치사코는 <칭찬일기(나를 치유하는 14일의 여행)>라는 책에서 칭찬일기를 쓰는 방법에 대해 다음과 같이 기술하였다.

칭찬일기 쓰기

- 당연한 일도 칭찬한다.
- 별로인 일도 칭찬한다.
- 눈에 보이지 않는 부분을 칭찬한다.
- 내 안의 풍부한 감각과 감수성을 칭찬한다.
- 결실과 꿈, 희망을 칭찬한다.
- 나의 외모를 칭찬한다.
- 지금 노력하고 있는 것, 과거에 노력했던 것을 칭찬한다.

칭찬일기 역시 감사일기와 마찬가지로 다음과 같은 원칙을 지키며 쓰는 것이 좋다.

칭찬일기 쓰기를 통해 긍정적인 뇌를 만드는 법

1. 매일 밤 잠자리에 들기 전에 쓴다. 하루를 정리하며 매일 쓰는 것이 중요하다. 단, 감사일기를 밤에 써야 해서 부담된다면, 칭찬일기는 아침에 써도 된다.

2. 하루동안 있었던 칭찬할 만한 일 3~5가지를 적는다. 내 주변의 모든 일들이 칭찬의 대상이 될 수 있다. 생각만 하면 안 되고, 반드시 공책에 직접 써야 뇌에 오는 자극을 극대화시킬 수 있다.

3. 칭찬하는 이유와 함께 칭찬 언어를 쓴다. 칭찬 언어로는 '칭찬해, 아주 잘했어, 잘하고 있어, 멋져, 멋진 일이야, 대단해, 대단한 일이야, 기특해, 예뻐, 착해, 대견스러워, 자랑스러워, 똑똑해, 역시 나야!, 좋았어, 끈기가 있어, 배려심이 있어, 마음이 넓어' 등이 있다.

4. 최소 3개월간 지속한다.

칭찬일기 쓰기의 예

- 오늘 학교에서 선생님의 말을 귀담아 들었어. 아주 기특해.
- 오늘도 학교에서 수업 받느라 고생했어. 역시 나야!
- 나는 참 멋져! 혼자서 어찌할 줄 몰라 어려워하는 친구를 도와주었거든.
- 나는 오늘 아침을 챙겨먹고 학교에 갔어. 아침까지 챙겨먹는 나는 참 부지런한 사람이야.
- 오늘 돈 계산하기 문제를 10개나 풀었어. 아주 잘 했어. 난 끈기가 있어.
- 5교시 끝나고 매우 바빴지만 나는 친구의 말을 잘 들어주었어. 그건 아주 잘한 일이야. 역시 멋져!
- 나는 예전에 껌 파시는 할머니한테서 껌을 산 적이 있어. 그러한 행동을 한 내가 자랑스러워.
- 나는 선생님이 되고 싶은 꿈이 있어. 그런 꿈을 갖는 건 대단한 일이야.

자존감이 높은 사람들은 다른 사람과 자신을 비교하기보다 자신만이 갖고 있는 강점과 장점을 발휘할 줄 알고, 다른 사람을 볼 때도 긍정적인 시선으로 바라보며, 모든 일에 자신감과 당당함이 넘쳐난다. 세계적인 동기부여 전문가 앤드류 매튜스(Andrew Matthews)는 "성공하기 위해서는 자신의 가치를 제일 먼저 깨달을 필요가 있다."고 말했다. 이는 스스로 칭찬하기의 중요성을 알리는 말로 자신을 칭찬할 수 있을 때 결국 자신의 소중함을 알고 자존감을 높일 수 있다. 이제부터라도 자신의 단점보다 장점을 먼저 살펴 스스로 칭찬하고 조그만 일이라도 내가 성취한 것을 기특하게 생각하는 습관을 들여 보자. 놀라운 변화가 일어날 것이다.

정서·행동장애
학생 상담을 위한 제언

앞에서 기술하였듯이 현재 특수교육 및 상담학계에서 정서·행동장애를 이해하고 설명하는 모델은 신체생리적 모델, 정신역동적 모델, 행동주의 모델, 인지적 모델, 생태학 모델 이상 5가지가 있다. 이들 모델을 기초로 하여 여러 정서·행동장애의 원인을 설명하고 해결방법을 제시하고 있지만, 대부분의 경우 여전히 원인이 불분명하고 치료 또한 예후가 좋지 않은 경우가 많아 이 모델들로 수많은 정서·행동장애를 설명하기에는 너무나 불완전하다. 이는 5가지 모델로 정서·행동장애를 이해할 수 있는 부분은 극히 일부분이고 매우 큰 한계가 존재함을 뜻한다.

눈부신 의학기술의 발달과 심리학 이론으로도 정서·행동장애의 원인과 해결 방법을 여전히 찾을 수 없다고 하는 이유는 눈에 보이는 현상만을 탐구하고 이것을 과학이라고 믿으며 상식적으로 이해되지 않는 현상은 인정하지 않으려고 하는 기존 주류 학계의 배타적인 태도와 보수적인 가치관에 기인한다. 원인과 해결책이 분명히 존재하지만 학계의 주류를 형성하고 있는 학자들은 조금이라도 상식에서 벗어나는 현상들을 여전히 '과학적으로 증명할 수 없다.'고 하여 무시해 버리기 일쑤다. 하지만 이러한 배타적인 태도와 가치관이야말로 비과학적인 태도이다. 양자물리학을 비롯한 초끈이론 등 현대 과학이 밝혀낸 놀라운 사실들은 우리의 상식을 뛰어넘으며 그동안 미신적이라 여겨졌던 여러 초자연적 현상들을 과학적으로 설명해 주고 있다.

천재물리학자 스티븐 호킹은 "과학자는 자신의 이론으로 실험 결과를 보려고 하지 말고, 실험 결과에 따라야 한다."라고 강조하였다. 이것은 기존의 틀에 박힌 이론으로만 세상을 설명하려고 하면 안 되고, 관찰된 보이는 현상을 토대로 기존의 이론들, 가치관을 수정해야 함을 뜻한다. 이와 마찬가지로 한계에 봉착한 기존의 모델들로만 정서·행동장애를 이해하려고 하면 특수교육에서 더 이상의 발전은 기대하기 어렵다. 초자연적, 비상식적으로 보이는 현상이라 할지라도 이러한 현상이 오랫동안 존재해 왔고 자주 관찰된다면, 관찰된 사실을 바탕으로 생각을 바꾸어야 한다. 치료에 효과가 있다는 사례들이 무수히 존재하고 그 원인이 존재한다면 일단 모든 가능성을 인정하고 그것을 토대로 연구와 상담을 진행해 나가는 것이야 말로 진정한 과학자, 교육자의 태도일 것이다.

주류 학계의 보수적 가치관, 신념과는 별개로 인간은 영적인 존재라는 사실이 조금씩 인식의 저변으로 확대되고 있다. 고대로부터 수많은 문헌과 고증, 연구들이 인간은 영적인 존재임을 증명하고 있고, WHO의 건강의 정의에도 영적인 건강이 건강의 필수 조건으로 들어가 있다. 또한 DSM과 ICD도 각각 제IV판과 10판부터 영적인 개념이 들어간 해리성 정체성 장애(다중인격장애)와 빙의를 각각 진단 기준에 포함시키고 있다.

이처럼 현대 과학의 새로운 발견과 의학의 최신 경향의 흐름을 따라서 이제는 기존의 틀에 박힌 관점에서 벗어나 인간은 영적인 존재라는 사실을 인정하고 불가사의해 보이는 여러 영적인 현상들을 특수교육 주류 학계에서도 인정해야 한다. 인간은 영적인 존재라는 사실과 영적인 현상을 인정하지 않는 한, 특수교육과 상담분야에서의 발전은 더 이상 기대하기 힘들다.

본 책은 한계에 부딪힌 기존의 정서·행동장애를 설명하는 모델에 영(靈)적인 모델을 추가하여 접근하여야 하는 이유와 필요성에 대해 논의하였다. 그리고 영적인 모델에 기초할 때 현재 설명되지 않는 많은 정서·행동장애의 원인이 전생 또는 태아·유아기 때의 경험, 빙의, 다중인격으로 발생할 수 있음을 밝히고자 하였다. 현재 그 원인이 알려지지 않았다고 되어있고 오랜 기간 치료를 받아도 효과가 없는 많은 정신적, 신체적 증상들은 상당부분 영적인 접근에 의해 해결이 가능하기 때문에 이러한 이유들을 우선적으로 고려해야 한다.

영적인 접근에 기초한 심리치료나 상담 시 가장 널리 쓰이는 방법은 최면치료(최면상담)와 NLP이다. 최면치료는 그 효과가 뛰어남에도 기법 자체의 독특한 특성과 사람들의 선입견, 오해로 인해 정통 심리학 교재나 상담학 교재에는 소개되지 못하는 경우가 많았다. NLP 역시 초기 창시자나 개발자들은 이 기법의 이론화, 학문화 차원이 아니라 효과 빠른 심리치료 기법을 개발하는 실용적인 부분에 관심을 집중하였기 때문에, 상담학계를 비롯한 학계에서는 NLP에 대해서 별로 관심을 기울이지 않았다.

하지만 최면과 NLP의 치료 원리가 과학적으로 입증되고 점차 긍정적으로 인식이 바뀌면서 2000년대 이후 최면치료와 NLP에 대한 논문도 많이 발표되기 시작하였다. 그리고 심리학, 상담학 책에서도 최면치료와 NLP를 한 개의 장(chapter) 차원이나 절(section) 차원에서 소개하는 사례가 생기고 있다. 오랜 역사를 지닌 전생요법 등 최면치료는 국제적으로 공인된 치료법이며 일반 정신의학 교과서 및 세계적으로 권위 있는 최면의학 교과서에도 소개되어 있다. NLP의 경우 우리나라에서도 한국상담심리학회와 한국상담학회에서 NLP상담 분과를 두고 있다.

최면과 NLP를 활용한 전생요법은 표면의식 차원에서만 진행되는 대화상담과는 달리, 의식의 변형 상태인 트랜스 상태에서 대화가 이루어지기에 넓고 깊게 확장된 의식을 토대로 삶의 교훈을 깨닫게 되고 과거와 현재, 미래의 시간적 경계가 모두 사라지게 된다. 따라서 아주 오래 전에 겪었던 일도 바로 지금 경험하고 있는 것처럼 생생하게 느끼며 해결해 나갈 수 있다.

최면과 NLP를 활용한 다중인격장애 및 빙의 치료는 평소와는 다른 인격체의 생성 원인과 존재 이유를 먼저 파악하고, 그 인격체가 가진 부정적 에너지와 힘을 무력화시키거나 제거함으로써 해결할 수 있다. 몸의 면역체계가 약해지면 병에 걸리기 쉬워지듯이 정신 증상도 마찬가지다. 평소 부정적인 생각이나 상념에 휩싸여 있으면 내부 에너지 체계가 약화되어 영적 존재로 보이는 외부의 에너지체들이 쉽게 내면을 뚫고 들어와 각종 정신 증상을 유발시킬 수 있다. 따라서 평소 스트레스를 빨리 풀어 버리고 부정적 생각에 빠져들지 않으며 나쁜 일은 금방금방 잊어버리는 습관이 중요하다.

최면과 NLP를 활용한 상담은 겉으로는 쉬워 보여도 그 원리를 이해하여야 하고, 과정 또한 생각보다 까다로우며 학생의 상황과 환경에 따라 많은 인내심을 요하기도 한다. 본문에서의 사례들을 보면 트랜스 상태에서 금방 전생을 체험하고 손쉽게 영적 존재들을 제거하는 것처럼 보이지만, 그 전에 상담자와 내담자 간에 최면과 NLP의 원리에 대한 충분한 이해와 믿음, 공감이 뒷받침되어야 하고, 사전에 이완, 명상, 자기최면 등의 꾸준한 노력이 이루어졌음을 명심해야 한다.

여러 날에 걸쳐 노력하면 거의 대부분의 학생들도 최면 상태에 들어갈 수 있지만, 한번 만에 전생퇴행에 성공한다거나 한 번 만에 효과를 보는 경우는 별로 없다. 학생들은 어른보다 감정이 풍부하고 감수성이 예민하며 심상화를 잘 하기에 트랜스 상태에 쉽게 들어갈 확률이 더 높을 뿐이다. 성공적인 상담이 이루어지려면 상담자 스스로 최면과 NLP에 대한 확신이 있어야 하고, 치료 단계에서의 상담자의 역량이 매우 중요하다.

최면과 NLP를 활용한 상담은 상담자와 학생 간에 많은 노력이 필요하고 때론 상담 과정에서 지치기도 하지만, 치유에 대한 확신과 포기하지 않는 의지만 있으면 누구나 좋은 성과를 거둘 수 있다. 더불어 감사일기와 칭찬일기, 긍정확언 쓰기 등을 통해 우리 학생들이 평소 자신을 소중히 여길 줄 알고 자신의 강점을 살림으로써 누구에게나 사랑받는 소중하고 행복한 존재가 되기를 바란다.

참고문헌

강길전 · 홍달수(2013). 양자의학, 새로운 의학의 탄생. 돋을새김.

김영우(1996). 전생여행. 서울: 정신세계사.

김영우(2002). 영혼의 최면치료. 서울: 나무심는사람.

김영우(2012). 빙의는 없다. 서울: 전나무숲.

김정우(1993). 고대 근동 아시아의 조상숭배에 대한 비교연구: 메소포타미아, 가나안, 이스라엘을 중심으로.

데즈카 치사코(2013). 칭찬일기(나를 치유하는 14일의 여행). 서울: 길벗.

류재연(2011). 개념확장 특수교육특강. 서울: 쌤스토리.

마틴 셀리그만(2014). 마틴 셀리그만의 긍정심리학(역자: 김인자 · 우문식). 물푸레

민성길(2015). 최신정신의학. 서울: 일조각.

박진여(2015). 당신, 전생에서 읽어드립니다. 파주: 김영사.

변영돈. 최면의학이란. retrieved from
    http://www.hypnosis.co.kr/hypnosism/hyposis01.asp

변호걸 · 권미은 · 김응범(2012). 정서 · 행동장애 이해와 교육. 서울: 문음사.

설기문. 빙의치료의 심리적 효과와 가치. retrieved from
    http://www.nlp21.com/sd_cont. php?action＝sd4&fno＝2

설기문(2003). 최면의 세계. 살림.

송강면 · 안민숙(2018). 최면바이블. 더로드.

에모토 마사루(2002). 물은 답을 알고 있다. 파주: 나무심는사람.

이성봉 · 방명애 · 김은경 · 박지연(2014). 정서 및 행동장애. 서울: 학지사.

이종구(2014). 빙의장애의 대안치료방법으로서 명상과 천도재에 관한 연구. 석사학위논문. 경남과학기술대학교대학원.

이진식(2020). NLP 심리치료 및 상담. 파주: 교육과학사.

이차연(2010). 최면을 활용한 빙의장애의 진단과 치유에 대한 연구. 박사학위논문. 동방대학원대학교.

정동하(2007). 신비한 최면 이야기(한 권으로 끝내는). 서울: 평단.

정현진(2013). 빙의 장애로 진단된 입원환자들의 임상적 특성. 석사학위 논문. 한양대학교대학원.

피터 톰킨스·크리스토퍼 버드(1993). 식물의 정신세계. 서울: 정신세계사.

사토 가츠히코(2006). 양자론이 뭐야?. Vitamin Book.

헬스조선(2011.5.). 우울증·만성 통증, 최면으로 고쳐. 보도자료

KNS 뉴스통신(2016.9.22.). 초·중·고 6만명 정서·행동 상담치료 필요. 보도자료

[네이버 지식백과] 우울장애 [depressive disorder] (서울대학교병원 의학정보, 서울대학교병원)

[네이버 지식백과] 주의력결핍 과잉행동장애 [attention deficit / hyperactivity disorder] (국가건강정보포털 의학정보, 국가건강정보포털)

Slaap BR, den Boer JA. The prediction of nonresponse to pharmacotherapy in panic disorder: a review. Depress Anxiety 2001;14:112−122.

https://blog.naver.com/su−in100/221112023107

위키백과 − 영혼

상담학사전(2016) − 한국초월영성상담학회, 초월영성치료

물리학백과 − 비국소성

저자 약력

이진식

- 교육학박사(교육심리·상담 전공)
- 특수교사(중등특수 정교사)
- 심리상담사 1급
  (관심분야: 중증 불안장애, 우울증, 강박증, 공포증, ADHD, PTSD, 성격장애, 발달장애 등)

저서 및 논문
- 저서: NLP 심리치료 및 상담(2020.6.)
- 논문: 빙의 및 해리성 정체성 장애로 인한 정서행동장애인의 최면치료 효과에 대한 문헌연구(인문과학연구 제24집)

경력
- 학교 안 전문적 학습공동체(NLP를 활용한 학생 심리치료) 팀장
- 벌말초등학교 학교폭력대책자치위원회 상담위원
- 티처빌연수원 쌤동네 등록 강사
  (연수 주제: 내 마음을 행복 프로그램으로 세팅하기, NLP 상담 등)
- 경기교육주민참여협의회 위원(2018.4.1.~2019.3.31.)
- 안양 순종지역아동센터 상담봉사
- 인터넷 무료 심리상담실 운영(https://blog.naver.com/harammail75)

정서행동장애 학생 심리치료 및 상담
(최면상담과 NLP 중심으로)

초판발행	2020년 5월 22일
공저자	이진식
펴낸이	노 현
편 집	권도연
기획/마케팅	노 현
표지디자인	Ben Story
제 작	우인도·고철민
펴낸곳	㈜ 피와이메이트
	서울특별시 금천구 가산디지털2로 53 한라시그마밸리 210호(가산동)
	등록 2014. 2. 12. 제2018-000080호
전 화	02)733-6771
f a x	02)736-4818
e-mail	pys@pybook.co.kr
homepage	www.pybook.co.kr
ISBN	979-11-6519-066-8　93180

정 가　　　15,000원

박영스토리는 박영사와 함께하는 브랜드입니다.